鮨職人の魚仕事

❖ 鮨ダネの仕込みから、つまみのアイデアまで

はじめに

鮨ほど日進月歩で進化している料理はそうはない――
そう聞くと意外に思われるでしょうか。

たとえば酢締めやヅケの技法は、流通網の向上によって「保存」の意味合いが薄れ、素材をよい状態のままに、かつ味よく仕上げるための工程へと変化しました。
また、漁法の進歩によって扱う魚種が増え、その特徴に合わせた新たな仕込み方法が日々生まれています。

さらに「おまかせ」の普及や女性客の増加は握りの小型化をうながし、より繊細な仕込みが求められるようになりました。

本書には、ベテランから気鋭まで35人の鮨職人による、
変化に富んだ鮨ダネ74種と161品のつまみを収録しました。

同じ素材を扱うにしても、店により、人により考え方はさまざま。
アナゴの皮のぬめりを取るか残すか、
タコをゆでるとき大根おろしを入れるか否か……
一つひとつを取り上げれば小さな違いかもしれません。
しかしそうした小さな違いが積み重なり、
からみ合って大きな差が生まれてくるのでしょう。

魚介一筋で勝負してきた鮨店ならではの技術と
素材を無駄なく使いきるための工夫は、
料理に携わるすべての人にとってアイデアの宝庫。
新たな料理のヒントがぎっしりと詰まっています。

本書は『月刊専門料理』2013年1月号～2016年1月号にかけて連載した
「鮨職人の握りと酒肴」を元に大幅な加筆・修正を行い、
新規に撮影した写真を加えて一冊にまとめたものです。

掲載店によっては、連載当時と現在とで
仕込みの内容や手順が変わっていることがあります。
その場合、連載当時の仕事をベースとしつつ、変更箇所に修正を加えました。

CONTENTS

第一章 鮨ダネの仕込み

赤身の仕込み

白身の仕込み

光りものの仕込み

第二章　鮨屋のつまみ

刺身　酢締め　昆布締め

珍味

和えもの　酢のもの　たれ漬け

煮もの　蒸しもの　ゆでもの

焼きもの 揚げもの

盛合せ

汁もの

ごはんもの

撮影 合田昌弘
天方晴子
大山裕平
東谷幸一

デザイン 荒川善正（hoop.）

取材・編集 河合寛子

編集 淀野晃一（連載担当）
丸田 祐

第一章　鮨ダネの仕込み

赤身の仕込み

鮪トロのヅケ

岩 央泰(銀座 いわ)

「ヅケ」は「漬ける」から派生した言葉で、マグロを醤油主体の調味料に漬けたもの。冷蔵設備のなかった江戸時代に日持ちをよくするために考えられた技法で、マグロ赤身に使われたが、現在ではトロや白身魚など広範囲に利用されている。

クロマグロ(ホンマグロ)の大トロ。もっとも脂分の多い腹身の部位で、写真はいちばん腹寄りの「蛇腹」と呼ばれる部分。縞状の脂の筋があることからの名。岩氏は中トロもサクでヅケにする。

◆割り地を作る

トロを漬け込む割り地(漬け汁)。醤油、酒、みりんまたは砂糖、水を合わせて沸かし、完全に冷まして使う。調味料の配合は仕込みのつど、想定する漬け込み時間によって変える。

◆トロを霜降りにする

トロの表面を固め、適度に脂分を落とすために湯に通す。沸騰した湯にトロを入れると、5秒間ほどで表面が白く固まってくる(写真上)。それ以上火が通らないように手早く氷水に移し(下)、30秒間ほど浸して粗熱をとる。

サクのトロを霜降りし、煮切り醤油に漬ける

今、ヅケと呼ばれているものには塊のサクで長時間漬けるものと、一貫分の切り身をわずかに1分〜数分間で漬けるものがあります。サクで作る前者が日持ちを目的とした江戸前の伝統の方法で、切り身のヅケは冷蔵によって魚の鮮度が保てるようになってから登場した新しい仕立て方です。

当店では、マグロ赤身をこの2通りでヅケにしますが、トロはサクのみです。トロの身は脂分が多く漬け汁をはじくので、小さな切り身を短時間浸すだけでは味がのらないから。現代のヅケには、保存だけでなく醤油や酒の旨みを魚に含ませる目的があるのです。

さて、サクで作るヅケは、最初に湯に浸して表面を霜降りにするのが伝統的な方法です。もともと身の酸化を防ぐために行った工程で、今はその目的が薄れましたが、トロの場合は適度に脂が落ち、醤油がほどよく浸透するのに役立っているように思います。

霜降りをしたら、次が醤油漬け。江戸時代は生醤油に漬けていたようですが、現在は酒などを加えて火を入れた「煮切り醤油」に漬けてまろやかな味に仕上げるのが一般的です。当店では、この漬け汁を「割り地」と呼んでいますが、酒のほかにみりん、または砂糖を加えたり、水で割ったりと、仕込みごとに調味料の配合も漬け時間も変えています。

もっとも短い4〜5時間の漬け込みで当日提供することを想定した時は、甘みや水の少ない濃いめの醤油味。1〜2日間と長く漬ける場合は逆に甘みを勝たせ、水を多くして醤油味を薄めます。今日仕入れたものをいつ供するかという管理上の問題、あるいはどんな味に仕上げるかという風味のバリエーションなど、さまざまな観点から仕込み方を変えています。

◆割り地に漬ける

表面をペーパータオルでふき(写真上)、割り地に漬ける(下)。当日に使う場合は常温で4〜5時間、翌日、翌々日に使うことを想定したものは薄味の割り地に漬けて冷蔵庫へ。引き上げて時間をおくと固くなるので使うまで漬けおく。

数時間で仕上げたヅケ。内側にも割り地がほどよくしみている。「蛇腹」のヅケは酒肴向きだが、同じ大トロでも網目状に脂の入った「霜降り」部分は形が崩れにくいので握り向き。

鮪大トロのヅケ

厨川浩一（鮨 くりや川）

豊かな香りと凝縮した旨み、とろける脂の甘みが渾然一体となって広がる大トロ。10日間ほど熟成させたクロマグロから切り出した大トロを煮切り醤油に漬けてヅケにすることで、脂が多くても身質がほどよく締まり風味も凝縮する。

大トロは腹身のうちいちばん脂分の多い部位。写真は10日間ほど熟成させた青森県尻《しつ》労《かり》産クロマグロの大トロ。数十kg単位のコロで仕入れ、熟成させてから赤身、中トロ、大トロと部位ごとに切り分け、サクにとる。

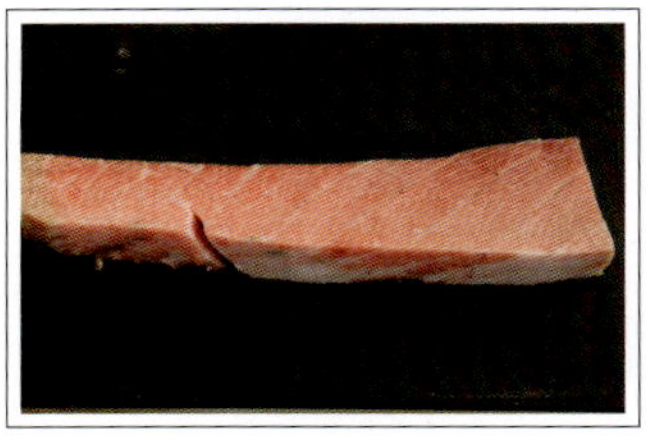

◆大トロを熟成後、サクにとる

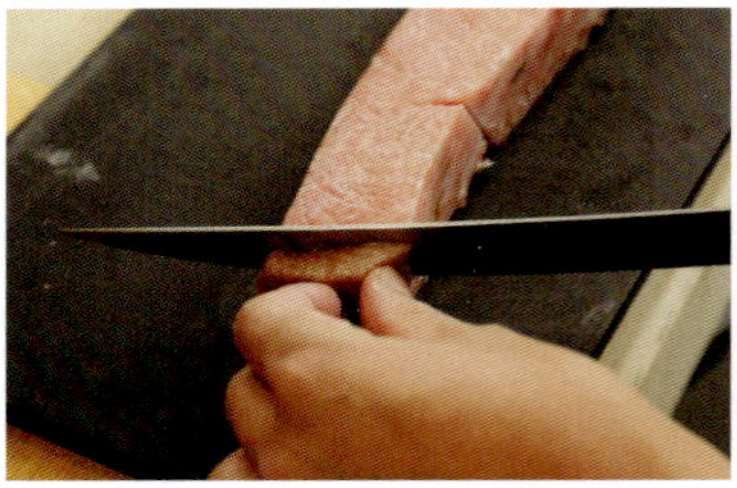

仕入れた段階である程度熟成は進んでいるので、熟成期間ははっきり決めずに表面の色や柔らかさで食べ頃を判断。今回は10日間ほど熟成させた。大トロをサクにとり、黒く変色した部分をていねいに取り除く。

◆霜降りにする

沸騰した湯に大トロをくぐらせる。3～4秒間経って表面全体がうっすらと白く色づいたら取り出し（写真右）、火入れが進まないようすぐに氷水に移す（左上）。30秒間ほど浸して粗熱がとれたら、乾いた布巾で包んでしっかりと水気をふき取る（左下）。「湯に通すことで身が締まる他、表面がざらついて煮切り醤油がからみやすくなる」と厨川氏。

熟成させてからサクのまま漬ける

「ヅケ」は冷蔵設備のなかった江戸時代、足の早いマグロの鮮度が落ちるのを防ぐ目的で広まった、醤油漬けの技法です。当時は赤身が好まれ、脂の多いトロは破棄されていたと言われますが、今ではさまざまな部位のマグロのヅケが鮨ダネとして使われるようになりました。私も、マグロの熟成度合いやコースの流れ、お客さまの好みなどに合わせて、そのつど部位を限定せずにヅケにしています。

マグロは「もっとも味が濃く、コクがある」との判断から、青森県尻《しつ》労《かり》産の他、北海道噴火湾産など定置網漁で獲れたもののみを仕入れます。質の見分けは、脂の入り方よりも色が重要。白っぽいイメージが強い大トロですが、鮮やかなピンク色のもののほうが味が濃くておいしいと思います。

マグロが店に届いたら数十kg単位の塊のまますぐにキッチンペーパーで包み、ビニール袋に入れて発泡スチロールで氷詰めに。充分に中心部まで冷えるように注意しながら熟成させて食べ頃を見極めます。

ヅケは、サクの単位で長時間漬ける方法と、一貫分の切り身を数分間漬ける方法のふたつが一般的ですが、私は前者。ただしマグロの風味を極力生かすため、漬け時間は脂が多く味がしみ込みにくい大トロで約1時間、赤身は約30分間と短めにしています。歩留まりは悪いですが、ギリギリまで熟成させた大トロのヅケは格別のおいしさです。

熟成により旨みを際立たせた大トロは、生のままよりも霜降りにしてヅケにすることでコクと甘みが増し、より味わい深くなります。口に入れた時にマグロの脂が溶け出て旨みが感じやすくなるよう、ヅケにしたサクは他のタネと同様、握る前に最低30分間は常温でもどすのもポイントです。

煮切り醤油に漬ける

大トロが1/3ほど浸かるまで煮切り醤油をかけ（写真上）、全体に醤油がかかった状態で常温におく。30分間ほど経ったら面を返し（下）、さらに30分間、合計約1時間漬けて醤油の味と香りを含ませる。脂分が多いほど醤油をはじくので、様子を見て漬け時間は調整する。煮切り醤油は、香り高い能登産の濃口の生醤油をベースに、酒やみりん、昆布やかつお節を加えたもの（175頁参照）。

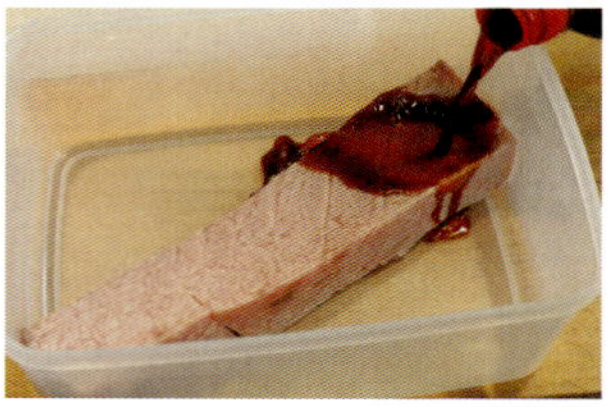

漬け上がり

漬け上がった大トロのサク（写真上）。色が濃くなり、身も締まった状態。キッチンペーパーでしっかりと水気をふき取り（下）、木箱に入れて提供まで冷蔵庫で保管する。脂が溶け、旨みをより感じやすくなるように、提供30分前に冷蔵庫から出して常温にもどす。切りつけて握り、漬けたものと同じ煮切り醤油を刷毛でひとぬりして供する。

鮪赤身のワインヅケ

杉山 衛（銀座 寿司幸本店）

ヅケの伝統的な材料であるマグロ赤身を、
赤ワイン入りの煮切り醤油に漬ける「銀座 寿司幸本店」オリジナルのヅケ。
現主人の杉山氏が発案したもので、
切り身にした赤身にたらして風味づけする。

クロマグロ赤身。「ヅケ」は一般にマグロの赤身で作る。「銀座 寿司幸本店」ではワインヅケに限って脂の豊富なブリやシマアジ、タイにも応用。

◆赤身を一貫分に切る

かつてのヅケは保存の目的でサクごと醤油に長時間漬けたが、現代では調味が目的となり、一貫単位でヅケにする店が増えている。サクからタネ1枚分に切り分ける。

◆煮切り醤油をかける

赤身の切り身に煮切り醤油をかける。濃口、淡口の各醤油と酒、みりんを合わせて煮切ったもので、塩辛さを抑えたマイルドな味。

赤ワインと一緒に楽しむためのヅケの握り

ワインヅケは、煮切り醤油に赤ワインをひとたらしし、マグロ赤身を漬けたもの。私が店を継いだ20数年前からお出ししています。

私自身ワインが好きで、お客さまも鮨と一緒にワインを望む方が増えはじめたため、ワインのラインナップを充実させたのがそもそものはじまりです（現在の品揃えは約１００種）。ある時、ワインを飲んでいる方には、ヅケにワインをひとふりすれば風味が増してさらにおいしくなるのでは、と思いついたのです。

もともと、ヅケに使う煮切り醤油には日本酒が入っています。酒の旨みを加え、醤油の塩辛さを和らげ、保存性を高めるためですが、ワインは同じアルコールですからワインを使うことも理にかなっています。加えて、赤ワインの香りやコクは醤油と相性がよい。そこで、赤ワインを召し上がっているお客さまに限って、同じ銘柄の赤ワインでヅケを作ることにしたのです。異なる赤ワインでは風味が合わないので、同じワインであることが原則。ちなみに、マグロ赤身のヅケとの相性のよさが感じられない白ワインや焼酎を使うことはしません。

さて、このワインヅケではサクではなく、一貫単位の切り身で作っています。ヅケに保存の目的がなくなった現代では、握るたびに少量ずつ調味する切り身のヅケのほうが、等しくベストの状態でお出しできるからです。

漬け込み時間は、通常のヅケでもワインヅケでも変わらず４～５分間ですが、赤身も個体や部位によって脂ののりに多少があるので、身質の違いで１～２分間の幅をもたせています。脂ののっているものは液体がしみ込みにくいのでやや長く、脂の少ないものは浸透が早いので短めに。わずかな違いが、ヅケのおいしさを左右します。

◆赤ワインをかける

続けて赤ワインをかける（写真上）。赤ワインを飲んでいるお客に供するヅケなので、同じ銘柄の赤ワインを使う。煮切り醤油の１割程度の量をかけ、両面にまぶして５分間ほどおく（左）。布巾で水気を取って握る。

鮪の分かれ身

佐藤博之（はっこく）

**マグロの身は、脂肪含有量の違いで「大トロ、中トロ、赤身」の３つに分かれるが、
中トロに含まれる部位に「分かれ身」がある。
背ビレつけ根の両脇にある希少な薄い層で、
「もっとも魅力的な中トロ」と佐藤氏が好んで使うところだ。**

分かれ身はマグロの背ビレ下に左右にまたがっている部位。写真は背節の片側の塊で、左下の角に淡い三角状に見えるのが分かれ身。三角形の左下の頂点が背ビレの付け根にあたる。

◆マグロの分かれ身のサクをとる

分かれ身の境界線に沿って包丁を入れ、サクをとる。斜め右下に切り込めば分かれ身が丸ごと取れるが、写真はまっすぐに切りおろすサクどり法(写真上)。身質は均質な中トロ(下)。

◆筋をはがす

皮からはがした面(サクどりする際に下側にあった面)は、硬い筋が何本も通っているので薄くそいで取り除く。

キメが細かく柔らかな分かれ身

マグロの中トロの身質は、赤身と大トロの中間ですが、実際には、中心側の赤身を囲むようについているので、赤身寄りか、赤身から離れた皮寄り、あるいは腹側の大トロ寄りかの位置によって、脂ののりや繊維の柔らかさなどが異なります。

そこで、中トロをサクどりしてタネに切りつける時は、鉄分の濃い赤身寄りの部分と、脂の濃い典型的な中トロの部分が均等に入るようにします。つまり「赤身から中トロへ」という、色彩上、また味覚上のグラデーションができるように切り、ふたつの混じり合った味を楽しむのが通常の中トロです。

しかし、例外なのが今回取り上げた「分かれ身」。赤身から離れた背ビレ真下にある小さな部位で、脂ののった均質な中トロです。キメが細かくねっとりとした味わいはグラデーションの味を超えた、私にとっては「中トロのなかの中トロ」。柔らかいのですし飯との一体感にもすぐれ、厚めに切りつけても口の中でやさしくほぐれるため、旨みをしっかり味わえる理想的な中トロだと感じます。

さて、マグロは大型に成長して濃厚な味を蓄えたものを、何日かねかせて柔らかくして出す方法もありますが、当店では仕入れたその日からおいしく食べられるものを基準に選んでいます。つまり、魚体が小さめで身が柔らかく、マグロの特徴的な香りの強いもの。主に近海の定置網で捕獲し、すぐに味のピークがくるフレッシュ感のあるものが私の好みです。

また、マグロは季節によって味がかなり異なります。濃厚な味が魅力の冬マグロ、一方、さわやかな味によさがある夏マグロ……季節ごとに良質な身質を選ぶことで、その違いを楽しんでもらうように心がけています。

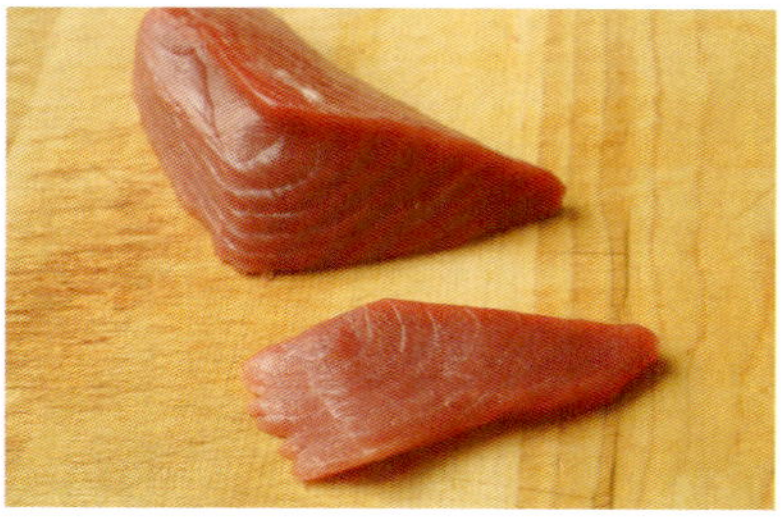

◆タネに切りつける

サクから握り用のタネに切りつける（写真右）。身が柔らかいため、マグロの他の部位やマグロ以外の一般的なタネの厚さより厚めに切ってもおいしく食べられる（左）。

◆化粧包丁を入れる

厚めに切った時は、化粧包丁として縦に数本の切り込みを入れる。口の中ですぐに身がほぐれ、ふっくらとした口あたりになって食べやすい。

めじ鮪の藁焼き

小宮健一（おすもじ處 うを徳）

マグロの王様、クロマグロ（ホンマグロ）は幼魚も珍重される。
関東で「メジ」、関西では「ヨコワ」と呼ばれるものだ。「おすもじ處 うを徳」では
成魚とともにメジも常備。藁焼き後、軽くヅケにして握りに仕立てる。

メジはクロマグロの幼魚で、市場には20～30kgのものが多く並ぶ。写真のように1尾を縦¼におろしたブロックで売られており、小宮氏は背側を仕入れる。

◆メジを切り分ける

1本を3～4等分して仕込む。写真は左端の血合いを切り取っているところで、これはにんにく醤油に漬けてステーキやジャーキー（干し肉）風に調理し、酒肴とする。

◆串打ちして藁焼きする

切り身に末広に金串を打つ（写真上）。藁を中華鍋に入れて火をつけ、炎が上がったところで切り身をかざし、面を返しながら1分半くらいの時間をかけて全面を均一にあぶる（右）。

あぶりたての温かいうちにヅケにする

当店では以前はクロマグロの成魚しか扱っていませんでしたが、ある時、築地市場でおいしそうなメジの身に目を奪われ、試しに購入したのがはじまりでした。さわやかな香りとさっぱりとしたおいしさは成魚とは別の魅力があり、今でははずせないタネです。

メジも成魚と同様に、赤身から大トロまでありますが、当店ではさっぱりとした個性が味わいやすい背側(赤身と中トロが中心)を仕入れています。メジのよさを最大限生かすには生のまま刺身で食べるのがいちばんで、握りにすると風味の強いすし飯に負けてメジのよさが生かしきれないように思います。

そこで、軽く藁焼きしてヅケにすることで香りと味を補い、すし飯とのバランスをとって握りでもおいしく食べられるようにしました。食べた直後は藁焼きの香りや漬け地の味が広がりますが、そのあとでメジ本来の味わいが出てきます。

ところで、藁焼きにする魚種としてはカツオが代表的で、皮を柔らかくしたり、皮に香ばしさをつけたりするために行うのが一般的です。しかし、メジは仕入れの時点で皮がなく、また全体にうっすらと香りをつけることを目的にしているので、1辺が20㎝大の大きめの塊であぶり、わずかに火が入る程度に短時間で焼きます。

また、身が大きいぶん、余熱で火が入るのはわずかなので、焼いた直後は急冷せずにそのまま常温で粗熱をとります。温かさを残したままヅケにし、握るほうがメジのおいしさが生かせるように思います。

基本的に最初のお客さまが来店してから焼き、あぶりたてをお見せしてから握るようにしています。臨場感を打ち出すことで、お客さまにはいちばん印象に残る握りと喜ばれています。

◆粗熱をとる

バットにのせて粗熱をとる。冷水に浸けるなどの急冷はしない。「身が厚く、またさほど長くあぶっていないので、余熱で少し火が入るくらいがちょうどよい」(小宮氏)。

◆切りつけてヅケにする

生温かさが残っている温度で切り分ける。切り口を見ると、まわりに薄く火が入った状態(写真上)。これを握り用に薄く切りつけ、にんにく入りの割り醤油(醤油3種、かつおだし、みりん)に3分間ほど漬けてから(右)、握る。

鰹のたたき

中村将宜（鮨 なかむら）

秋〜初冬に北から南下してくる、脂を蓄えたカツオを戻りガツオと呼ぶ。一方、初ガツオ、上りガツオと呼ばれる春〜初夏のカツオは脂が少なく身が締まってさっぱりとした味。ここでは戻りガツオを例にたたきの仕込みを解説する。

朝仕入れたカツオを三枚おろしにした状態。仕入れは信頼する卸業者にまかせており、写真は長崎県対馬産だが、普段は宮城県気仙沼産が多い。鮮度がよいものの特徴は、腹の皮の縞目がはっきりしている、目が澄んでいることなどだ。

カツオを掃除する

三枚におろしたカツオから頭側の部分を三角に切り落とし、血合いを取り除く。腹骨がある部分をそぎ取り、腹身側が平らになるよう形を切り整える。皮に接する白っぽい部分は脂で、「身の色が真っ赤で、脂がのったものが味わいが濃くておいしい」と中村氏。

皮目に酒をかける

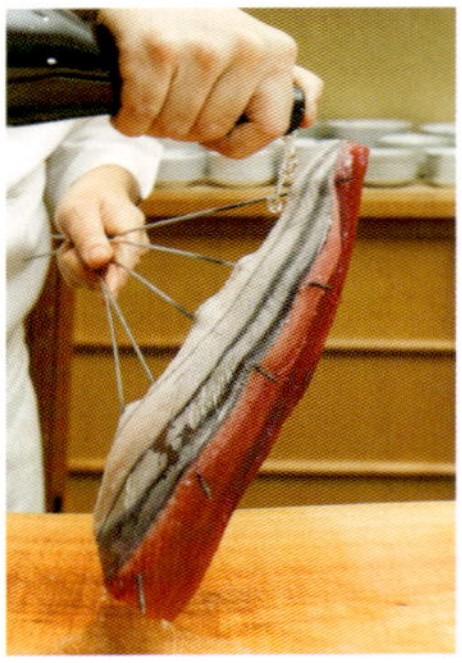

皮と身の間に金串を差し、皮目のみに少量の酒をかける。これはメイラード反応を起こしやすくして焼いた時に香ばしさを出す他、塩を洗い流す目的も。カツオを傾けて持ち、ちょろちょろと流しかける。

塩をまぶす

塩20gを皮目にすり込み、20分間ほど常温におく。これは水分を抜いてカツオの青っぽい臭みを抜く目的だが、味も多少凝縮する。キッチンペーパーで包んで水分を吸い取り、塩をぬぐい取る。

身に火が入らないよう、煙で燻してからあぶる

江戸時代、カツオ、とくに春の初ガツオの人気はすさまじかったようです。ただ、当時は鮨ダネとすることはなく、握りにするようになったのは昭和に入ってからのことと聞きます。

カツオの旬は春〜初夏と秋〜初冬の2回。私はねっとりして旨みが濃く、ほのかな甘さもある戻りガツオがベストと考え、秋〜初冬にのみ仕入れています。カツオは劣化が早く、色も明らかに黒くなるため1日で使いきるのが鉄則です。

私の場合、カツオは酒肴にすることが多いのですが、その場合も、握りにする場合も、皮を柔らかくし、独特の臭みをカバーする意味合いで必ずたたきにします。

たたきは味が濃く口に残るため、酒肴にする場合はコースで6品ほど出す酒肴の後半に提供。握りにする場合は煮切り醤油をひとぬりし、すりおろした生姜を添えて提供します。ねっとりとした触感とカツオの旨み、独特の燻製香が感じられ、生姜のピリッとした辛みがアクセントになります。

カツオをたたきにする際の煙の出し方や加熱時間は、身に火を入れずに、より香ばしさをつけることができるポイントを見つけるために試行錯誤を重ねてきました。

一般的にはカツオを直火であぶり、その時に出る煙をあてて独特の香ばしい香りをつけることが多いのですが、私は熾した炭に藁をかぶせて煙を立たせ、先に煙のみをあててから、藁に火をつけて皮目をあぶる手法を採用しています。炎は火加減の調節が難しく、カツオをあぶりつつ、同時に煙をあてて燻香がつくのを待っていたら、身に火が入りすぎてしまうと感じるからです。それを防ぐために、先に燻香をしっかりつける工程と、皮目をあぶる工程に分けているのです。

◆煙で燻してから、あぶる

炭を熾して藁をかぶせる。煙がしっかり立ってきたら、カツオの両面に煙をあてて燻す（写真上）。あぶる前に燻すことで、火加減を気にすることなく燻香をまとわせられる。次に藁に火をつけ、皮目をあぶる。硬い尾側のほうからはじめ、徐々に位置をずらしてまんべんなく焼き色をつける（下右）。1分弱ほどしたら面を返して身側をさっと温め（下左）、すぐに火からはずす。身には火を入れず、あくまでほんのり温めるだけ。なお、時間が経つと香ばしさが薄れ身も水っぽくなるので、本工程は提供直前に行う。

◆切り分けて包丁目を入れる

カツオを1cmほどの厚さに切り出す。舌にのせた時に旨みを感じやすくするため、片側の断面に細い切り込みを入れてから、その面を上にして握る。

真梶木の腹身

油井隆一（㐂寿司）

かつて江戸前鮨を代表するタネだったマカジキは、昨今、鮨店で使われることが稀である。
漁獲量の減少のほか、マグロ人気に押されたり、
技術が継承されなくなったりの複数の要因があるようだ。
「㐂寿司」では創業以来、伝統を絶やさず握り続けている。

「㐂寿司」で供するのはマカジキの腹身(写真右)。マグロの大トロにあたる、もっとも脂がのった部位。左の写真はウロコ。先端が尖り、骨のように硬いので、取り残さないようにする。

マカジキの内臓膜をはがす

腹身の内側にある、内臓を包んでいた膜を切り口から包丁で切り進んではがし(写真右)、腹身の端を切り落とす(左)。身が柔らかく、とくに蛇腹になった部分は筋の層がばらけやすいので、包丁は無駄な動きを少なくしてきれいに切り整えるのがポイント。なお、写真のブロックは胸ビレから腹ビレまでの腹身をおよそ1/8に切り分けた大きさ。

脂ののったなめらかで甘みのある腹身を使う

鮨のタネでは「赤身」に分類されるマカジキですが、見た目はサケにも似て、うっすらとオレンジ色がかった透明感のある色が特徴です。脂がよくのっていて、触感は柔らかくなめらか。脂には甘みもあり、クセのない素直なおいしさです。昔はマグロよりもマカジキを好む方も多かったと聞きます。ちなみに、メカジキとは種類が異なる魚です。

　季節は晩秋〜桜の花の散る頃。ただ、最近は水揚げ量が限られているうえに料理店でも重用されているので、鮨店では簡単に手に入らないむずかしさがあります。当店では長年使い続けていることから継続的に仕入れることができ、仲卸との信頼関係がとりわけ大事な食材かもしれません。

　マカジキは背ビレ下の両脇にある「分かれ身」がとくに肉質がよく、鮨ダネに向いていますが、当店ではマグロでいえば大トロにあたる腹身に限定しています。脂がたっぷりのってマカジキの個性が際立った部位と思います。1尾分の腹身をまとめて仕入れますが、鮮度はもちろん、脂ののり、色みと三拍子揃っている上質のものでないと、鮨ダネには使えません。

　店では鮮度のよいうちに3種類の紙で包み、ビニール袋に入れて氷詰めして、2〜3日間ねかせてから使います。脂を全体にまわし、身をより柔らかくするのが目的です。

　あとは身の内側にある内臓膜と外側の皮を除いてサクに切るだけですが、これがなかなかにむずかしい。身質が柔らかいうえに、蛇腹といわれる筋の層がたくさんあるため、皮を引いたり切り分けたりする際に、層がずれて伸びてしまったり、バラバラに崩れたりしかねません。包丁の角度、動かし方、スピードなど、このあたりのコツは経験を重ねて体得することです。

サクに切り、皮をはがす

ブロックの下側にある皮は切り離さずに、身の部分のみサクの大きさに切り分ける。今回の場合は2等分(写真右)。次に、それぞれの身から皮をはがす(左)。サクの単位で皮を引いたほうが身は崩れにくい。この後、タネ用に切りつける時も筋がばらけやすいので、筋に対し垂直方向に一気に切り離す。

真梶木のヅケ

橋本孝志（鮨 一新）

**マカジキの背身の赤身を握りに使うのは、「鮨 一新」の橋本氏。
使いはじめたのは江戸前の伝統的なタネを見直していた10年ほど前という。
サクの単位でひと晩漬け地に漬け、1日ねかせる伝統的なヅケで供する。**

「鮨 一新」で使うマカジキは背側の中央部の、美しい朱色をした赤身の部位。背ビレの真下に当たる部分(写真の塊の左サイド)はマカジキの最上部位で、脂がよくのっている。

◆マカジキをサクに切る

材料写真の塊を縦に切り分けてサクにする。この日のマカジキは6枚のサクがとれた。扱いやすいよう、それぞれを半分の長さに切って仕込む。

◆霜降りする

切り身にキッチンペーパーをかぶせ、さっと熱湯をかけて（写真上）、表面を固める（下）。裏面も行い、すぐに氷水に入れて余熱で火が入るのを防ぐ。霜降りをしないと漬け地がしみ込みすぎて身がねっとりと締まり、切りにくくなる。

ヅケの漬け地にまぐろ節の上品な風味を加える

若い頃はマカジキのよさを知る機会がありませんでしたが、いざ使いはじめてみると魅力のある魚で、今では当店の握りに欠かせない大切なタネになっています。

マグロと同様に冬場が旬ですが、築地市場には三陸沖から和歌山にかけての広範な地域から長期にわたって入荷するので、時季は案外安定しています。マグロの一本釣りに当たる「突きん棒漁」で捕獲したマカジキが最上質で、ひところは減少したものの、数年前からこの漁法が復活の兆しを見せており、築地に入荷があれば必ず購入しています。

マカジキのよさは旨みの濃さに尽きます。マグロと比べると、香りはマグロですが、味の濃さはマカジキに軍配が上がると思います。

当店で使う背身の真ん中の部位は脂もよくのっている赤身で、ここが味も口あたりももっともすぐれているように思います。生でも握れますが、醤油の味をしっかりのせた伝統的なヅケは味が落ちついてすし飯ともよくなじみ、当店ではヅケ一本でやっています。

仕込み方はマグロ赤身のヅケと同じ。サクに切ってから霜降りして表面を固め、漬け地にひと晩漬けてから引き上げて、さらに1日ねかせてタネとします。

漬け地は同割の酒と醤油に1割のみりん、そこにまぐろ節を加えるのが当店の特徴です。ヅケをおいしくする方法を模索して行き着いたもので、当初はかつお節を想定していましたが風味が強すぎる印象がある。そこで繊細で上品な旨みと香りをもつまぐろ節に着目したところ、うまく合わせることができました。

ちなみに、この漬け地は同じものを使いまわしてマカジキから出る風味を足していき、数回ごとに火を入れて新たに調味料を足し、味をととのえています。

漬け地に漬ける

まぐろ節入りの漬け地に10時間強浸し、その間に1回裏返す。脂が多い時は長めに。漬け地は3〜4回使うたびに加熱してアクを取り除き、調味料で味をととのえて使いまわす。

写真右が漬け地から出したマカジキ。これを紙で包んで容器に入れ、1日冷蔵庫で味をなじませる。左の身が1日おいたもの。

白身の仕込み

平目の活け締め

山口尚亨（すし処 めくみ）

魚の鮮度を長時間保つための技術に「活け締め」がある。
刺身や握りのタネに使う魚には、水揚げ後に必須の作業で、多くは漁師や仲卸が行う。
みずから活け締めをする山口氏が、ヒラメを例にその技を解説する。

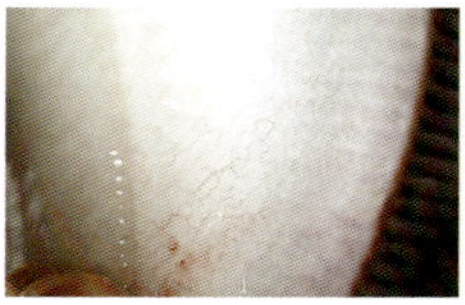

ヒラメは1・2〜1・6kg大を仕入れる。活きのよさは白い面の毛細血管で判断（写真左）。血管の量が多く透けて見えるほど、水揚げ後の疲労が少なく、酸素を取り込んでいて鮮度がよい。

◆ヒラメを活け締めにする

活けのヒラメは暴れないようにしっかりと押さえ、胸ビレの付け根あたりに包丁の切っ先をあてる。背側に一気におろして脊髄の入っている中骨と動脈を切断する。血がよく抜けるよう、尾ビレの付け根を切り落として中骨と動脈を切る。

◆血抜きと神経抜き

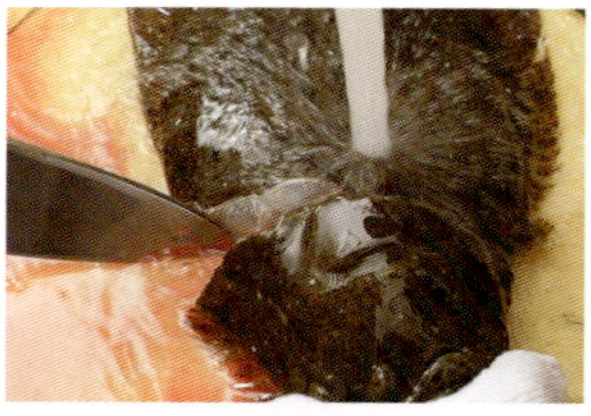

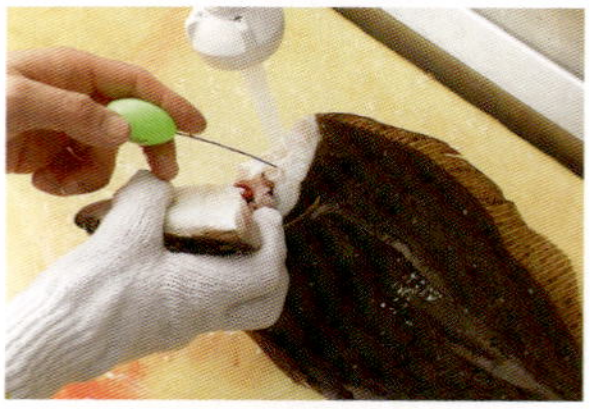

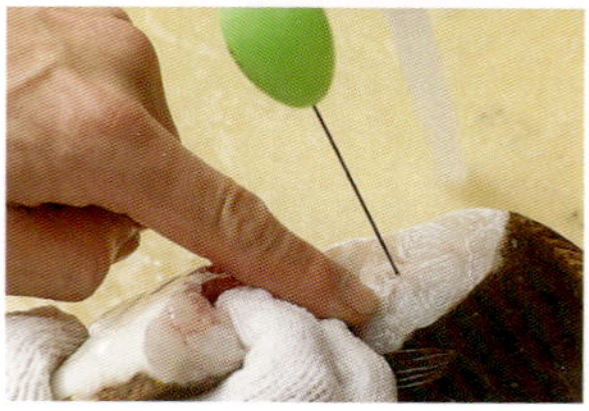

胸ビレ側の切り口に流水をあてて素早く血液を洗い流す（写真上）。血が出なくなったら、中骨の中心の穴に針金を通し（中）、くり返ししごいて脊髄を破壊する。写真下は針金を通す位置。この後、周囲のヒレを切り取り、ウロコ、内臓、頭を除く。内臓の入っていた腹腔部は、歯ブラシなどを使っていねいに水洗いし、血合いや汚れを完全に落とす。

白身魚は2日後までが風味と触感のピーク

当店では、活けで売られている魚やイカを、すべて店で活け締めにします。締めた直後の処理を含め、冷蔵庫で落ちつかせるまでの一連の工程を途切れることなく行うことが、鮮度を長持ちさせる活け締めの仕事を、より効果的にすると考えるからです。

活け締めは生きている魚の中骨を断ち切り、血を抜き、脊髄を壊す（神経抜き）までの工程を連続して行います。血液は雑菌の繁殖や生臭みの元となるので、最初に一気に抜くことが重要。また中骨の中の脊髄を破壊すると、筋肉内の重要な成分の自己消化を遅らせ、死後硬直までの時間をのばして活けのフレッシュな状態を長持ちさせることができます。

市場での活け締めは通常ここまで。店ではさらにウロコや内臓を除き、水洗いし、塩水に浸けて余分な水を抜くなどの工程を行うわけですが、当店では最終的に冷蔵庫でねかせる段階まで、温度や塩水の濃度にも細心の注意を配りながら連続して店で行うことで、確実に鮮度を維持できるようにしています。

ヒラメの場合、仕込み後、旨み成分が徐々に作られて6～8時間後からが食べ頃になるので、午前中におろし、そのまま夜の営業でお出しします。日数をかける熟成が必要なのは大型で脂の多いクエやハタ類、ブリ、マグロ、またシマアジくらいで、通常の白身魚では完全死後硬直後に旨みが増え続けることはなく、2日間ほどが旨みと触感、みずみずしさのバランスがピークになると考えています。

また、塩をふったり、脱水シートを使ったりせず、塩水での脱水にしているのは、水分や旨み成分が抜けすぎないようにとの考えから。水分を保ったみずみずしさがあってこそ、生魚のおいしさが発揮されると思っています。

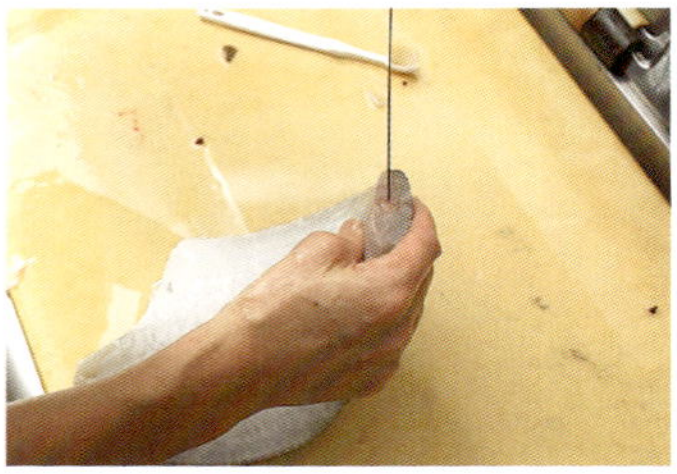

◆中骨の血を抜く

尾ビレ側の中骨の切断面から針金を刺し入れてくり返ししごき、口で息を吹き込むなどして、たまっている血を抜く。腹腔部ににじみ出てくるので水洗いする。

◆塩水に浸ける

水洗い中に切り口からしみ込んだ水分を抜くために、15℃前後の食塩水（塩分濃度1・8％前後）に2分間ほど浸す。浸けすぎると脱水が進むので2分間が限度。その後、塩水の塩分を洗い流す程度に手早く水洗いする。塩分は濃度計で正確に計測する。

◆ねかせる

魚の中心を支えた時、両側が垂れているほど身が柔らかく鮮度が保たれている証。水分をふき、皮が乾きすぎないよう水分吸収の少ない紙とビニール袋で包む。冷えすぎないよう発泡スチロール箱に収め、冷蔵庫で5～8℃を保ち、6～8時間ねかせる。

真鯛の仕込み

近藤剛史（鮓 きずな）

白身魚の代表格のマダイは、日本の各地で水揚げがあるが、
瀬戸内海の明石海峡一帯で獲れる「明石鯛」はとくに人気が高い。
修業時代から地元で明石鯛を扱ってきた近藤氏は、
独立後も店の看板のひとつとして明石産のマダイを使い、複数の仕立てで供している。

明石海峡の中心地、明石浦で揚がるマダイ。「明石鯛」のブランドを証明するタグが付いている。奥が1・5kg、手前が1kg強で、近藤氏は1・1kgを境に仕込み方を変えている。

◆マダイを二枚におろす

頭を落とし、二枚におろす。活け締め当日は中骨のない半身を刺身で供し、残る半身は中骨付きで1日ねかせ、鮨ダネとする。

◆ひと晩ねかせる

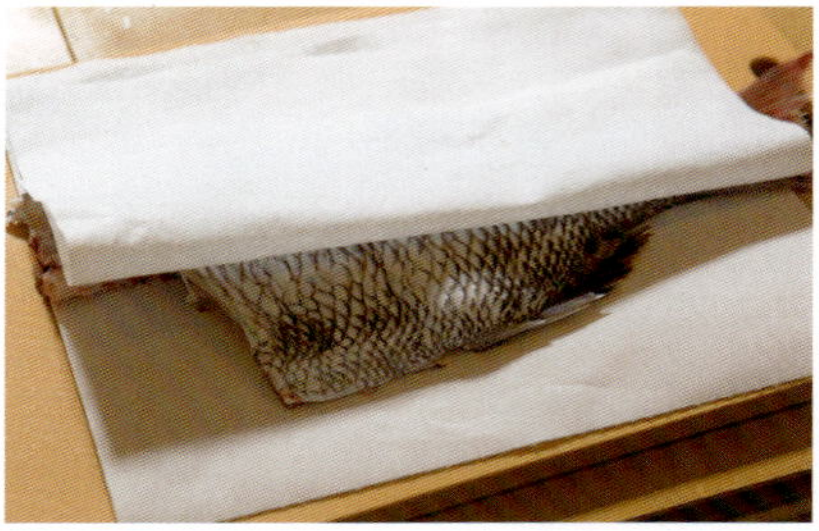

身側には水ぎれのよい魚専用包装紙、皮側には乾燥しにくい通常のキッチンペーパーを当て、新聞紙で包んで発泡スチロール箱に収納。4℃の冷蔵庫に入れて魚を5℃に保ち、1日おく。

刺身は締めた当日、握りは1日ねかせて使う

良質な天然のマダイとは、脂が決して多すぎず、ほどよい量の脂と、旨み、甘み、そして香りが揃ったものだと思います。明石のマダイはその条件に適い、同時に港での活け越しや活け締めなどの処理、技術がすぐれているところに高い評価があります。私たちが上質のマダイの握りをお出しできるのも、その伝承の技術があってこそ。関西で商う鮨店として、特に力を入れていきたい鮨ダネです。

店ではこのマダイを存分に味わっていただこうと、刺身、皮付きの握り、皮を引いた握りと変化をつけてお出ししており、握りは身質によって二枚づけにすることもあります。

タイは営業時間から逆算して8時間ほど前に活け締めにしてもらい、店に届いたら二枚におろします。骨のない半身を当日の刺身にし、もう一方の半身を骨付きで1日ねかせて翌日の握りのタネとするのです。

刺身は少し身が活かっているうちに歯ごたえも楽しんでもらい、握りは時間をおいて旨みを高めながら、すし飯となじむように少々ねっとりとした触感を出すのが目的です。最近は熟成に長い日数をかける方法もあるようですが、私がめざしているのは「歯ごたえを残した熟成」で、マダイをはじめ多くの魚を1日だけねかせています。

一方、皮の処理は魚体の大きさで決めます。小ぶりのマダイは皮が柔らかいので皮付きで。大型のマダイは成長して硬くなってくるので皮を引いて。境界ラインは重量で1・1kgです。

皮付きのものは皮のすぐ内側の脂の旨みと弾力のある皮もおいしく味わえますし、皮を引いたものは直前に軽く塩で締めるので、凝縮した旨みと身の詰まった触感が魅力です。こんな食べ比べが楽しめるのは、上質なマダイならではと思います。

◆皮を湯引きする(小型のマダイ)

1・1kg以下のマダイは柔らかい皮を付けたまま握るので皮面を湯引きにする。中骨や腹骨をはずし、半身のまま皮を上にしてさらしをのせ、さっと熱湯をかける(写真上)。すぐに氷水で締め、引き上げて水分をふき取り、仕込み完了(下)。

◆皮を引いて塩で締める(大型のマダイ)

1・1kg以上の大型の場合は、硬くなっている皮を引いて握る。右と同様に1日ねかせた半身から骨を除き、身を2等分して皮を引く(写真上)。営業開始直前に両面に塩をあて、10〜15分間おいて軽く水分を抜く(下)。水分と塩を洗い流し、氷水で身を引き締める。

白身魚の熟成—①

伊佐山 豊（鮨 まるふく）

多くの魚は締めてすぐよりも、時間をおいたほうが柔らかく旨みも増すことから、最近ではねかせる時間をより長くして旨みを追求する鮨店が増えている。「鮨 まるふく」も白身魚の熟成を試みている店のひとつである。

今回は11～2月に旬を迎えるヒラメを例にとり紹介。ヒラメは活け締めのものを購入する。

◆ヒラメをねかせる

ヒラメの頭と内臓を除き、薄紙（紙パーチ）とビニール袋で包んで冷蔵庫へ。2日間ねかせて活かった身を落ちつかせる。

◆塩で締める

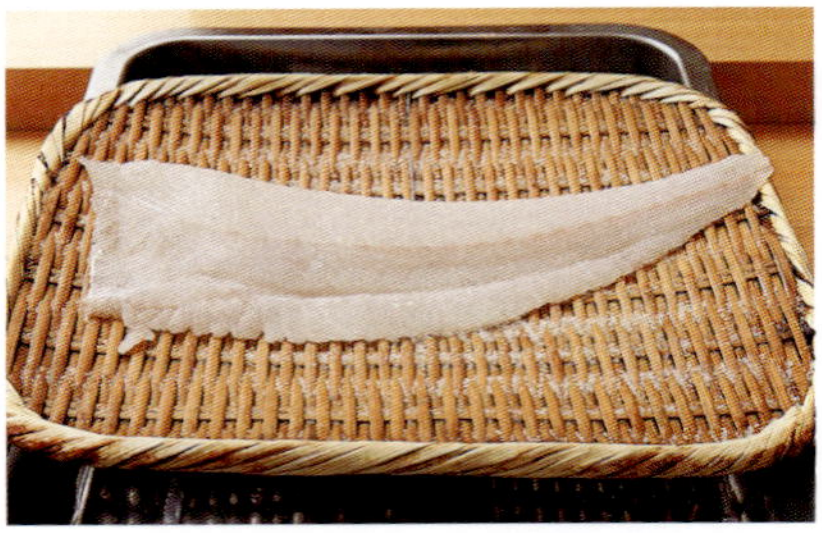

五枚におろして皮を引き、両面に薄く塩をまぶす。身の大きさに応じて20分間前後おき、余分な水分を抜く。

前半は1尾のまま、後半はおろし身で熟成

魚の熟成に本格的に取り組みはじめたのは数年前から。大型のクエを昆布締めにする際、いつもより時間を長めにおいたものを味見した時に、熟成の効果に気づいたことがきっかけでした。

以来、江戸前鮨の仕事は魚の旨みを充分に引き出してこそと、クエ以外の中型の魚にも熟成を試みることにしました。ひと通りの魚を試し、適正な熟成時間を探るなどしていますが、熟成は奥が深く、今もまだ試行錯誤の途上です。

当店の魚の熟成期間はトータルで3～10日間。クエのような大型魚を除けば5～6日間が平均的なところです。締めてから、頭と内臓を除いた丸ごとの状態でまず3日間前後。次に、三枚や五枚おろしにして塩をふり、余分な水分を抜いてから、さらに3日間前後と2段階に分けて熟成します。

上身におろす前にねかせるのは、活かった身を落ちつかせるのが目的。この時間を設けずにすぐに塩をふると、身の中心の水分がうまく抜けずに足が早くなり、身の透明感にも濁りが出て、見た目の美しさが半減してしまいます。魚の旨みを引き出すのは、後半の切り身にしてからの熟成です。

熟成に使う道具は、吸水がよくて耐水性のある「紙パーチ」という薄紙とビニール袋。1回の熟成が3日間前後の場合は、途中で塩をふり直したり紙を交換したりせず、そのまま静かにねかせます。

これからは、白身魚だけでなく光りものも含めて、2～3週間かけた長期熟成の方法にも積極的に取り組んでみようと考えています。そのために魚の仕入れ先から見直し、熟成や管理の仕方も変えて、より旨みを引き出す方法を探っています。

◆紙とビニール袋で包んで熟成させる

しみ出した水分と塩を洗い流して水分をよくふき取り、第2段階の熟成に入る。切り身を薄紙でぴったりと包み（写真上）、ビニール袋に入れて空気を抜いて密閉（下）。水に埋めて冷蔵庫で2～3日間おく。

熟成させたヒラメの上身とエンガワ。水分が抜けて触感はねっとりと柔らかくなり、表面につやが出る。また旨みも増している。

白身魚の熟成—②

佐藤卓也（西麻布 拓）

「西麻布 拓」では各種のフィルムやシートを駆使し、
白身魚の多くを、魚によって3〜10日前後かけて熟成し、握りにする。
魚の種類や大きさで扱いは多少変わるが、マハタを例にプロセスを解説してもらう。

大型で味のよい白身魚のひとつ、マハタ。同じハタ科のクエや、タイ、ヒラメなど白身魚の大半を、水分を抜きながら熟成させて鮨ダネとする。

◆塩をふる

マハタの例。三枚におろして両面に塩をふり、10分間ほどおいて表面の水分を抜く。熟成中も塩をふって徐々に水分を抜いていくので、一度に塩をふりすぎない。最初は皮付きで。

◆水分をふき、紙やフィルムで包んで熟成

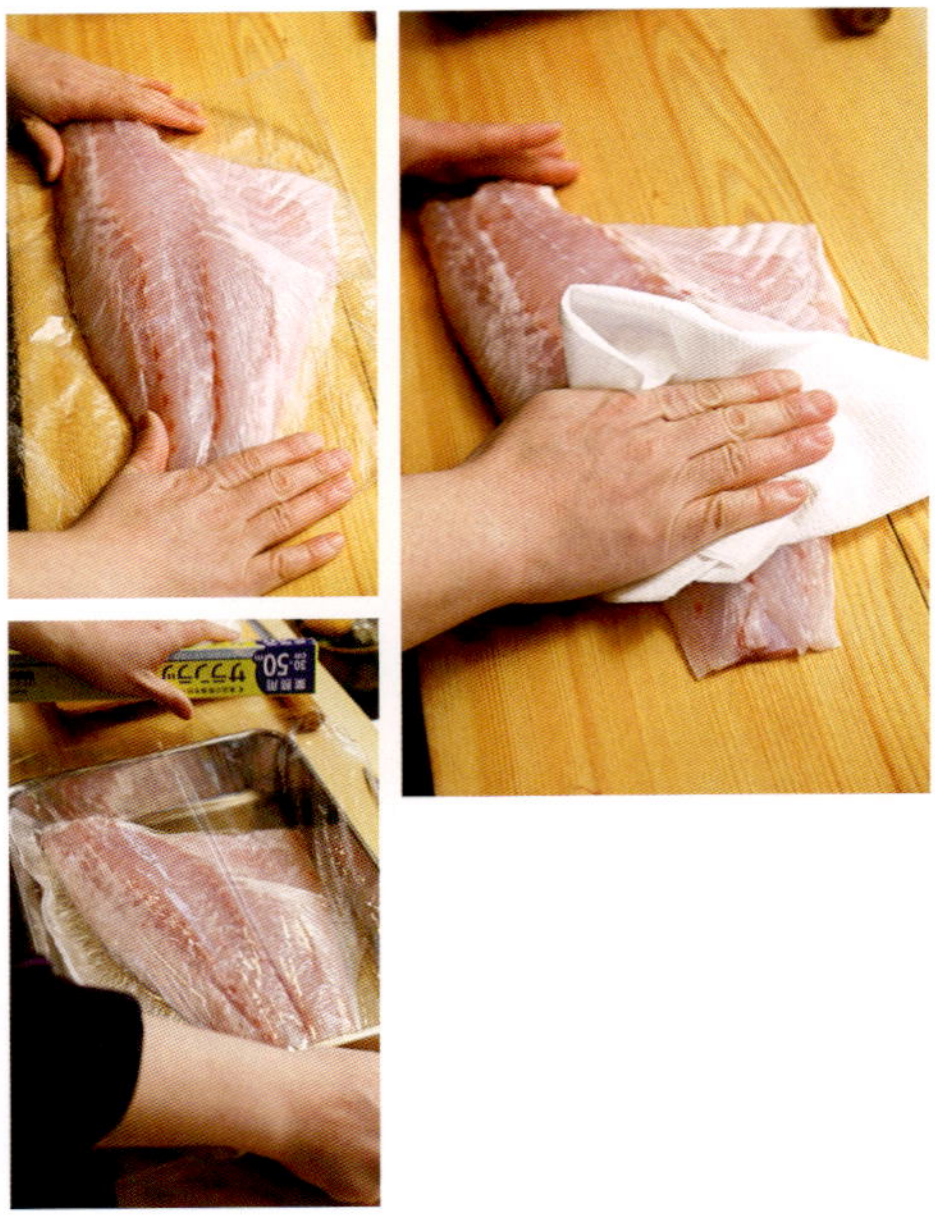

半日〜1日単位で塩をふり、徐々に水分を抜く

鮨ダネに熟成の技法を多用しているのは、日をおくことで身が柔らかくなり、確実に旨み、甘みが増すからです。

さばいてすぐの白身は概して身が活かって硬く、水分も多いので、新鮮さを大事にする刺身に適しています。しかし、握りに使うと、ふっくらとしたすし飯との一体感に欠け、風味も開ききっていないので旨み重視の握りには物足りなく感じてしまいます。キンメダイやサワラなど、脂がのって風味の強い魚は昆布締めにもしますが、多くは数日間かけて熟成させてこそ、おいしい鮨ダネになると思います。

熟成の基本の流れは、さばいた上身に塩をふり、脱水シートなどで包んで氷蔵で数日間ねかせます。私のやり方は、最初は半日ごとに、後半は1日単位で、必要に応じて塩をふり直したり、新しい紙で包み直したりをくり返して、徐々に水分を抜いて旨みを高めていきます。塩は調味ではなく水分を抜くためのもので、段階的に少しずつふり、効率よく水分を出していきます。一度にたくさんふると塩辛くなるうえ、芯の水分が抜けきれません。

また、皮と身の境界に旨みが多いので、最初は皮を付けたままにし、身が落ちついた後半に皮を引いて熟成を進めるのを基本としています。

熟成の加減はむずかしく、経験を積んで目を養うことに尽きます。魚種、大きさ、部位、固体差などにより、水分や脂ののり、旨みの強さが違いますから、半日、あるいは1日ごとに状態を目で確かめ、舌で味を確かめて、その時に必要な塩の量を決め、吸水性や通気性などの異なるシートを使い分けて旨みのピークへと持っていきます。

ピークを過ぎれば劣化がはじまり、臭みなどが出てくるため、どこまで続けるかも重要な判断です。

魚から出た水分と塩分を最初の1回だけさっと水洗いし、水分をふき取る（写真右）。身の面に脱水シートを貼り（左上）、バットに入れて上面をラップ紙で覆い（左下）、冷蔵庫で熟成。半日〜1日ごとに、塩をふったりフィルムや紙を換えて氷蔵熟成させる。途中で皮を引く。

魚種や部位、脂ののりを考慮しながら3〜10日間で仕上げる。写真は10日間熟成させたクエ。身が締まり、繊維は柔らかく旨みや甘みも増している。

熟成過程で魚を包むフィルムや紙。脱水シート、鮮度保持シート、キッチンペーパーなど吸水性、通気性、柔らかさなどの異なる5種を魚の水分や熟成の進行に合わせて使い分ける。

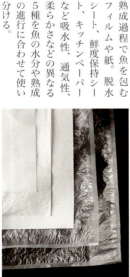

白身魚の昆布締め

植田和利（寿司處 金兵衛）

鮨店では、昆布締め用の昆布も求める風味によって種類や産地を使い分ける。「寿司處 金兵衛」で使うのは、3年以上熟成させて風味を増した「熟成昆布」。主人の植田氏が３代目を継ぐ際、材料の見直しを図る中で着目した。

ここではヒラメ（写真右）を熟成昆布（左）で締める方法を紹介。ヒラメは五枚におろして皮を引き、脂肪の多い腹身を使う。昆布は函館産真昆布の３年熟成品。

◆熟成昆布を酒で拭く

熟成昆布を魚の寸法に合わせて切り、酒に浸した布巾でヒラメと接する面をふいて柔らかくする。強くふくと表面に付いている旨み成分の白い粉が取れるので、軽くなでるようにふく。

◆ヒラメの腹身に塩をふる

ヒラメは身の内側のみ塩をふる。昆布締めの下処理の塩は、店や魚種によって量や時間のかけ方が異なるが、「寿司處 金兵衛」ではどの魚も片面にひとふりの量で、すぐに昆布で挟む。

香りの甘いまろやかな「熟成昆布」で締める

熟成昆布はその名の通り、年単位で長期間熟成させ、風味を高めたもの。通常の昆布に仕立てたものを、空調を整えた蔵などで1年、あるいは2年、3年と時間をかけてねかせるのです。

この昆布を使いはじめたのは、昆布店から薦められたのがきっかけでした。食材を再検討している時に、おもしろいものがあると紹介されたのです。そのままでも甘いにおいがあり、試しに昆布締めに使ってみると味もよい。熟成中に昆布から雑味が抜けるのだそうで、昆布特有の磯臭さや、えぐみのようなクセがなく、それまでの昆布締めとは味が違うことを実感しました。ちなみに、こうした香りや味の特徴は、科学者の分析実験でも明らかになっているそうです。

見た目は通常の昆布と変わりませんが、熟成中に水分が蒸発しているぶん、やや薄手で重量も軽めです。

昆布締めに使うと、旨みが凝縮しているからか魚介の水分の締まりや味ののる時間が早く、粘りも強い印象です。調理手順は通常の昆布と変わりませんが、時間の加減に注意し、また魚の身が貼り付きやすいので、ていねいにはがすことに気をつけます。旨みは濃いのにまろやかな印象で、実際、お客さまも違いを感じてくださっています。

当店で使っているのは真昆布の熟成品で、市場では「折り昆布」とも呼ばれています。価格は通常の昆布よりも高めで、等級も3段階くらいに分かれています。利尻や羅臼の昆布でも作られており、日本料理店では吸いもののだしに使うことが多いようですが、当店では今のところ昆布締めのみに絞っています。また、新しい試みで、熟成昆布を舟形に作り、「牡蠣の酒蒸し」の器替わりにして昆布だしの旨みを生かすことも考えています。

◆昆布で挟む

ヒラメの身を2枚の熟成昆布で挟み(写真上)、キッチンペーパーで包んで、その上からラップ紙でぴったりと包む(右)。重しはせず、そのまま冷蔵庫に2時間半~3時間おいて、ヒラメの水分を抜きつつ昆布の旨みを含ませる。当日か翌日に供する。

◆昆布をはがす

締め終えたら昆布をはがし、ヒラメは密閉容器に入れて冷蔵保管する。熟成昆布は通常の昆布より水分がとんでいるぶん、魚が貼り付きやすい。身が崩れないようにていねいにはがす。

甘鯛のひと塩

松本大典（鮨 まつもと）

アマダイは西日本での漁獲が多く、とくに京料理では献立に欠かせないが、江戸前の海（東京湾）では揚がらなかったために江戸前鮨のタネとはならなかった。だが、昨今は多様な魚が使われるようになり、アマダイの握りも登場している。

京都ではさまざまな料理に使われるアマダイ。写真は京都市中央卸売市場で仕入れた長崎県対馬産のアカアマダイで、「もっとも使い勝手がよい」（松本氏）という1kg弱の大きさ。

◆アマダイを三枚におろす

アマダイはウロコを利用する料理もあるが、鮨ダネには不要。細かなウロコもきれいに除く。三枚におろし、腹骨と小骨を除く。

◆塩で締める

塩で1時間締める「ひと塩」の技法で味を凝縮

開店当初、鮨ダネに地の魚を取り入れようとの気持ちはとくにありませんでしたが、京都は質のよいアマダイが豊富に出まわり、地元のお客さまにはなじみが深くお好きな方が多いので、使うことに思い至りました。

近海のアマダイには3品種がありますが、漁獲量が多いことから流通する大半はアカアマダイです。脂のバランスがよく、旨みも濃いので使いやすい品種です。仕入れの基準は尾まで身付きがよく、皮の薄い1kg弱のもの。秋冬にもっとも脂がのりますが、漁獲は常時あり、おしなべて質がよいので季節を問わず使っています。

もともと水分が多く、そのままでは水っぽくて味がぼやけているのがアマダイです。調理するにはあらかじめ塩をふって水分を出す「ひと塩」の工程が欠かせず、それは鮨ダネの場合も同じです。

ただ、締めサバのように大量の塩をまぶせば塩気が強くなり、逆に少なすぎても効果が薄いので、塩の量と時間の見極めがポイントです。当店では粒子の細かい塩を薄く、まんべんなく身の面にふって1時間常温で放置。最後には塩が完全に溶けて身にしみ込む量とし、余分な水分をしっかり抜きます。

また、このあとで水洗いすると水っぽさが戻ってしまうので、しみ出た水分を布巾でふき取るだけにします。その点も考慮した塩分量にすることが肝心ですね。水分を抜いたアマダイは旨みや甘みがにじみ出て、ねっとりとした触感とともに鮨ダネにはうってつけの味わいだと思います。

なお、アマダイは皮も皮の下の脂もおいしいので、皮付きがおすすめです。湯引きして皮を柔らかくするのもよいですが、当店ではタネ用に切りつけたあとで皮面をさっとあぶり、香ばしさを加えて握ります。

身の面を上にしてザルに並べ、身のみにまんべんなく塩をふり（写真上）、やや長めに1時間ほど常温において余分な水分を出す（下）。あとで水洗いしないので、塩は多すぎず、溶けて身にしみ込む程度とする。しみ出してきた水分はしっかりと布巾でふき取る。

◆3日間ねかせる

2枚の身の皮面を内側にして張り合わせ、ラップ紙でぴったりと包んで冷蔵庫でねかせる。期間は2～3日間で、最短でも丸1日はおく。こうして塩味を身の深くまで浸透させながら味をなじませ、旨みを引き出す。

◆皮目をあぶる

握りにする際は鮨ダネの大きさに切り、皮目を軽くあぶる。基本は塩（スペイン産海塩）とすだち果汁をふって供するが、他のタネに塩を使う時は煮切り醤油をぬるなど臨機応変に。刺身にする場合も仕込みは同じで、やや厚めに切る。

甘鯛の昆布締め

岡島三七（蔵六鮨 三七味）

上品な旨みと柔らかな食感が魅力のアマダイは、本場関西だけでなく、関東でも浸透してきた。東京で商う岡島氏も、常備するタネのひとつという。ここではアカアマダイを例に、皮を引いて昆布締めにする方法を解説してもらう。

重量1・5kgの大型のアカアマダイ（写真右）。ウロコの朱色が美しく、背の脇の身や腹の張りがよいのが上質の証。質のよいものはエラも鮮やかな赤色をしている（左）。

◆アマダイのウロコを引く

アマダイのウロコは小さく柔らかいので包丁ですき引きして身を傷つけないように取る。ウロコもおいしいので、揚げて酒肴として供する。

◆塩で締める

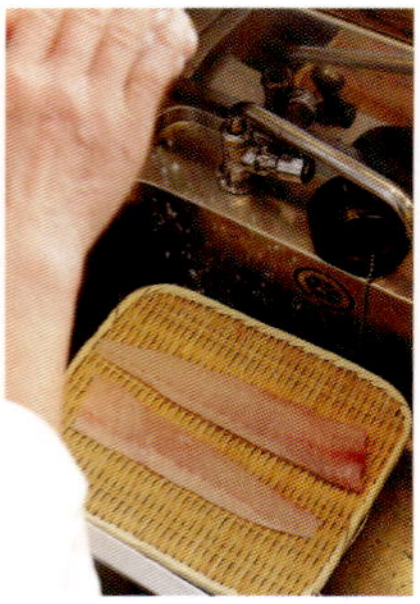

三枚におろして白い皮を引き、ふり塩をする（写真右）。アマダイは水分が多いので、20〜30分間ほどおくと、かなり水分が抜ける（左）。水洗いして水分をふき取る。

酒でもどして旨みを含ませた昆布で締める

アマダイは当店の鮨ダネでは定番といえるほど、よく使っています。漁獲量の多いアカアマダイが中心ですが、稀少なシロアマダイも水揚げがあれば仕入れます。味に品のよさがあるアカアマダイに比べて、シロアマダイは旨みが濃く、型も大きくて男性的なイメージ。大きい分、塩で締める時間も長くして、しっかり水分を抜いてから使います。

ここではアカアマダイを使っていますが、アカは年間を通していろいろな産地で揚がるので、コンスタントに使えるところも利点ですね。良質なものはピンク色をした体色が美しく、身がしっかりと張っているので、外観からでも良し悪しがはっきりわかります。エラも、いいものは鮮やかな美しい赤色です。

さて、魚のなかでも水分がとくに多いアマダイは、余分な水気を抜いて旨みを凝縮する下処理が大事です。当店では塩を強めにして30分間ほどおき、出てきた水分と塩を水で洗い流してから使います。この段階で握ることもできますが、店ではさらに昆布の旨みをのせる昆布締めでお出しします。

使う昆布は、多めの酒で湿らせて30分間ほどおいたものです。昆布をかなり柔らかくもどしつつ、酒の旨みをしみ込ませて、合わさったふたつの旨みを魚にのせる考え方で、すべての昆布締めをこの方法でやっています。昆布は湿らせて柔らかくしたほうが表面の汚れや浮き出したアクも取りやすいので、もどしたら布巾できれいにふき取ってから魚にあてます。

昆布締めを刺身で供する場合は5時間ほど締めますが、鮨ダネはもっと長く、ひと晩かけます。よりしっかりと昆布の旨みをのせてインパクトを強めるのが目的です。

◆昆布を酒でもどす

昆布締めには羅臼昆布を使用。昆布を湿らせる程度の酒をかけて両面になじませ、30分間ほどおいて柔らかくもどす。その間、上面が乾かないようにキッチンペーパーで覆う。もどした昆布はぬれ布巾で表面の汚れをふき取って使う。

◆昆布で締める

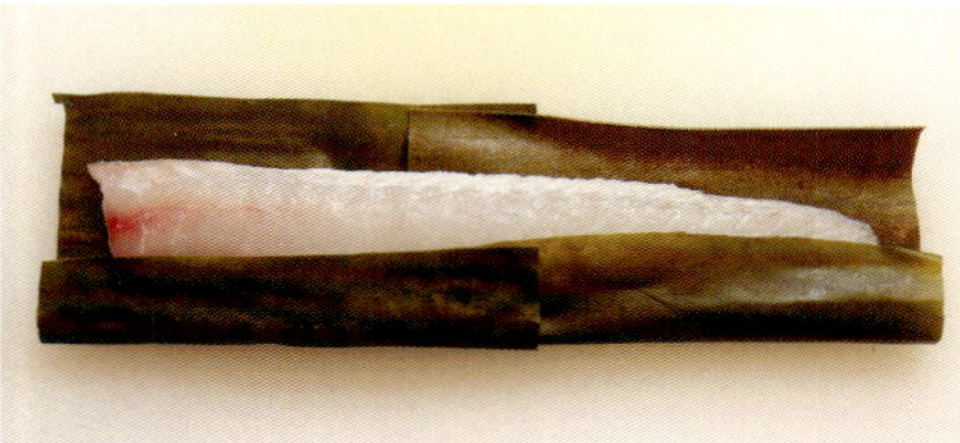

アマダイの両面に昆布をあて、ラップ紙で包んでひと晩冷蔵庫でねかせる。握ったアマダイには塩とすだち果汁をふり、締めた昆布の細切りを添える。

白甘鯛の炙りと昆布締め

渡邉匡康（鮨 わたなべ）

**アマダイには3つの品種があり、
皮の色の違いでアカ、シロ、キと呼び分けられる。
このうちもっとも希少なのがシロアマダイ。晩秋～冬にかけての最盛期のみに、
おもにシロアマダイを使うという渡邉氏に独自の仕込みを解説してもらう。**

3種類あるアマダイの中でも、漁獲量が少なく高価なシロアマダイ。名称通りに皮が白い。渡邉氏がよく使うのは「味も身質もすぐれた」2kg前後の愛媛、大分、福岡産。

◆アマダイをおろして水分を抜く

ウロコは握りでも酒肴でも使わないのですき引きし、三枚におろす。皮を付けたまま脱水シートで1日、キッチンペーパーで3日間前後包んでねかせながら余分な水分を抜く。

◆サクに取る

腹骨をすき、中骨のあった中心線に沿って切り分けて2本のサクをとる。中心線の脇には小骨があるので、両脇とも5㎜幅で切り離し、骨とともにだしをとるのに利用する。

◆皮側と身側に分ける

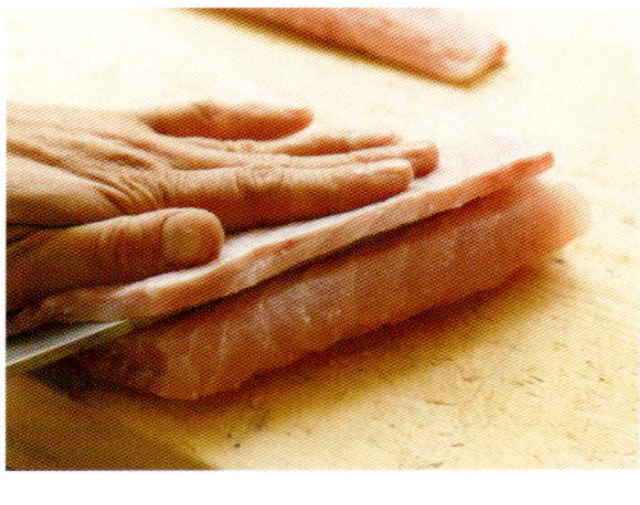

サクは扱いやすいように長さを半分に切る。それぞれ皮面より5～6㎜下に水平に包丁を入れ、皮側と身側の2枚に切り分ける。

皮側の身はあぶり、内側の身は昆布で締める

漁獲量の多いアカアマダイに比べ、シロアマダイは量が少なく、値は張りますが、それに見合う質の高さに惚れて、数年前から使い続けています。アカアマダイも上質ですが、シロアマダイはひとつ上をいくきめ細かさと脂の旨みがあり、また個体差が少なくて一様にレベルが高いところにも魅力を感じています。

　どのアマダイも水分が多いため下処理の脱水が肝心ですが、当店では塩をあてるのではなく、脱水シートで包んで1日ねかせる方法を取り入れています。塩を使うのは青魚やキスなどの小魚で、短時間で水分を抜きたい場合。対するアマダイやタイなどの中型の魚は、脱水シートでゆっくり水分を抜いたほうが熟成も進み、風味が生かされるように感じます。

　さて、アマダイの握りは、当店ではひとつのサクを皮側と身側の2枚に分け、個々の特徴を生かすように仕込んで違いを際立たせています。

　2枚に分ける際も、サクの厚みの真ん中で切ると差異が少なくなるので、皮側を薄く、身側は厚くなるように包丁を入れて、2枚の身質が明確に分かれるようにします。

　皮側は皮の内側にある脂の層に旨みが凝縮していますから、軽くあぶって脂をうっすらと溶かし、脂の旨みを味わうことを主眼に。一方、身側は昆布で締めて、淡泊な味に軽く昆布の旨みをのせるという仕立ての違いです。ただ、昆布の味をのせすぎるとアマダイの繊細な風味が消されてしまうため、ふんわりと昆布をあてる程度で、2時間ほどで切り上げます。

　また、仕上げにぬる煮切り醤油も風味が強いので量を抑え、そのぶん、梅干しで作る煎り酒もぬって塩味を補っています。

◆タネに切りつける

身側は昆布締めにするため、あらかじめ握りの大きさに合わせて切りつける。皮側（写真右端）はキッチンペーパーで包んで冷蔵し、握る直前に切る。

◆身側を昆布で締める

昆布締めは、昆布の旨みがつきすぎないように2枚の羅臼昆布でふわりと身を挟み、重しをしないで2時間ほどで切り上げる（写真右）。握る直前に、梅干しと酒、水で作った煎り酒を片面にぬる（左）。

◆皮側をあぶる

皮側はあぶった時に皮が縮みすぎて身が崩れないよう、3本ほど切り目を入れて塩をふる。上から炭火をあてて軽くあぶり、握る。

金目鯛の昆布締め

増田 励（鮨 ます田）

千葉や伊豆に良質な産地があるキンメダイは、関東では高級白身魚の一角に名を連ねる。煮つけや刺身にされることが多いが、最近は鮨ダネとしても脚光を浴びる。増田氏は昆布締め後、温めて余分な脂を浮かせて除いてから握りにしている。

鮨ダネとしての歴史は浅いが、今は人気が高いキンメダイ。白身魚の中でも脂ののりは有数で、身が柔らかい。写真は2kgの大型で、人気が高い千葉県銚子産。

◆キンメダイをおろす

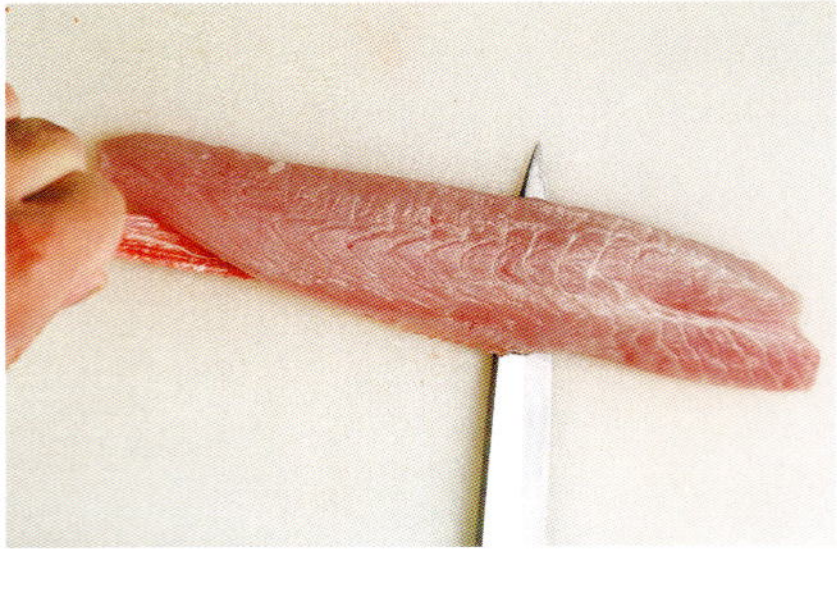

三枚におろし、皮を引く。キンメダイの特徴的な皮の赤い色目を生かす鮨店もあるが、「身のとろっとした口あたりのよさを生かすため、皮は除く」と増田氏。

◆ふり塩をする

軽い塩味をつけつつ、余分な水分を抜くために、両面にごく軽く塩をあてる。30分間ほどおいて水分がしみ出してきたら、水洗いせずにキッチンペーパーでふき取る。

握る直前に天火で15秒温め、脂分をコントロール

以前は、キンメダイを煮つけて酒肴でお出ししたこともありましたが、最近はもっぱら握りです。見た目も口あたりもねっとりとして柔らかく、白身魚のなかでも脂のおいしさが明確で、強い旨みもある。鮨ダネには申し分のない魚だと思います。また、この個性が、酸味を強めにきかせた当店のすし飯にうまく合っていることも、愛用している理由です。

ただ、鮨ダネに脂は必要でも、多ければ多いほどよいわけではありません。脂がしつこさやベタつきにならないよう、仕込みでコントロールし、心地よい味わいにします。具体的には、昆布で締め、握る直前に軽いあぶりの工程を入れるのです。

昆布締めは昆布の旨みを魚にしみ込ませ、魚の余分な水分を昆布に吸わせて凝縮した風味を作り出すのが主な目的ですが、同時に魚の脂分を落ちつかせてくれるように思います。開業したての頃は、いろいろな白身魚を昆布で締めていましたが、今は効果がいちばん感じられるキンメダイとキスの2種にしています。キスは味が淡泊なので昆布の旨みをのせることが第一ですが、キンメダイの場合は昆布が過剰な脂を吸収したり、昆布の旨みが脂分をカバーしてくれるように感じます。

一方、あぶりは、切りつけたキンメダイの薄い身を天火で15秒ほど温める工程です。あぶりといっても身に火を入れるのではなく、香ばしさを出すのでもなく、「脂を浮かせる」のが目的。熱によって温められた脂が表面ににじみ出るタイミングではずし、浮いた脂をふき取ります。

こうしてでき上がった昆布締めのあぶりは、見た目も、とろりとした触感も生のまま。違うのは、口に入れた時にほんのりと温かさを感じ、ほどよい脂のおいしさに変化していることです。

◆昆布で締める

酒で湿らせた布巾で真昆布をしっかりとふき、柔らかくする。キンメダイを挟んでラップ紙で包み、約2時間半冷蔵庫で締める。昆布をはずしてラップ紙で包み直し、冷蔵庫で1日ねかせてから使う。

◆切り身をあぶる

握る直前に切りつけてアルミ箔にのせ、天火で遠火をあてる。両面を15秒前後あぶって脂を浮かせ、浮き出た脂をキッチンペーパーで軽く押さえて握る。

のどぐろの昆布締め

厨川浩一（鮨 くりや川）

豊富な脂と濃い旨みから、近年、人気の白身魚となったノドグロ（和名アカムツ）。
産地の日本海沿岸では以前から鮨に使われていたが、
最近は関東でも握りや焼きものとして好んで使われている。
ここでは握り向けの昆布締めの手法を解説してもらう。

昨今、鮨店でも人気のノドグロ（アカムツ）。皮と身の間にあるゼラチン質の旨みを生かすため、皮を付けたまま三枚おろしにする。

塩で締める

身に塩味をつけ、かつ余分な水分を抜くために、両面に軽く塩をふって30〜40分間おく。身の厚みは背側と腹側でかなり違うので、薄い腹身を重ねて塩が入りすぎないようにする。

湯引きにする

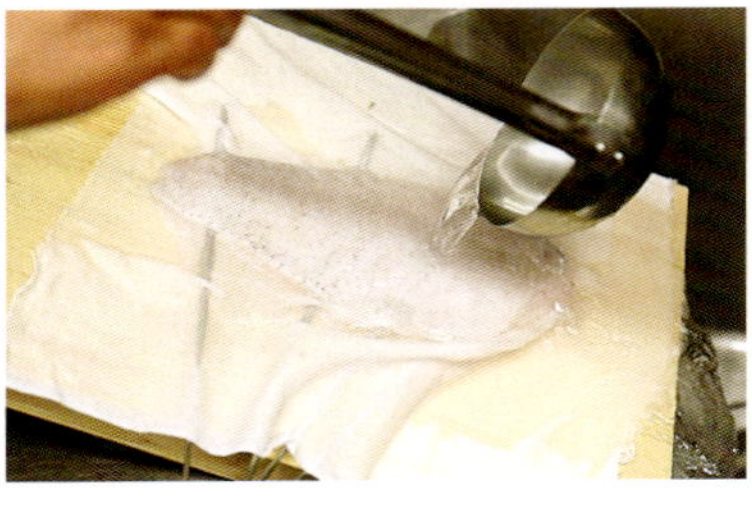

湯引きで皮を柔らかくして昆布締めに

店では常時1～2種類の白身魚を昆布締めにしています。魚に昆布の旨みがのるので味わいが濃くなり、握りの流れのなかで味の変化が生まれます。ここで紹介しているノドグロをはじめ、タイ、ヒラメ、キス、カスゴなどをよく利用しますが、たいていの白身魚に適していると思います。

握り一貫分の小さい切り身を昆布締めにする方法もありますが、私は三枚おろしの大きさを基本にしています。そして、かなり大型であればサクに切り、皮が硬いものははがすなど、下処理は魚ごとに変えます。ノドグロのように皮のすぐ下にある旨みを生かしたい時や、皮自体が柔らかいものは皮を付けたまま、昆布で締める直前に湯引きにして皮を柔らかくします。

一方、キスのような小ぶりの魚は湯をかけると身にも火が入ってしまうので、最初に皮に強めに塩をあてます。こうすることでも皮を柔らかくすることができます。

当店では利尻昆布で魚の身が隠れるように挟み、ラップ紙で包んで、ノドグロの大きさなら1kgほどの重しをのせて冷蔵庫で3～4時間くらい締めます。ラップ紙は乾燥や冷蔵庫内のにおいが移るのを防ぐためのものです。

重しは魚を入れたタネ箱を利用しています。平らで平均的に重しをかけられるし、重さも加減できるので便利です。なお、昆布の量、重しの重量、締める時間はめざす仕上がりによって自由に調整するとよいと思います。

今回はそのまま握りましたが、昆布締めの魚を握りで供する時は、煮切り醤油をぬり、きざみ昆布（酒で湿らせた日高昆布に塩をまぶして叩いたもの）か、煮た白板昆布をのせて、同じ昆布で旨みのアクセントをつけることが多いです。

皮を柔らかくするために湯引きする。表面についた塩は水で洗い流し、皮目ぎりぎりに串を打って皮を上にまな板に置く（写真右上）。布巾で覆って熱湯を3回ほどかける（右下）。この時、皮の硬い尾側に長めに湯をあてるようにする。余熱が入らないよう、すぐに氷水に入れて短時間で粗熱をとり、同時に金串も抜く（下）。熱がとれたら引き上げて、水分をふき取る。

◆昆布締めにする

利尻昆布に酒を吹きつけて湿らせておく。その昆布でノドグロを挟み、ラップ紙でぴったりと包む。平らな容器に置いて、1kgほどの重しを重さが平均にかかるようにのせて冷蔵庫で4時間ほど締める。でき上がったら昆布をはずしてタネ箱で保管する。

魳《かます》の昆布締め

小宮健一（おすもじ處 うを徳）

カマスを使った鮨には、郷土寿司の姿寿司や和食店で供されることの多い箱寿司、小袖寿司などがあるが、握りのタネとしては新顔である。「うを徳」では旬の秋に必ず昆布で締めて握っており、白身のタネとして定着している。

鮨ダネには大型で肉厚のカマスを使う。写真は長さが30cmはある千葉県富津産。「他に小柴、葛西など東京湾は味のよいカマスが多い」と小宮氏。

◆カマスを三枚におろし、皮を引く

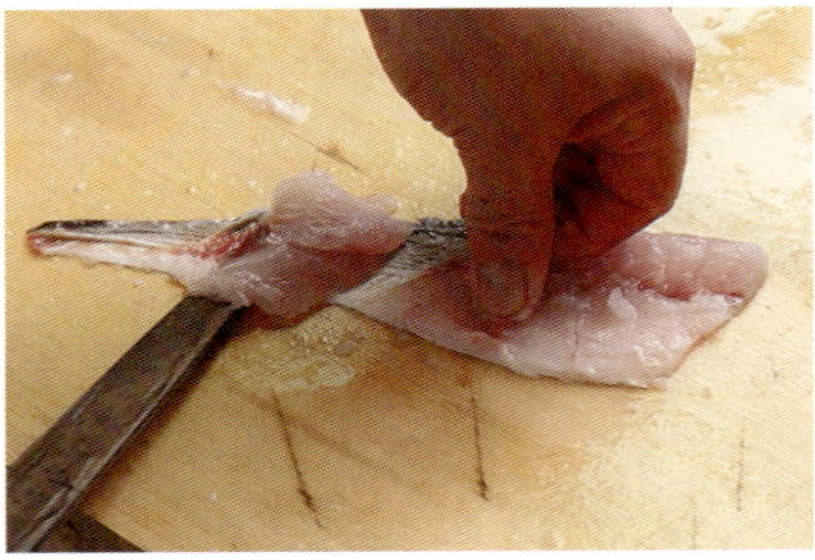

下処理は通常通りにウロコを引き、三枚におろして腹骨、小骨を除く。鮨ダネの大きさに合うように3～4枚にそぎ切りしながら皮も引く。

◆漬け地に漬ける

昆布で締める前に、やや甘みのきいた地に漬けて切り身に味を含ませるのが「うを徳」独特の技法。漬け地は淡口醤油と煮切った酒、みりんをそのつど合わせたもので、漬け時間は2分間程度。

淡口醤油ベースのヅケにして昆布で締める

カマスは伝統的な江戸前のタネではありませんが、クセがなく味のよい白身で握り向きの素材だと思います。身が厚く大ぶりのものがとくに味がのっていて、市場によいものが並べば必ず仕入れます。姿寿司などではあぶった皮ごと使うことも多いようですが、当店ではすし飯との味、触感の一体感を考えて、皮は除いて昆布で締めるのを定番にしています。

店では白身魚の多くを昆布締めにしますが、仕込み方は同じ。魚を握りのタネの大きさに切りつけ、淡口醤油ベースの煮切り醤油でヅケにしてから、真昆布で小1時間締めるという工程です。

昆布締めはサクや上身などの塊で行う方法もありますが、厚みが揃っていない場合はもちろん、塊全体に均一に味がのらないこともあるため、当店では確実に均等に旨みがのるよう、最初に小さく切りつける方法を取り入れています。そのぶん、締める時間は短く、漬かりすぎないようこまめに味をチェックします。また、カマスは身が柔らかく昆布をはずす際に昆布にくっ付いて身が崩れやすいので、やさしくはがすことも大事です。

さて、昆布締めは、直前に魚に塩をふって余分な水分を抜き、ものによっては酢で締めたりするのが一般的ですが、当店では前述したように独自の調味をしています。淡口醤油に煮切った酒とみりんを合わせ、この地に2〜3分間ほど切り身を漬けて味をのせるのです。みりんを入れているので、やや甘みのある煮切り醤油です。この調味は京都の日本料理店で学んだもので、その店では刺身にする白身魚もこうして味をつけていました。塩をやや強めにきかせている当店のすし飯と、味がピタリと合ったバランスのよい組合せだと思っています。

◆昆布で締める

真昆布は、水で湿らせた布巾でふいた後、刷毛に酢を含ませて全面にぬって柔らかくする（写真上）。カマスの水分をキッチンペーパーでぬぐってから昆布で挟み（左）、ラップ紙で包む。小さい切り身なので、締める時間は1時間弱と短い。

◆昆布をはずして保管

ほどよく昆布の味がしみたところで昆布を除き、切り身を器に並べてラップ紙で覆って冷蔵庫で保管。当日から使えるが、3日目くらいが味のピークになる。

鰤の千枚博多押し

野口佳之（すし処 みや古分店）

出世魚のブリは若魚のイナダ（ハマチ）の段階から握りに使われる。
ブリに成長するのは秋以降で、
厳寒期の「寒ブリ」はマグロのトロに匹敵するおいしさに。
「すし処 みや古分店」では寒ブリを千枚漬けと組み合わせ、押し寿司に仕立てる。

ブリは年末から年始にもっとも成長し、味もピークを迎える。写真は名産地のひとつ、富山県氷見産の「寒ブリ」。三枚におろした片身の腹身側を仕入れる。

ブリの切り身を開く

博多押しに仕立てるブリは薄く切り開いて使う。まず、皮をはいだブリの塊肉を木型の幅（短い方）に合わせて切る。次に、塊の厚みの下から⅓の位置に包丁を入れて端の直前まで切り進んで開き、厚い身のほうをさらに半分の厚みで同様に切り進んで開く。

塩で締める

余分な水分を抜くために、両面に塩をあてる。時間は30〜40分間。脂ののりが多い場合は長めにおく。水分がしみ出してきたら水洗いして、水分をふき取る。

かぶら寿司を応用した寒ブリと千枚漬けの箱寿司

当店では「鰤の千枚博多押し」を冬の定番としています。普通に握ってもおいしいブリですが、10年近く前に北陸名物の「かぶら寿司」をヒントに押し寿司にしたところ好評で、以来冬に欠かせない一品となりました。

かぶら寿司は、塩漬けした大型のかぶの薄切りでブリの切り身を挟み、米麹で漬けて発酵させる料理。ただ、こうした熟れずし系は好き嫌いがはっきりと分かれるので、誰もが食べやすいようにと材料をアレンジしたのがこの博多押しです。

米麹の代わりに通常のすし飯を使い、かぶは京都名産の千枚漬けに。このふたつでブリの切り身を挟んで木型で押してなじませます。麹がないぶん、甘みが抑えられ、千枚漬けとすし飯の酸味でさっぱりと食べられます。

ブリは日本海の富山県氷見や新潟県佐渡の産が有名ですが、品質は確かで、安定してよいものが揚がっていると感じます。ブリの質は腹身が厚いかどうか、脂ののりがよいかどうかがポイント。大型魚なので市場では三枚におろした状態で売られており、たいてい3段階にランクづけされているので、最上ランクから身質を確認しながら選びます。

仕入れるのは三枚おろしの腹身のみ。焼き魚などに仕立てる和食店では背身を使うことが多いですが、鮨には脂の旨みや柔らかな触感が楽しめる腹身が向いていると思います。身の状態で当日使うこともしますし、活きがよすぎれば数日間熟成させてから使います。

ところで、酒肴で紹介した「鯖の千鳥」（260頁）は博多押しの発展形で、ブリの代わりに締めサバを使い、千枚漬けで巻いたもの。北陸のかぶら寿司はブリが基本ですが、サバでも作られ、かぶとの相性はよいものです。

◆型に詰める

大きめに切ったラップ紙を押し寿司用の木型に敷き、千枚漬け（写真上）、ブリ（中）、すし飯（下）の順に詰める。この時、千枚漬けは型の側面に立てるように4枚分をずらしながら敷き、ブリは型の寸法に合わせて端を切り整え、1枚分の厚さで敷く。ブリとすし飯をもう1回ずつ詰めて2層にする。小ぶりで供する際は1層でもよい。

◆型押しする

型からはみ出したラップ紙ですし飯を覆い、木型の蓋をのせて数回強く押しつけて詰めもの同士を密着させる（写真上）。蓋をしたままゴムなどで固定し、冷蔵庫で約3時間落ちつかせる。ラップ紙ごと木型から取り出し（下）、提供時にラップ紙の上から切り分ける。

鰆の藁焼き

鈴木真太郎（西麻布 鮨 真）

燃やした藁で魚をあぶり、軽い燻香をつけながら表面をうっすらと焼いて、皮も柔らかく食べられるようにしたのが「藁焼き」の技法。赤身、白身、青魚と幅広く使われる調理法である。ここではサワラの例を紹介する。

冬から初春が旬のサワラ。片身を十字に四等分した大きさが串打ちして焼くのにちょうどよい。腹側の皮は柔らかいので付けておくが（写真）、背側は硬いので除く。

◆サワラを塩で締める

切り身はまず塩で締めて身の中の余分な水分を抜く。両面に塩をふり（写真上）、竹ザルにのせて1時間おく（下）。塩の分量は身の大きさ、脂ののり具合によって加減する。この後、流水で洗い、紙でしっかり水分をふき取る。

◆串を打つ

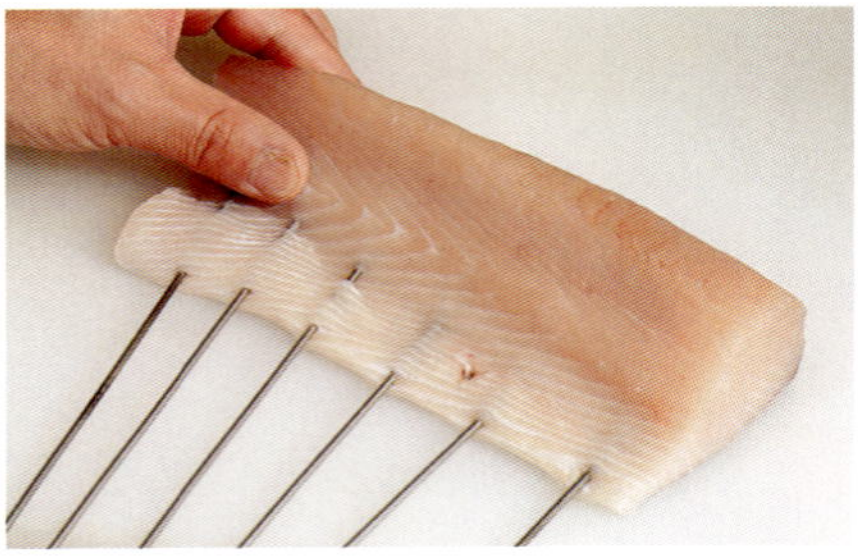

サワラの皮面を下にして置き、皮のすぐ内側に水平に金串を差す。カツオの土佐造りと同様に、数本の串を末広に打って持ちやすくする。

藁焼き後は冷凍急冷して香ばしさや触感を保つ

魚の藁焼きは、私は好んでよく使います。皮目が香ばしく柔らかで、全体を覆うかすかな燻香が魚の風味を高めるのに一役買ってくれるからです。

サワラは冬〜初春にお出ししている藁焼きで、春〜夏はオオメマス(トキシラズ)やマス、秋は戻りガツオを使います。同じカツオでも、春の初ガツオは脂ののりが少なく風味がさわやかなので、藁焼きにするとそのよさが消えてしまい、よくありません。魚種や時期によって向き不向きがあるので、いろいろな魚種を試して現在のラインナップに落ちつきました。

藁焼きの場合も、魚は塩で締め、余分な水分を抜いて味を凝縮しておきます。藁のよさは、ガス火に比べて火のあたりが柔らかく、部分的に焦げたり、火が入りすぎたりといった失敗が少ないことです。また、煙がよく出るので燻香がつきやすく、香り自体もよいものです。

とはいえ、慎重に焼かなければ焼きすぎの失敗を招きます。皮は炎をしっかりあてて焼き色がつくまで火を入れないとおいしく食べられませんが、身の面はけっして色をつけず、煙で燻して固める程度にします。とくに腹身部分は非常に身が薄いので要注意。身の内側はあくまで「生」でないといけません。魚を頻繁に返す、かざす位置を調整する、藁を足す、七輪の空気口から風を送るなど、火加減の調整能力がものをいいます。

焼き上がった後は、一般には余熱で火が入るのを防ぐために氷水に入れます。しかし、水っぽくなってせっかくの香ばしさや、あぶりたての身の触感が悪くなる気がして、私はさらしで包んで冷凍庫で急冷するようにしています。

赤酢100%で作るすし飯との相性もよく、お客さまにも好評です。

◆藁で焼く

七輪に藁を入れて燃やし、上がってくる煙と炎でサワラをあぶる（写真右）。皮は炎をあててしっかり焼き、身の面は煙で燻す程度にする。さらしで包んで冷凍庫で7〜8分間急冷後（上）、冷蔵庫で保管。

光りものの仕込み

小肌の酢締め

浜田 剛（鮨 はま田）

光りもののなかで、コハダは別格といわれる。酢締めにすることで旨みが数段増し、
すし飯との相性も秀逸で、握りの醍醐味を存分に味わえるからである。
仕込み方によって個性が出やすく、コハダの味で贔屓の店を決めるお客も多い。

コハダは出世魚コノシロの若魚。「はま田」では、幼魚のシンコからコハダ、ナカズミと順次使っていく。コハダは約14cmの長さを仕入れる。

◆コハダを一枚に開く

ウロコ、頭、ヒレを除いて腹から一枚開きにし、内臓と骨もきれいに除いて水洗いする。鮨ダネ用に美しい形に切り整える。

◆塩で締める

塩をまぶしたザルにコハダを並べ、上からも塩をふる。コハダが完全に隠れて見えないくらいに、たっぷりの量を使うのが「はま田」流。締める時間も1時間10分と長い。

塩も酢も強くきかせる「江戸前の粋」をめざす

コハダを知るために、これまでいろいろな店で握りのコハダを食べてきました。締め方が浅く、生の魚に近いやさしい味のものから、塩も酢も強くきかせたインパクトの強いものまで、店によってこんなにも違うものかと驚いたものです。

つまり、どんな締め方にするか、という考え方の幅が非常に広いのがコハダ。そこが難しくもあり、おもしろいところで、鮨職人にとって腕の見せどころの大きいタネだと思います。

そうした振れ幅の中で、私のコハダは、塩も酢もかなり強い部類に入ります。この味の加減は、自分のめざす鮨のスタイルからきています。私は握りのいちばんの味のベースとなるすし飯に赤酢(粕酢)と塩をしっかりきかせているため、味のバランス上、タネにも濃いめの調味が必要となり、コハダも締めを強くしているのです。キリッと味の引き締まった握りに「江戸前の粋」がある、というのが私の考えです。

魚の脂ののり具合や大きさにより、締めの加減は多少変わりますが、ここで紹介しているのはほぼ平均的なものです。最初の塩は完全にコハダが隠れる量で約1時間10分。当店では締めサバに次ぐ塩の量と時間です。その後、塩を洗い流して酢水に通し、30分間やすませてから、生酢に1時間漬けます。この時間も長いです。しかし、けっして、しょっぱすぎたり酸っぱすぎたりしない適正範囲の漬け込みです。

生に近いコハダの酢締めにもおいしいものがあり、どれがいちばんと言えるものではありません。紹介している酢締めは、あくまで私の考える理想形。力強く、「これぞ江戸前のコハダ」のイメージに近いものだと自負しています。

酢で締める

水洗いして塩を落とし、水で割った粕酢で洗う。金ザルに立てかけて30分間やすませた後、粕酢に漬けて1時間締める。酢締め用の粕酢は熟成の短い白いタイプを使用。

ねかせる

ボウルに金ザルを重ね、コハダの皮面を外に向けて立てかけながら並べる（写真上）。ラップ紙をかぶせて冷蔵庫へ入れ、2日間、水きりしながら味をなじませる。写真左が2日間ねかせて完成したコハダ。

新子の酢締め

安田豊次（すし豊）

シンコは「新子」の字の通り、生まれて間もない子で、魚介では幼魚のこと。
鮨では一般に出世魚コノシロの幼魚を指し、シンコが少し成長するとコハダとなる。
関西ではスミイカやイカナゴの子もシンコと呼ぶが、
ここではコノシロのシンコを解説。

コノシロの幼魚のシンコ。写真は体長7〜8㎝の平均的な大きさで、二枚づけに向く。シンコは晩夏に出まわる大きさのもので、秋が深まり成長してくると「コハダ」の名称になる。

◆シンコを一枚に開く

ていねいにウロコを引いて頭を落とし、腹から一枚に開く（写真上）。内臓、中骨、腹骨を除きながら形を美しく切り整える（右）。シンコは柔らかく腹側の身が破れやすいのでやさしく扱う。

◆塩で締める

バットに塩をふり、皮を下にしてシンコを並べ、上からも塩をふる。塩は軽くまぶす程度で20〜40分間おく（大きさなどで加減）。流水に3〜4分間あてて塩分と臭みを流す。

姿形や味がよいのは「二枚づけ」の大きさ

関西には「鯖の棒寿司」などの青魚を楽しむ伝統もありますが、基本は白身魚文化。当店を開業した40年前、青魚の握りには抵抗のあるお客さまが多かったものですが、時代が変わり、今ではコハダやシンコは東京並みに好まれ、人気のタネになっています。

シンコの漁獲は大阪湾の場合、8月のお盆前後の1ヵ月。シンコが出てくれば、長期に楽しめるコハダの登場も間近となり、季節到来ということから私たちもワクワクします。

シンコといっても体長は5cmから10cmくらいまで幅があります。小さいものは数尾分を重ねて握り、大きい場合は1尾で。それぞれ使う枚数によって四枚づけ、三枚づけ、二枚づけ、そして1尾の場合は丸づけと呼び分けます。

かつては走りを求めるあまり、鮨店が競って小さいシンコを買い求めたものですが、実際小さすぎると味がのっていないし、身の厚みもなく、枚数を重ねてぼってりと握られた姿は美しくないと思います。シンコは、青魚としてはさっぱりした繊細な味が魅力ですが、あまりに小さいと、そのデリケートな味わいすら感じられません。美しい形と旨みの点で、私は体長7〜8cmのシンコを使う二枚づけを基本にしています。

仕込み方はコハダと同じですが、魚体が小さく、内臓の傷みの影響を受けやすいので、仕入れたらすぐにおろして仕込むことがまず重要。そして、塩や酢を当てる量や時間をかなり控えます。一括で仕入れたシンコにも大小が混じっていますから、おろしたものは大中小の3サイズに分け、塩や酢を当てる時間に微妙な差をつけます。

幼魚とはいえ、目立たないところにきめ細かな仕事が求められ、それが仕上がりに明確に表れるものです。

◆酢で締める

ボウルに米酢を張ってシンコを浸す。大きいものから順に重ね、大きなものが長く漬かるようにする（写真上）。目安は最後に入れた小さいものが1分間程度漬かるくらい（最初のものは3分間以内）。ザル状の容器に並べて酢をきり（右）、ラップ紙をして冷蔵庫で数時間ねかせる。

◆握る

塩と酢がなじんだシンコを握る。通常は二枚づけで、2尾分をずらして重ね、厚みを揃える（写真上）。また、2尾ともに半身に切り分け、半身4枚を重ねて握ることもある（下）。見た目だけでなく触感も変わる。

鱚の酢締め

松本大典（鮨 まつもと）

キスは江戸時代に江戸前の東京湾で豊富に獲れたことから、鮨ダネとして定着した。コハダやサバなどと同じく、光彩のある美しい皮の色から「光りもの」に分類される。最近は昆布で締める店もあるが、昔は酢締めが一般的な仕込みであった。

江戸前の鮨ダネに欠かせないキス。写真は良質なキスの産地として知られる千葉県竹岡（東京湾）産で、「鮨ダネにちょうどよい寸法」（松本氏）という長さ15cm大。

◆キスを一枚に開く

キスは皮を生かして握るので、ウロコをきれいに引き、頭と内臓を取る。魚体が小さいので、背から一枚開きにし、中骨、腹骨、ヒレなどを除いてきれいに切り整える。

◆塩で締める

身の面を上にしてザルに並べ、塩をふる（皮面にはふらない）。5分間ほどおいて塩分を浸透させつつ、余分な水分を出す。魚の大きさ、身の厚み、脂の加減で時間は微調整する。

◆1～2時間やすませる

表面をさっと水洗いして水分をふき取り、身の面を上にして再びザルに並べ、数分間立てかけて水分をきる。この後、冷蔵庫へ入れて1～2時間おいて塩をなじませる。

最初に塩をあて、湯引き後に酢で締める

旬の夏が巡ってくると、必ずキスを使います。鮨ダネの古典であることに加え、夏にふさわしいさわやかさを感じるからです。柔らかく、あっさりとした身は暑い夏に格好のタネだと思います。

昆布締めもおいしいですが、当店では酢締めが基本。昔ながらの江戸前の技法であることと、酢で締めるほうがより、すがすがしさが出せるからです。またキスはヨード香を感じやすいので、余分な水分を出した後でよく水洗いし、酢で締めればそのにおいが抑えられるという効果もあります。

さて、キスは皮がおいしいので、タネにする時は皮付きで仕込みます。小型なので一枚におろし、身の面に塩をまんべんなくまぶして水分を引き出します。出てきた水分は、においを除くために水で洗い流し、水気を充分にふき取ってから冷蔵庫内で1～2時間やすませます。ここで時間をかけるのは、身の表面にしみ込んだ塩分を、さらに深くまで浸透させるのが目的です。塩味をしっかりしみ込ませるのが私流で、酢締めの前に時間をかけてなじませています。

塩が落ちついたら1枚ずつ皮を湯引きにして、すぐに赤酢(粕酢)に通します。次の1枚に湯をかけ、酢に入れたら、直前に入れた身を酢から引き上げるという流れとタイミングで、酢締めの時間はわずかです。

また、一般には最初に皮を湯引きしてから、塩をあて、酢で締めるという順番が多いようですが、ここで紹介している手順――湯引きと酢通しを連続させると、湯引きの直後に余熱を止めるための氷水に入れる工程が必要ありません。

仕込み中の魚はできるだけ水にさらさないことを旨としているので、この方法はその意味でも理にかなっています。

◆皮を湯引きにする

皮を柔らかくするために皮を湯引きする。ザルにのせて湯をかけてもよいが、松本氏は修業時代からの習慣で、皮面を上にしてキスを手で持ち、1枚ずつ湯をかける。

◆酢に通す

次は赤酢(粕酢)にくぐらせる。漬け時間は次の身を湯引きにしている10秒ほどの間で、1枚を酢に入れたら直前の1枚を取り出すという流れ(写真右)。酢通しを終えたら皮を上にザルに並べ、数分間立てかけて水分をきってから(左)冷蔵庫で1時間やすませる。木の芽をしのばせて握る。

鱚の昆布締め

岩瀬健治（新宿 すし岩瀬）

昨今、提供されることが多くなったのがキスの昆布締めである。
「新宿 すし岩瀬」ではキスを常備し、
同店の数少ない昆布締めのタネのひとつとしている。
片面のみに昆布をあて、キスの生の風味を生かす軽い昆布締めである。

「身が厚くて味がいい」(岩瀬氏)という理由で、キスは東京湾で獲れる江戸前と決めている。写真のキスも長さ20㎝、80gと大型だ。

◆キスの皮を湯引きにする

キスを背開きにし、皮を柔らかくするために皮のみに熱湯をかける。すぐに氷水に浸けて熱をとる。この工程では身に火が入らないよう、1尾ずつ素早く行い、ザルも1回ごとに流水をかけて冷やす。

◆塩をふる

表面をキッチンペーパーでふき、両面にごく軽く塩をふって2分間ほどおく。調味ではなく、余分な水分を出して臭みを抜くのが目的。

身の面に2〜3時間あてるだけのレアな昆布締め

キスは脂肪が少なく、淡泊で柔らかい身質です。昆布の旨みをのせながら水分をほどよく抜く昆布締めの技法はキスに向いていると思います。ちなみに、当店で昆布締めにするのはキス、キンメダイ、シロエビのみ。いろいろな白身魚に利用できる技法ですが、この3種がとくに気に入っています。

キスは古くから江戸前鮨に使われてきたように、江戸前（東京湾）の質が高く、当店でもこの産地に限定して仕入れています。大ぶりで身の厚いところがよいですね。「キスといえば天ぷら」というイメージをお持ちのお客さまも多いので、大きさと旨みの強さでインパクトを与えられる江戸前のキスは願ってもないものです。

さて、昆布締めの方法はどの魚も基本は同じですが、身質や大きさによって皮の処理、昆布のあて方、締める時間を調整します。キスは皮もおいしく食べられるので皮付きでおろし、皮を湯引きにして柔らかくします。

その後は塩をふって余分な水分を抜き、昆布で締めるわけですが、キスは小型なので、ふり塩はごく少量で2分間ほどしかおきません。時間をかけすぎると小さい身に塩味がまわってしまうので私は手短に仕上げています。

昆布をあてるのは身の面のみ。そしてラップ紙で包んだら重しをしないでねかせます。当初は皮と身の両面に昆布をあてていましたが、昆布の味と香りが勝ちすぎると感じ、片面のみに修正しました。

締める時間も2〜3時間ですから、短いほうです。魚によっては、身が硬く締まってねっとりするほどに強く締める昆布締めもありますから、この方法は「レア加減」の昆布締め。キスの生の風味をできるだけ残した昆布締めといえると思います。

◆昆布で締める

昆布はキスの半身が数枚並ぶ大きさに切る。酢で湿らせたキッチンペーパーで昆布の両面をふいて柔らかくしつつ粘りを出す（写真右）。塩を少量ふる。塩をふったキスは再度水洗いして水分をふき取り、中心の腹身部分を切り取りながら半身に分ける。身を下にして昆布の上に並べ、裏返しにして同様に昆布の上に並べる（左上）。全体をラップ紙で包み（左下）、冷蔵庫で2〜3時間おいて昆布の旨みを含ませる。

◆木の芽の香りを添えて握る

キスと相性のよい木の芽の葉を1片ちぎってすし飯に付け、昆布締めのキスにのせて握る。

春子の酢締め

石川太一（鮨 太一）

江戸前鮨では、美しいピンク色の皮をもつチダイ幼魚が「カスゴ」の名で重用されてきた。酢締めが代表的だが、「鮨 太一」では塩のあて方、酢の使い分け、酢の通し方など随所に工夫を凝らしている。カスゴの柔らかさを生かした風味のよい仕上がりである。

カスゴはチダイなどの幼魚。ピンクの皮が美しく、この皮を生かして握ることから、タイの一種でも「光りもの」に分類される。春から夏が旬。

◆カスゴを一枚に開く

頭をまっすぐに落とし、背から一枚に開いて中骨、腹骨、小骨を抜く。小型のカスゴは1尾づけで尾ビレを付けて握る伝統から、尾ビレのみ残して仕込む。

◆立て塩に漬ける

カスゴを立て塩に10分間ほど漬ける。立て塩には氷を入れて火入れを瞬時に止め、塩分をゆっくりしみ込ませる。

◆湯引きにする

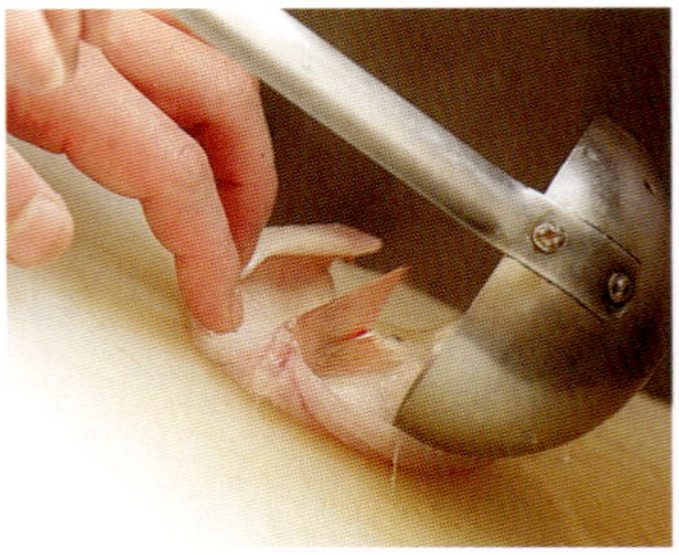

カスゴは皮付きで握るので、皮を柔らかくするために皮目だけにさっと湯をかける。身に火が入らないよう、湯をかけたらすぐに次の立て塩の工程へ。

立て塩に浸し、酢は種類を変えて3回通す

カスゴに限らず、酢締めの加減は作る人によりさまざまですが、私はイワシの酢締め（80頁）と同じ考え方で、もともと身の柔らかいカスゴの特性を生かすべく、硬く締まりすぎないカスゴの酢締めをめざしてきました。

そのために考えた工程のひとつが、カスゴを立て塩（海水に近い塩分濃度の食塩水）に漬ける方法です。身にじかに塩をまぶすよりも塩分の浸透が穏やかなので、強く締まりすぎることがありません。

実は、この方法を選んだのにはもうひとつ理由があります。立て塩に漬ける直前に、皮を柔らかくするために湯引きをするのですが、一般には余熱で火が入らないよう、すぐに氷水に入れます。そこで、立て塩に氷を入れてカスゴを漬けることで、ふたつの工程を同時にすませられるようにしたのです。

ふたつめの工夫は酢の通し方です。以前は赤酢（粕酢）と米酢の合わせ酢に10分間ほど漬けていましたが、時間をおくと身が硬くなるのが難点でした。カスゴはイワシ以上に酢による締まりが強いので、酢に漬ける時間を大幅に短縮して柔らかさを維持しながら、酢の風味も残すことを理想としてきました。

行き着いたのは、最初に米酢、続けて赤酢と米酢の合わせ酢に漬け、さらにひと晩やすませて再び合わせ酢にと、計3回漬ける方法。その分、漬け時間は各1分間弱と大きく減らしました。最初の米酢はとがった酢の酸味をきかせること、合わせ酢は赤酢の香り、コク、色を加えることが目的です。時間をおきながら2種類の酢に漬けることで、締まり具合と風味の両方を調整することができたと思います。

なお、カスゴを握る際は、江戸前の伝統にのっとり、シバエビのおぼろを少量しのばせています。

◆2種類の酢に通す

立て塩から出したカスゴはザルに立てて冷蔵庫で30分～1時間おいて水分をきった後、酢に通す。最初は米酢に（写真上）、次に赤酢（粕酢）と米酢を2対3の配合で混ぜた合わせ酢に（下）、それぞれ1分間弱漬ける。

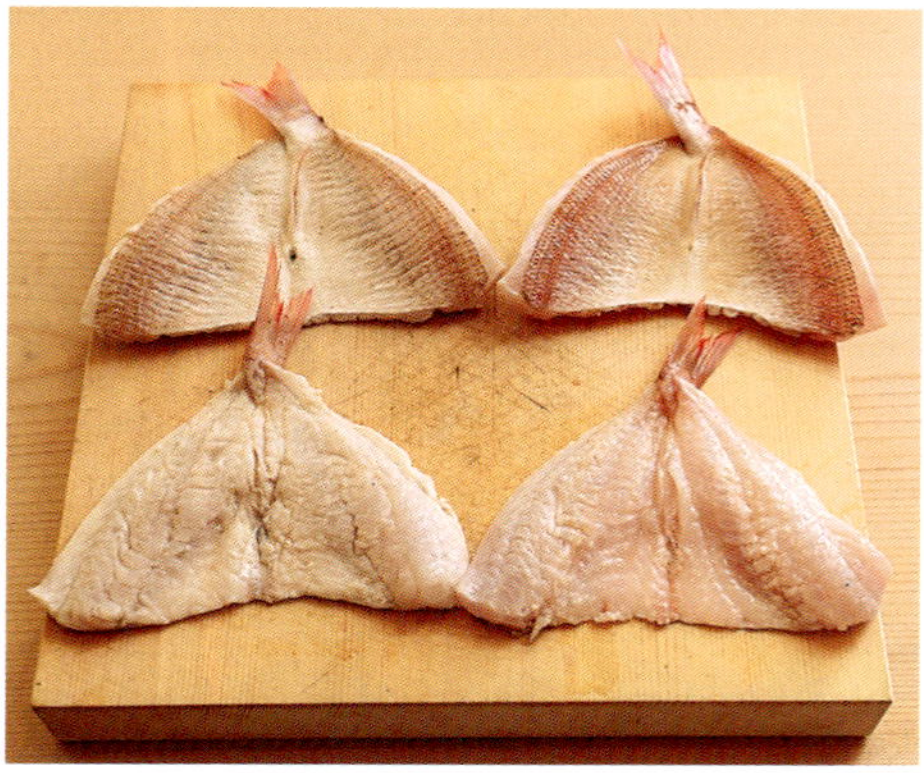

◆ひと晩やすませる

酢から上げたカスゴをザルに立てて水分をきり、容器に入れてひと晩やすませる。翌朝、赤酢と米酢の合わせ酢にもう一度軽く漬け、水分をきって仕上げる。写真は右が1日目、左が2日目の仕込みを終えたカスゴ。

春子の昆布締め

神代三喜男（鎌倉 以ず美）

「鎌倉 以ず美」のカスゴの仕込みは、
第１段階の酢締めに煮切り酒と酢を合わせた「酒酢」を用い、
第２段階の昆布締めで配合の異なる酒酢でもどした昆布を使う。カスゴに限らず、
すべての酢締めと昆布締めに共通する仕事である。

とくに関東で人気の高いカスゴ。おもにチダイ（関東ではハナダイの名称もある）の幼魚で、春を告げる鮨ダネとして重用される。

◆昆布を酒酢に浸す

煮切った酒と米酢を6対4で混ぜた「酒酢」に羅臼昆布を浸す。ひと晩おいて柔らかくもどし、昆布臭さを抑えたものを昆布締めに使う。酒酢は日持ちするので半年間ほど使いまわす。

◆カスゴを塩で締める

カスゴは皮付きで三枚におろす。両面に軽く塩をあてて3～4分間おき、余分な水分をしみ出させてから水で洗い流し、水分をふく。小型の魚なので、塩の量も時間も少なめ。

◆酒酢で締める

カスゴも昆布と同様に「酒酢」を使って軽い酢締めにする。酢締め用は酢の比率が多く、酒4対米酢6。ボウルに酒酢と水を合わせて薄め、カスゴを2～3分間浸す。

酒と酢が4対6の合わせ酢を水で割って締める

煮切り酒と酢を合わせた「酒酢」を使う仕事は修業先の師匠から学び、独立して以降もいろいろなタネの仕込みで利用しています。カスゴの昆布締めもそのひとつです。

昔の江戸前仕事は、酢締めといえば「生酢」に通すもので、今でもその伝統を継いでいる店は多いでしょう。生酢の殺菌・防腐効果でタネの鮮度を保つ技法です。

しかし、鮮度のよい魚が流通するようになった現代では、酢の使い方に変化が出ています。酢の酸味を抑えて魚自体の風味をより生かすという考え方で、当店もその流れに沿った仕事をしています。酢を水で割るだけの店もありますが、私はまとめて「酒酢」を作っておき、酢締めを仕込む際に使うぶんだけを取り出して、さらに水で割ります。

酒と酢の配合は、およそ酒4に対して米酢6。酒が入ることで魚の生臭みがとれ、よい風味が加わりますし、魚の旨みを閉じ込める効果もあると思います。また、生酢できつく締めると、時に魚の身が割れたりパサついたりすることがありますが、酒酢ではその心配がありません。

次の昆布締めの工程でも酒酢を用います。一般に、昆布締めの昆布は酒や酢、水で湿らせた布巾で軽くふく程度ですが、当店では酒酢に浸して柔らかくもどします。酒酢の配合は酢締め用の逆で、酒6に米酢4。水ではなく酒酢に浸けるのは、酒の効用で昆布臭さが抜け、酒の旨みも加わって魚の風味がより生きる昆布締めになると思うからです。

また、酒酢でもどした昆布は充分に水分を含んでいるので、魚を締めた時に昆布が必要以上に魚の水分を吸って身が乾いた感じになることがありません。その点も気に入っています。

◆小骨を抜く

酒酢で締めたカスゴの水分をふき取り、小骨をていねいに抜き取る。幼魚といえどもタイ類の骨は硬いので、取りこぼしのないように。

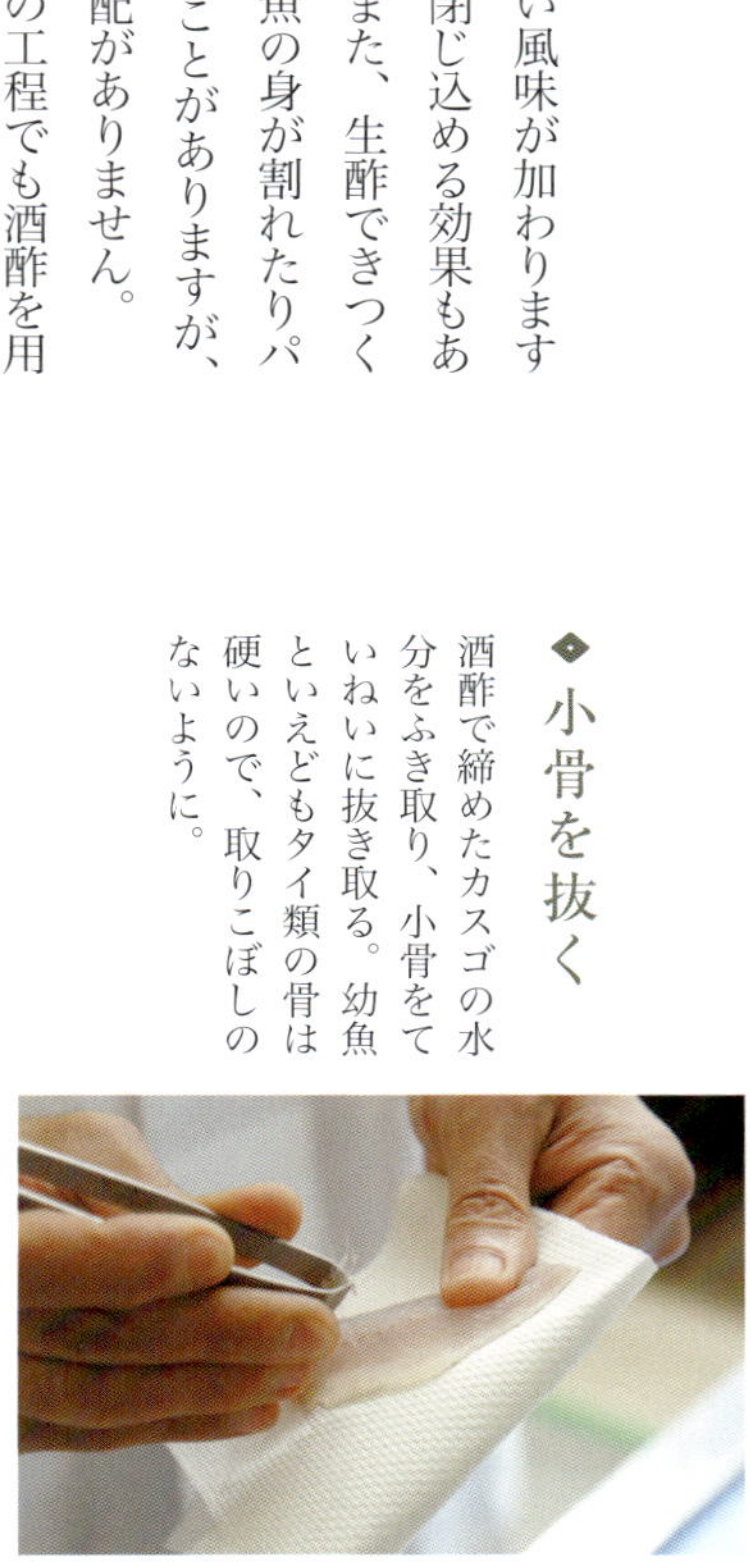

◆皮を湯引きにする

皮を柔らかくするために湯引きにする。熱湯に塩と酒を少量ずつ加え、皮を下にして網杓子にのせたカスゴを浸し、すぐに冷水に取る。冷めたら水分をよくふき取る。酢で締めてから湯引きにするほうが身割れしにくい。

◆昆布で締める

酒酢でもどした昆布の水分をふき、カスゴの身の面にあてる。大型の魚は両面にあてるが、カスゴは身が薄く、また皮の美しい桜色を生かすために身の面のみにする。ラップ紙で包んで冷蔵庫で5〜6時間おく。

春子の酢おぼろ

西 達広（匠 達広）

カスゴの３例目は「酢おぼろ」を使った仕立て。
「匠 達広」では、卵黄と酢で作る黄色い酢おぼろにカスゴを漬けてから握るほか、
写真のように握ってから酢おぼろを添えることも。
現代では見かけることが少ないが、江戸前鮨の技術のひとつである。

カスゴは体長十数cmの小ダイ。おもにチダイの幼魚を指すが、キダイなど皮が赤色系のタイ科の幼魚もカスゴとして売られることがある。

カスゴを一枚に開く

頭を落とし、尾ビレは身に残して背から一枚開きにする。小ぶりのものは1尾で握るが、大きい場合は2等分して半身ずつ握る。

湯引きにする

皮を柔らかくするために、皮を上にして竹ザルに並べ、布巾をかけて湯引きにする。背の皮がとくに硬いので、尾ビレから両端の背部分に沿って湯をかける（写真右）。両端が縮んで丸まれば（左）、すぐに氷水に移して火入れを止める。

魚が締まりにくく、酸味のおだやかな酢おぼろ

カスゴは幼魚ですから、チダイの産卵直後の春先から出回りはじめます。漢字では「春子」と書き、文字通り春の到来を告げる魚です。とはいえ、築地市場には各地から入荷があるので、実際には春〜秋頃まで楽しめます。

魚体が小さく仕込みに手間がかかるからか、伝統のタネの割にはどの鮨店にもあるというほど一般的ではないようですが、私の修業先である「すし匠」や、その出身者はカスゴを好んで使っています。当店でも、握りの一貫目をカスゴにすることで強く印象づけるなど、力を入れているタネです。

カスゴは酢締めにするのが伝統の仕事ですが、私が受け継いでいるのは「酢おぼろ」の握りです。おろしたカスゴを塩で締め、酢洗いするところまでは同じですが、酢に漬けることはせず、そのまま握って酢おぼろを添えるか、身を酢おぼろに一晩ほど漬けてから握ります。

酢おぼろとは正確には「黄身酢おぼろ」のことで、酢を加えた卵黄を30分間近く、茶せんでかき混ぜながら火を入れ、さらさらの細かな粒に炒り上げたもの。卵黄のコクにほんのりと酸味の加わった味で、しかも舌ざわりがふわりとしており、カスゴの淡白な味や柔らかな身質を存分に生かせます。生酢で締めるよりも身の締まりが少なく、酸味のきき方が穏やかだからこそのやさしい仕上がりです。

酢おぼろに漬けるか、添えるだけにするかは、カスゴの状態によって決めています。小ぶりで身や皮が柔らかければ身を漬け、やや硬い時は締まりすぎないように握ってから添えるという使い分けです。

コハダやクルマエビにも酢おぼろ仕立てがありますが、中でもカスゴはとくに相性のよい組合せだと思います。

◆塩で締める

氷水から引き上げたカスゴの水分をふき、竹ザルにのせる。両面に塩をまぶして5分間前後締める。塩の量と時間は、身の大きさや脂ののり方に応じて変える。

◆酢洗いで仕上げる

塩で締めたカスゴを水洗いして塩を落とし、水で割った米酢に通して酢洗いする。水分をきり鮨ダネとする。

◆酢おぼろを作る

卵黄に米酢を加えて溶き、30分間近く炒ってサラサラの粒にした酢おぼろ。カスゴをこの中で漬けたり、握ったカスゴに添えたりする。

春子の桜葉漬け

伊佐山 豊（鮨 まるふく）

カスゴは薄いピンク色の皮の美しさに加え、ほどよい旨みを蓄えた身がいろいろな素材と好相性を見せる。「鮨 まるふく」のカスゴは桜の葉の塩漬けを使った「桜葉漬け」で、春の象徴の握りとして供している。

体長約10㎝のカスゴ。江戸前鮨ではチダイの幼魚を指すのが一般的だが、マダイやキダイの幼魚もカスゴとして流通する。漁獲期間は長いが、関東では春に出まわる。

◆カスゴを塩で締める

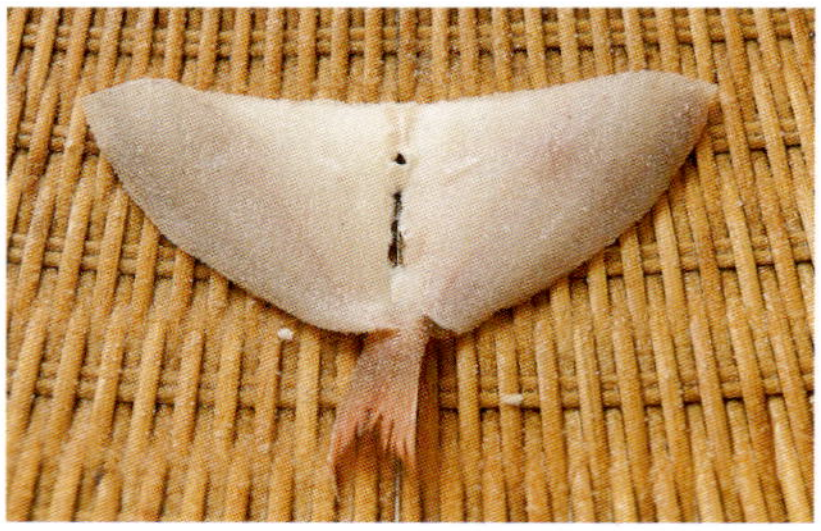

頭と内臓を除いて背から一枚に開き、両面に塩をあてて7分間ほどおく。皮を下にしてザルにのせ、身の締まり具合をみながら締める時間を決める。

◆湯引きにする

カスゴからしみ出した水分と塩を水洗いして流し、いったん水気をふき取る。皮目のみに、塩少量を加えた熱湯をさっとかけて湯引きにし、皮を柔らかくする。残った小骨も抜く。

酢を使わず、塩抜きした桜の葉で数時間挟む

カスゴは、関東ではもっぱら春においしい魚として扱われています。しかし、聞くところによれば、関西では夏から秋が旬ととらえられているとのこと。実際は年間を通して楽しめる魚のようですが、「江戸前の握り」としてカスゴを供するならば、やはり春。店ではまだ寒さの残る2月の終わり頃からお出しして、春の到来を感じていただくようにしています。

「春のカスゴ」をより鮮明にイメージしてもらうために、当店では桜の葉の塩漬けを組み合わせることを考えました。桜の葉は独特の甘い香りが特徴で、香りをかいだだけですぐに春が想起できます。白身で香りがやさしいカスゴとは、なじみがよいと直感したのです。

桜の葉を香りづけに使う鮨ダネには、シラウオやサクラマスの例もあるようですが、これらもやはり春の食材。当店ではカスゴに絞り込んでいますが、春の定番として好評をいただいています。

私のカスゴの仕込みは、一枚に開いたものを塩で締めて余分な水分を抜き、皮を湯引きするところまでは通常の酢締めの仕込みと同じです。酢で締めたカスゴもおいしいですが、桜の葉を使う時はその香りと酢の強い香りがケンカしてしまうので、酢は使いません。湯引きをしたら、直接、桜の葉で挟んで風味づけをします。

桜の葉は塩漬け品を塩抜きして使いますが、それでもけっこうな塩分が残っており、塩味がカスゴの身にもしみ込みます。夜の営業で提供するなら、日中に仕込んで数時間漬けたくらいがよいでしょう。香りの点でも長く漬けすぎるとくどくなりますから、ほんのりと芳しい香りがカスゴに移るくらいがちょうどよいのです。そうした時間の見極めもポイントです。

◆桜の葉で漬ける

塩漬けの桜の葉を水に10分間ほど浸し（写真右）、塩分を適度に抜いてから水分をふいておく。カスゴは身が外側になるように二つ折りにし、桜の葉を身に直接あてて挟む（左）。ラップ紙をかぶせ、冷蔵庫で数時間ねかせて風味をつける。

細魚の昆布締め

野口佳之（すし処 みや古分店）

銀白色の美しい皮の色と細く締まった姿から、
「魚界の美人魚」と称えられる高級魚のサヨリ。味のよさでも定評があり、
鮨では生で握る、酢で締める、昆布で締めるなど調理法は多様だ。
ここでは「みや古分店」の昆布締めを解説してもらう。

全長約40㎝の大型サイズのサヨリ。長さ30㎝以上の大きなものは、まっすぐに長く伸びた形状から「カンヌキ」と呼ばれる。それより小さいものは「エンピツ」。

◆サヨリを一枚に開く

細身のサヨリを昆布締めにする時は、一枚開きで仕込む。頭と尾を落として腹開きにし、内臓、中骨、腹骨を取り除く。身の内側は黒い膜で覆われているので、きれいにすき取る。

◆塩で締める

羅臼昆布の「二番」をあてて軽い旨みを添える

サヨリの産卵期は春。産卵直前に接岸してくるため必然的に水揚げ量が多くなり、春が旬とされています。しかし、産卵直前は身が痩せているので、少し前の12月〜翌1月の厳寒期がいちばん栄養を蓄えておいしい時季です。大きくて身が厚くなっているので、サヨリの味わいを充分に堪能できます。

当店では、握りにするサヨリはほぼ昆布締めと決めています。昔の鮨店では、光りものの代表的な仕事である酢締めにして、内側にエビのおぼろを挟むことが多かったようですが、昨今はサヨリ本来の味をそのまま生かす手法として、生で握ってわさびをきかせるか、軽く昆布で締めるのが主流のようです。

クセがなく上品な味といわれるサヨリですが、ヒラメなどの白身魚と比べると、鉄分を含んだような濃い味を持っています。そこで、同じ昆布締めでも昆布の強い旨みをしっかりと移すのではなく、軽く添える程度にしてサヨリの個性を生かすという考え方で仕込んでいます。食べた時にサヨリの風味が口に広がった後、昆布の旨みが少しだけ顔をのぞかせるくらいの塩梅です。具体的には、身の面だけに「二番昆布」をあてて6時間。調味料のひとふり的なイメージです。

二番昆布とは「二番だし」と同じ意味合いで、昆布締めに1回使った昆布を2番目に使う用法。ヒラメやヒゲダラなど、強めに昆布の風味を移したい昆布締めには新しい一番昆布を使い、今回のサヨリのように軽く締めたい時に二番昆布を使うわけです。

昆布の種類は羅臼。まろやかな味わいの真昆布や利尻昆布に比べ、羅臼は旨みが濃い点が特徴で、二番昆布でも充分な旨みがあります。

ザルに軽く塩をまぶし、サヨリを皮を下にしてのせ、上からも塩をうっすらとふる（写真右）。身が薄いので塩はごく少量。5分間ほどおいて表面に水分が浮いてきたら（下）、水で洗い流して水分をふき取る。

◆昆布締めにする

羅臼昆布の二番昆布（白身魚の昆布締めに1回利用した昆布）にサヨリを身の面を下にして置く（写真右）。全体をラップ紙でぴったりと包み（下）、冷蔵庫で6時間ねかせる。握る際に皮を引いてタネの大きさに切りつける。

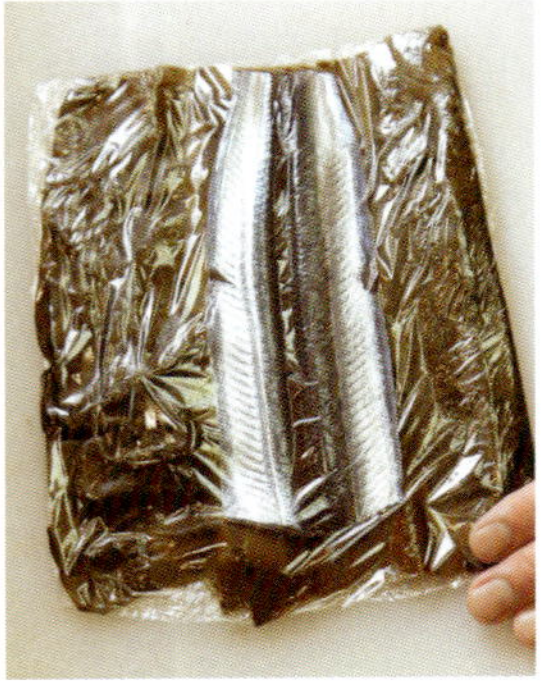

締め鯖と白板昆布

小倉一秋（すし処 小倉）

光りものの中で、コハダと並んで人気の高いのが締めサバ。青魚は生で握ることが一般的になってきたものもあるなか、サバは酢締めの伝統が引き継がれている。仕立て方は店ごとに個性があり、「すし処 小倉」では白板昆布を組み合わせる。

サバは甘酢で締め、白板昆布とともに握るのが「小倉」流。冬が旬の脂ののったマサバを三枚におろして仕込む。写真は、好漁場で知られる宮城県金華山沖で獲れた「金華サバ」で、1尾1kgの大型。

サバを塩で締める

おろしたサバの両面にたっぷりと粗塩をまぶし、1時間半前後おく。余分な水分が抜けて身が締まったら、洗って水分をふき取る。

甘酢で締める

砂糖の甘みを勝たせた甘酢でサバを締める

当店の締めサバは、握ったものに甘酢煮の白板昆布をのせるのが定番のスタイルです。木枠で型押しして作る大阪名物の「バッテラ」も同じ組み合せですから、バッテラの握り版といえるでしょう。甘酸っぱく柔らかく煮た白板昆布は、個性の強いサバの風味や肉厚の触感ととりわけ相性がよいと思います。

締めサバも白板昆布も、調味のベースは酢ですが、加える調味料は店ごとに多少の違いがあるようですね。当店ではサバを締める酢も、白板昆布の煮汁も、米酢と砂糖のみの甘酢で、それもかなり甘みを勝たせた配合です。一般に、締めサバは生酢に漬けることが多く、砂糖を加えるにしても少量という方が多いようです。

また、白板昆布の煮汁も酢と砂糖だけでなく、水でのばしたり塩を加えたりする店もあるようですから、当店のレシピは個性的といえるかもしれません。甘酢の配合は師匠から学んだ通りですが、漬け込み時間は自分なりに調整しています。

生酢だけで作るキリッと酸味のきいた酢締めもいいものですが、甘みをきかせると酸味が和らいで、最初にまぶした塩味とのバランスもとれ、よりおいしく食べられるのでは、というのが私の考えです。そんなわけでサバだけでなく、酢締めにするタネはすべて甘めの甘酢で仕込んでいます。

さて、白板昆布の甘酢煮は、店によってはさっとくぐらせる程度の火入れもあると聞きますが、当店では10分間かけて煮ています。簡単に破れるくらいのとろりとした煮上がりです。押し寿司とは違い、握りの場合はそれくらいの柔らかさのほうがタネやすし飯となじみやすく、一体感が生まれておいしいと思います。

容器にサバを入れ、米酢と砂糖を合わせた甘酢を注ぐ（写真上）。甘酢はかなり甘みを勝たせている。身の大きさや脂ののり具合によって時間を加減し、およそ1時間漬けて酢締めにする。漬け汁から取り出したら水分をふき、小骨を抜いて保管する（下）。

◆白板昆布を甘酢で煮る

米酢と砂糖を合わせた甘酢を鍋に沸かし、白板昆布（写真右上）を入れて煮る。再沸騰したら落とし蓋をのせて、10分間ほど煮て味を含ませる（右）。つややかで透明感のある色に煮上がった昆布（上）は、煮汁に漬けた状態で保管。60枚分を一度に仕込む。

締め鯖の藁焼き

大河原良友（鮨 大河原）

締めサバの応用として、酢締め後に「藁焼き」の工程を加えた
香ばしいサバの握りを解説する。藁焼きはカツオでなじみのある調理法だが、
「鮨 大河原」では開店以来、締めサバで作り続けている。

写真は東京湾・木更津周辺の一本釣りのゴマサバ。春～初夏はゴマサバ、晩秋～冬はマサバと、時季により使い分ける。三枚におろし、小骨を抜く。

◆サバを塩で締める

バットに塩をたっぷりと敷き詰め、サバの上身を置いて完全に隠れる量の塩をまぶしつける。締める時間は1時間半。サバの大きさや脂ののりなど個体差で微妙に時間を調整。

◆酢締めにする

塩を水で洗い流し、水気をふき取って米酢に漬ける（写真上）。身が完全に酢に浸る状態にし、漬け時間は15～20分間。下が酢締めを終えたサバ。薄皮をむいて腹骨をすき取り、小骨が残っていればきれいに抜き取る。

軽めに酢で締め、皮目に醤油をたらしてあぶる

鮨ダネを藁であぶる調理は、鮨の歴史の中では比較的新しい技法です。また、あぶる魚もカツオ、皮の硬い白身魚など店ごとにいろいろのようです。

当店では開店以来、酢で締めたサバを藁であぶってお出ししてきました。何より香ばしい香りがつき、皮目が柔らかくなる。さらに軽く火が入ることで旨みが増して、締めサバとは別の魅力が出てくるのです。とくに私の方法は、あぶる前に皮目に醤油をひとふりするので香ばしさが増し、照りも出て見た目にも食欲をそそるようです。

ここで紹介しているのはゴマサバ。晩秋〜冬にかけてはマサバを使いますが、春〜初夏はゴマサバがおいしい時季です。味や脂ののりもほとんど変わらないので、どちらのサバを使っても調理法は変わりません。

手順は、サバを三枚におろして塩漬けし、水洗いして酢に漬けるという基本に沿っています。同じ酢締めでも、コハダなどと比べればサバの魚体はかなり大きいので、まぶす塩の量は非常に多く、塩漬け時間も酢の漬け時間も当然長くなります。

ただ、最終的に塩や酢をどの程度きかせるかは人それぞれ。しっかりと強く締めて濃い味にする人がいる一方、軽めに締める人もいるわけです。私の場合は後者寄り。塩漬けするのは1時間半と平均的ですが、酢締め自体は15〜20分で引き上げます。その後、藁焼きする工程も考え合わせて、強い酸味は残さないようにしています。

こうして仕込んだ締めサバは、あぶりたてでお出しすることが理想ですが、客席に煙が流れやすいこともあって断念。そこで開店時間直前に仕込み、常温におくことで作りたてのおいしさを維持し、翌日に持ち越さないようにしています。

◆皮目に醤油をまぶす

サバの身に末広に串を打ち、藁焼きする直前に皮目のみにさっと醤油をかける。醤油が焼かれることで照りが出て、香ばしさが増す。

◆藁焼きする

藁焼き専用の缶に藁を入れて燃やし、炎が上がったら皮目をあぶる（写真上）。煙が出たら時折身を返し、身側は炎を当てずに煙だけで燻す。火の勢いに応じて高さを調整し、香ばしさが出るまであぶって仕上げる（下）。

鰯の酢締め

石川太一（鮨 太一）

イワシは生姜やねぎを添えた生の握りが現代の主流だが、「鮨 太一」では独特の手法で酢締めにして握る。「酢で締めた味が自分の好み」と石川氏は言うが、少数派となったイワシの酢締めのおいしさを多くのお客に知ってほしいとの思いもある。

マイワシは中型の中羽を鮨ダネに使い、大羽はおもに酒肴に利用。腹から一枚に開いて内臓、中骨、腹骨を除き、まわりを切り整えて準備する。

◆塩で締める

身と皮の両面にふり塩をし、20～30分間おいて余分な水分を抜いて身を締める。その後、塩分を水で洗い流し、さらし布で水分をふき取る。

◆酢で締める

酢で締める工程は3日連続で行う。1日目は米酢に5～10分間漬ける（写真上）。脂ののりが少なければ短く、多ければ長めに調整。漬け込みが終わったらザルに立てて水分をきった後（下）、密閉容器に入れて冷蔵庫で保管する。

1回の時間を短く、3日間にわたって酢に通す

私自身、酢締めの技法が好きなこともあり、店ではいろいろな魚を酢で締めています。工程は、一枚、または三枚に開いた魚に塩をまぶして余分な水分を抜き、酢に漬けるのが基本。当然ながら、魚の種類によって、さらに大きさ、脂ののり具合によって、塩と酢の加減や時間を変えていきます。

しかし、経験を重ねていくなかで気づいたのは、塩と酢の分量、また時間のかけ方を変えるだけでは自分の狙い通りの仕上がりにならないことでした。そこで、それぞれの魚の身質を考えながら、分量や時間以外の点でも改良を加えてみたのです。

たとえばイワシの場合、3日間にわたって酢で締めるのが私の編み出した方法です。酢締めは通常、1回の酢漬けで仕上げますが、イワシは酢に長く漬けていると極薄の皮がゆるくなってむけやすくなり、一方、身は硬く締まることが気になっていました。そこで酢で締める時間を短縮し、その分、翌日と翌々日もくり返し酢に通し、工程を分散することで、酢締めをゆるやかに進行させるようにしたのです。

締める時間は、1日目は5〜10分間、2日目と3日目はさっとくぐらせる程度。短時間ずつ日数をかけることでじんわりと酢が浸透していくため、皮がむけにくくなり、何より噛んだ時に身にふわっとした触感が残るようになりました。魚を酢で締めれば身が締まるのは当然ですが、イワシ本来の柔らかなテクスチャーを生かしながら、酢締めの風味も残るものを模索した結果、たどり着いた手法です。

この方法では血合いの色がやや黒ずみますが、風味や口当たりが向上することを考えれば大きな問題ではありません。身も小骨も柔らかく、イワシらしさにあふれた酢締めだと自負しています。

2日目、3日目は酢洗いする

2日目と3日目は酢洗いする程度に、米酢に入れてすぐに引き上げる。それぞれ初日と同様にザルに立てて水分をきり、密閉容器で冷蔵保管する。

酢締めの工程比較。左から1日目、2日目、3日目のマイワシ。日ごとに身が白く引き締まっていくのがわかる。3日目の酢洗いを済ませたら皮を引き、その日の夜から提供。

鯵の棒寿司

近藤剛史（鮓 きずな）

大阪や京都では、すし飯に酢締めの魚をのせて巻き簾で巻いたり、木型で押したりして大型に作る棒寿司が名物である。大阪の「鮓 きずな」では、季節によってヒラアジ（マアジ）とマサバを使い分け、押し寿司にして先付として出している。

春〜夏にかけて棒寿司に使う大型のヒラアジ（マアジ。写真奥）。一方、握りには体長15㎝ほどの小アジ（手前）を使う。多くはヒラアジの幼魚で、まれにキアジも。

◆ヒラアジを三枚におろし、塩で締める

棒寿司用のアジは三枚におろす。皮を付けたまま両面にやや強めに塩をふって、30分間ほど締める。出てきた水分と塩は洗い流して、水分をよくふき取る。

◆酢で締める

酢締めは6〜7分間。この酢は前回の仕込みに使った米酢の半量に同量の新しい米酢を足したもので、毎回、同様に継ぎ足して使う。

◆身を開く

アジをザルに立て、半日かけて酢をきり、ラップ紙で包んで冷蔵庫で1日おく。型押しの直前に縦に2等分し、小骨を抜く。皮を引いて片面開きにし、厚みを整える。長さも半分に切る。

継ぎ足し方式の酢で軽く締めるアジの棒寿司

棒寿司は大阪の寿司文化を語るうえで欠かせません。大阪らしさを出す意味もあり、食事の最初に必ず召し上がってもらっています。

棒寿司といえば鯖寿司が代表格ですが、マサバは秋～冬が旬なのでその時季に限定し、5月以降夏にかけては、脂がのっておいしくなる肉厚で大型のヒラアジで作ります。

アジの仕込みは塩と酢で締める通常の工程ですが、酢は前回の仕込みで使った酢に生酢を継ぎ足す方式。前回分の酢の半量に新しい酢を同割で足して、1シーズンを通して使い続けるのです。

こうした酢の使い方は伝統的な方法で、酸味が和らいでまろやかな酢締めになり、魚の味も酢に少しずつ加わって風味が増していきます。締める時間は5分強と短め。1日おいて酸味をなじませてから棒寿司に仕立てます。

当店の場合、作ったその場で酒肴的に食べてもらう棒寿司なので、仕上がりは少々アレンジしています。たとえば、すし飯は甘酢生姜や大葉などを混ぜて風味をつけ、型押しも口あたりがよいように空気を含ませるように軽く詰めます。また、白板昆布を甘酢に醤油をきかせて旨みのある味に煮て、営業直前にのせて短時間だけなじませます。いわば、料理のような〝作りたてを味わう〟棒寿司です。

ところで、アジが旬の間は握りでもお出しします。ただし、棒寿司と味わいの違いを出すために、サイズも仕込みも変えます。棒寿司が大型のアジを酢締めにするのに対し、握りは小アジを軽く塩で締めて水分を少し抜くだけ。生で握らないのは青魚のクセを抜きつつ、すし飯となじむ柔らかさにするためです。旬の小アジは小型でも脂があり、大きさも握りにぴったりで見た目も美しいものです。

◆型押しする

押し寿司用の型に、皮面を下にしてアジを敷く（写真上）。すき間があれば小片で埋めて厚みを揃える。すし飯に生姜の甘酢漬け、大葉、白ごまを混ぜて詰め、蓋で押して裏に返し、型をはずす（下）。木の芽と甘酢醤油煮の白板昆布をのせ、ラップ紙で包む。

◆握りは小アジで

握り用の小アジも生では握らない。三枚におろし、皮付きで塩をふって5分間ほどおくことで余分な水分を出して旨みを凝縮し、柔らかな触感に仕上げる。塩と水を洗い流して氷水で締めた後、直前に皮を引いて握る。

鰊の酢締め

渥美 慎（鮨 渥美）

ニシンは北の海に生息することから、伝統の江戸前鮨では使われない。
しかし、各地の多様な魚が容易に仕入れられるようになった現代では、
ニシンを利用する店も珍しくない。
渥美氏も、２通りの手法でニシンの握りを供している。

漁獲高は減っているものの、今でも北海道で水揚げされるニシン。写真は約30cm大。春～初夏が旬で、「春告魚」の異名がある。

ニシンを塩で締める

通常の酢締めと同様に、まず頭と内臓を除き、三枚におろす。腹骨をすき取り、水洗いして水分をふき取ってから両面に強めに塩をふって締める。約10分間おく。

酢で締める

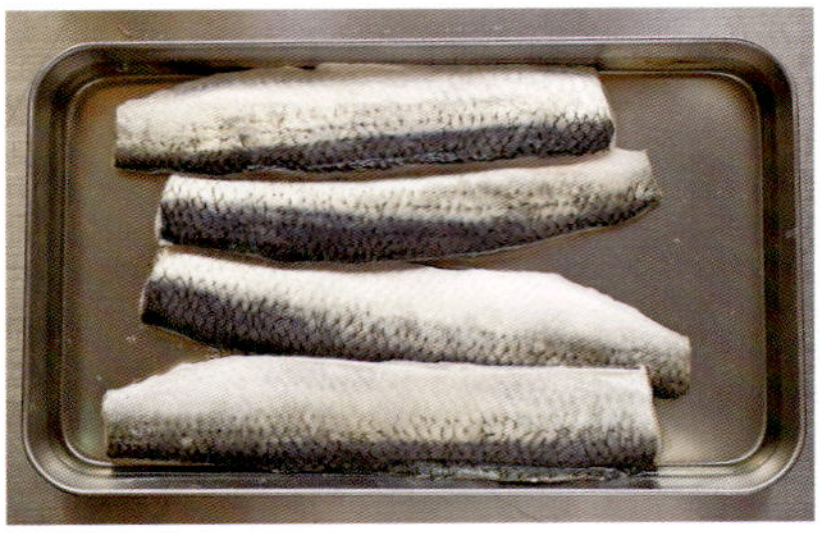

塩としみ出してきた水分を水で洗い流し、水分をふき取る。バットに酢を張り、皮目を下にして5分間浸し、裏返して再び5分間浸して酢締めにする。

酢締めにして小骨を断ち切るように切る

市場で出合う魚は、伝統のタネでなくても、これを鮨にしたらどうだろうと、たいていのものを試すことにしています。ニシンも最初はそのようにして興味をもち、はじめたもので、握りに合うと感じて使い続けるようになりました。

　もともと、関東ではなじみのない魚で、食べるとしても昆布巻きや甘露煮、塩焼きくらい。好んで刺身や酢締めで食べるお客さまはあまりいないので、「こんな魚も握ってみました」とお出しするのですが、珍しい食べ方だと喜んでくださり、会話も弾みます。

　ニシンは身が柔らかく、クセのない淡白な味わい。脂もほどよくのっているので、握りにしても食べやすいと思います。他の光りもの同様に酢締めにしますが、やさしい味わいを生かすように、塩をするのも酢で締めるのも10分間ほどで軽めにしています。

　調理上、注意したいのは小骨の扱い。ニシンは非常に小骨が多いので、通常の鮨ダネのように厚く大きく切りつけると骨が口に当たります。かといって小骨を丹念に抜こうとすると、身が柔らかく崩れやすいのでままなりません。そこで考えたのが、斜めに薄く、細く切りつける方法で、3枚分を重ねて一貫のタネとします。このように断ち切れば小骨も気にならずに食べられます。

　もうひとつ考えたのは、「叩き」風にきざむ方法。アジの叩きほどには細かくせず、身に垂直に細く切り分けて小骨を切り、身を揃えずに叩き風に丸めて握ります。この時に利用しているのが桜の葉の塩漬け。先の握りとの差別化を図る意味もあり、桜の葉で包むように握って甘い香りをつけます。ニシンと桜葉は、ともに春を印象づける好相性の素材です。桜の葉の代わりに大葉を使ってもおいしいと思います。

◆三枚に切りつける

水分をふき取って仕込みの完了。ニシンは小骨が多く、通常のタネの大きさでは舌に小骨があたるので、斜めに薄く、細く切りつけることで骨切りする。3枚で一貫を握る。

◆叩き風にきざみ、桜葉で握る

ニシンの握りのアレンジで供している叩き風の握り。上身に真上から包丁を入れて細切りにし（写真上）、塩抜きした桜の葉にランダムにのせる（下）。すし飯をのせて握り、供する際に葉を除く。ニシンに桜の葉の甘い香りが残る。

鮎の酢締め

吉田紀彦（鮨 よし田）

東京湾の魚介を中心に発展した江戸前鮨では川魚が使われることがなかったが、鮨のルーツである「熟《な》れ鮨」ではフナやアユが使われ、淡水魚との関わりは古い。京都の「鮨 よし田」ではアユを使う頻度が高く、アユの握りも定番としている。

京都、福井、和歌山など地元と近県の天然アユを使用(写真は福井県九頭竜川産)。年により量も質も異なるので状況を見て産地を決める。鮨ダネにする時は活けのアユを氷で締める。

◆アユを一枚に開く

氷で締めて動きが止まったら調理をはじめる。頭と内臓を除き、腹から一枚開きにして中骨を取る。腹骨やヒレもきれいに除く。

◆塩で締める

塩でごく軽く締める。バットに塩をふってアユを並べ、上からも塩をふるが、量はごく少量。時間も30秒～1分間ほど。水洗いしてから、キッチンペーパーで水気をふき取る。

◆酢に通す

酢通し用の酢は赤酢(粕酢)と米酢を合わせ、利尻昆布を入れたもので、コハダなど酢で締めるタネと共通。ここにアユを入れ、1分間ほどおいて引き上げる。

塩も酢も1分前後で締め、刺身風の握りに

アユ料理は当店の看板メニューのひとつで、塩焼きを筆頭にお客さまのお好みに応じていろいろに仕立てています。天然の活けのアユを業者から仕入れるほか、休日には京都府内や近県にも足をのばして自分で釣り、調理直前まで店の水槽で活かしています。「活け」で調理することは、アユの味、香り、触感のすべてで最上の力を引き出す必須のものだと思っています。

ただ、握りのタネに仕込む場合は、塩焼きのように活けのまま調理できないので氷締めにします。すぐに動きが止まり、質を劣化させることなく調理できます。

アユは小型のものを使うので、コハダやキスと同様に頭と中骨を除いた一枚開きで仕込みます。伝統的なアユの姿寿司では、ここでしっかり塩をふって水分を抜き、酢に長く漬けて強めの酢締めにするのが一般的。しかし、私は握りにはアユ本来の風味を生かしたいと考え、塩も酢も軽くして生に近い仕上がりにしています。アユには生で食べる刺身料理「背越し」がありますが、そのイメージです。塩の分量は軽く塩味をつけるくらいで、30秒〜1分間で水洗い。そして酢に浸すのも1分間程度です。「締める」というより「通す」感覚ですね。

あとは時間があればやすませ、なければすぐに握ります。締め方も軽いですし、アユの身の性質を考えても、ねかせる必要はあまりないと思います。

薬味はわさびだけでもよいですが、アユ料理につきもののたでの葉を使うのも一興。わさびと一緒に挟んだり、たで酢用のすりつぶしたたでの葉だけを入れたりもします。また、取りおいたアユの内臓で塩辛の「ウルカ」を手作りしているので、握りの上に少量のせるなど楽しく変化をつけています。

◆半日やすませる

水気をふき取った後、新しいペーパーの上に並べてラップ紙をかけ、冷蔵庫で保管。基本は営業までやすませるが、すぐに握ることもできる。縦に半分に切って片身単位で握る。

◆皮をむく場合は

小ぶりのアユなら、皮は柔らかいので付けたままでよい。一方、サイズが大きかったり、酢に通してすぐに握る場合は皮が硬く感じられることが多いので、むくのを基本とする。頭側からはがして手でむき取る。

海老・蝦蛄・蟹の仕込み

車海老をゆでる

中村将宜（鮨 なかむら）

鮨ダネのなかでは甘みと香りが格別のクルマエビ。鮮やかな紅白模様も
華やかさの演出に欠かせない。中村氏は、活けのエビを握る直前に63℃の低温でゆで、
柔らかさ、色、風味の際立ったタネに仕立てている。

クルマエビは大きくなるにしたがってサイマキ、中マキ、マキ、オオグルマと呼び名が変わる。九州、沖縄産を中心とした養殖ものが一年を通して出まわる。

◆クルマエビを海水に浸けておく

「オガクズに詰める輸送法はミソににおいが付きやすい」（中村氏）との理由で、酸素を注入した海水にクルマエビを入れて配達してもらう。袋を密閉したまま提供直前までエビを活かしておく。

◆串を刺してゆでる

身が曲がらないように腹側の殻のすぐ内側に竹串を通し、塩ゆでする。ミソによく火が入るよう背を下にして並べ、63℃の塩水で7分間加熱。温度計とタイマーで正確に計る。

25g前後の中サイズを63℃の湯で7分間ゆでる

クルマエビは、独特の甘みと香りが魅力です。鮨ダネにする工程は塩ゆでするだけですが、短いプロセスの中に、エビの風味を生かすためのポイントがいくつもあります。

まずは素材選び。当店では唯一、クルマエビだけが養殖です。おもに熊本や鹿児島、沖縄産ですが、養殖技術がすぐれていて、質は天然に引けを取らず、しかも安定しているところが気に入っています。

大きさは25g前後の中サイズを使用。大〜特大サイズが最良と思われがちですが、鮨ダネには大きすぎで触感もやや硬いので、すし飯とのバランスがとりにくいのです。風味も大味というのが私の印象です。20〜30gサイズがもっとも甘みが際立ち、すし飯に合う柔らかさだと思いますね。

当店ではこのエビを、通称「風船」と呼ばれる、酸素を注入した海水入りビニール袋に詰めて送ってもらいます。昔からの輸送方法である「オガクズ詰め」にありがちな木屑のにおいが付かず、同じ活けでもよりよい状態で仕入れられます。

さて、クルマエビを色よく、風味よく仕上げるには、活けのまま塩ゆでし、すぐに握ることに尽きます。当店ではゆでおいてタネ箱に並べることはせず、提供直前まで海水の袋に入れて活かしています。

ゆで方は熱湯に入れる方も多いですが、タンパク質が凝固しはじめる63℃の湯で7分間加熱するのが、私がたどり着いた手法。中心が「生」から「火の通った」状態に変化した直後のタイミングで引き上げ、すぐに殻をむいて握ります。熱湯調理ではないので、冷水に浸けて冷ます必要もありません。

この低温調理は、エビの温度、柔らかさ、風味の開き方のどれをとっても、ピンポイントのでき上がりになっていると思います。

殻をむく

鮮やかな朱色にゆで上がったクルマエビ（写真右）。温かな状態で握るため、冷水には浸けずに、すぐに殻をむく。加熱温度が低いのでミソもぎりぎりの凝固で流れやすい。できるだけ身にとどまるよう注意深くむく（下）。

切り目を入れる

腹側に、縦に1本切り目を入れて開き、丸ごと食べられるように尾ビレも切り取る。背側に繊維と垂直に5〜6本の切り目を入れ、すぐに握る。

車海老の酢おぼろ

岩瀬健治（新宿 すし岩瀬）

クルマエビは、通常塩ゆでしたものをそのまま握るが、酢入りの卵液を細かく炒り上げた「酢おぼろ」をまぶして供する仕事もある。酢おぼろのほのかな酸味がすし飯ともなじみ、黄色の彩りも美しい。

鮨ダネ用のクルマエビは「握りとして食べやすい大きさで、ミソが豊富なもの」を指定して仕入れる。長さ14cm、20gほどのサイズが多い。

◆クルマエビを塩ゆでする

クルマエビは加熱時に曲がらないように、殻のすぐ内側に串をまっすぐに刺し、沸騰した塩湯で3分間ほどゆでて中心まで火を入れる（写真右）。余熱で火が入りすぎないように、すぐに氷水に浸して粗熱をとり、串を抜いて冷蔵庫で保管しておく（下）。

◆酢おぼろを作る

ふわふわしっとり触感の酢おぼろをまぶす

当店では、クルマエビとカスゴの2種を「酢おぼろ仕立て」の握りとしてお出ししています。この2つが酢おぼろの伝統的な組合せであり、タネの風味とのバランスがよいようです。

どちらも同じ酢おぼろを使っていますが、まぶし方に違いがあり、カスゴは酢で締めてから酢おぼろに2時間ほど漬けるのに対し、クルマエビはゆでて酢おぼろをまぶすだけ。エビを長時間漬けると、酢おぼろがエビの水分を吸ってエビ自体がパサついてくるからです。カスゴは塩と酢で締めてあるので水分がそれ以上に抜けることがなく、漬けることで酢おぼろの味がよくなじみます。

酢おぼろの材料は全卵と米酢。卵の甘みと酢の酸味がほんのりと感じられる仕上がりですが、店によってはみりんを少量加えて甘みを少しきかせることもあるようです。

調理は炒り卵よりもさらに水分をとばし、砂ほどの細かな粒に仕上げますが、ポイントは火加減に尽きます。弱火では時間がかかるのに加えて、水分がとびすぎてパサついた粒になりますし、逆に火が強すぎれば焼き色がついたり、卵が早いうちに固まって細かな粒にほぐれなかったりします。中庸の火加減をうまく保つことが大切です。

また、壁際にコンロを置いている場合、壁側に熱がこもりやすいので、鍋の向きを変えながらおぼろ全体に均等に火を入れるようにします。エビのおぼろと同様に、表面はさらさら、ふわふわで、噛めばしっとり。この触感の妙も酢おぼろのおいしさでしょう。

一方のクルマエビは、中心にうっすらと火が入るよう、沸騰湯でさっと塩ゆでして、殻付きで冷蔵保管。握る直前に蒸し器でほどよく温めて殻をむき、酢おぼろをまぶして握ります。

材料は全卵と酢。溶いた全卵に酢を混ぜ、ダマができないように漉す（写真右上）。温めてサラダ油をなじませた鍋に卵液を入れ、炒り卵を作る要領で泡立て器でかき混ぜて火を入れる（右下）。細かなさらさらの粒になるまで約15分間、水分をとばしながら炒り続ける（上）。

◆エビに酢おぼろをまぶす

握る直前にクルマエビを蒸し器でひと肌に温め、殻をむいて酢おぼろを両面にまぶす。赤酢主体のすし飯で握る。

白海老の昆布締め

太田龍人（鮨処 喜楽）

江戸前鮨のエビといえばクルマエビが筆頭に挙がるが、
昨今はボタンエビ、アマエビ（ホッコクアカエビ）、シロエビ（シラエビ）や、
その土地特産のエビを握っている例も多い。
ここではおぼろ昆布で締めるシロエビの握りを紹介する。

富山湾のみで水揚げされるシロエビ。春〜秋が漁獲シーズンだが通年で流通する。名前通りに白色が濃く、むき身は長さ2cm程度。産地で殻をむいたものを仕入れる。

◆シロエビをおぼろ昆布で挟む

後で取り出しやすいように、バットにラップ紙を敷く。おぼろ昆布を平らにのばしながら1枚分の厚さで敷き詰め、上にシロエビを隙間なく広げる（写真上）。再びおぼろ昆布を1枚分の厚さで敷く（下）。最後にラップ紙をかぶせる。シロエビは厚すぎず薄すぎず、ほどよい握りのタネの厚みに広げる。

◆数時間なじませる

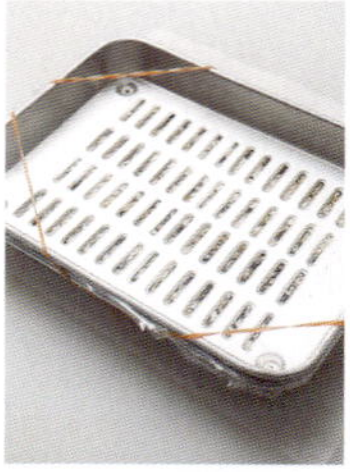

シロエビの産地・富山で定番の組合せ

当店では、クルマエビの他にシロエビを常時用意しています。日本人はエビ好きで、とりわけ生エビが好み。クルマエビは一般にゆでてタネとしますから、もう一品は生で握れるエビをと考え、シロエビを選びました。風味がよいことに加え、日本固有のエビで、水揚げされるのが富山湾のみという稀少性にも魅力を感じています。

シロエビはむき身を仕入れます。サクラエビよりひとまわり大きい程度のごく小さいエビですから、殻をむくのは手間がかかって難しく、小規模な鮨店ではとてもまかなえません。

実際、流通しているのは産地で殻をむいたものが主流です。シャコなども同じと聞きますが、最初に丸ごと冷凍することで身が崩れずにきれいに殻がむけるそうですね。産地で漁獲直後に冷凍して保管し、そのつど殻をむいて出荷するので、通年で使えるメリットもあります。質を見極めるポイントは、水っぽくなく、身の形がきれいで弾力も残っていることです。

さて、シロエビのおぼろ昆布締めは、産地の富山ではポピュラーな食べ方のようです。おぼろ昆布でシロエビの塊を挟み、ぴったりと密着させてひと晩締めると、柔らかいおぼろ昆布がエビとエビの隙間にもしみ込んで、昆布の旨み、塩味、さらにおぼろ昆布特有の酢の風味が行き渡って、シロエビの上品な甘みが引き立ちます。調味はおぼろ昆布だけで充分。小さいエビには通常の硬い昆布では味がのりにくいですから、おぼろ昆布はすぐれた組合せだと感じます。

なおシロエビはそのままで握ることもでき、当店でも供することがあります。その場合はきざんだ塩昆布をのせるほか、シンプルに煮切り醤油をぬるだけの時もあります。

おぼろ昆布とシロエビがぴったりと密着するように押さえ、冷蔵庫で4〜5時間、できればひと晩かけて昆布の風味をシロエビになじませる。「喜楽」では小さな角形の水きりバットを利用し、上に水きり部分を重ねて輪ゴムでとめている（写真上）。強く押さえるとシロエビがつぶれるので注意。下が仕上がり。

切り分けて握る

バットを裏返してまな板に取り出し、包丁で切り分ける。最初に4等分し（写真右）、次にそれぞれを5等分にして握り一貫分のタネにしている（左）。通常は、4等分した状態でラップ紙に包んで冷蔵保管し、注文のつどタネの大きさに切り分けて握る。

昆布締めに使うおぼろ昆布。昆布の表面の黒い部分と中心の白い部分が適度に混ざった中間部分を削った製品。白いほうが高級とされるが、「昆布締めには柔らかすぎて使いにくい」と太田氏。

蝦蛄の仕込み

一柳和弥（すし家 一柳）

シャコは、春〜初夏に欠かせない鮨ダネ。秋にも出回るが、春が産卵のピークにあたり、卵を抱えたメスが珍重されるためにこの時季が旬とされる。雌雄は同等に流通しているが、鮨店によって好みが分かれるようである。

シャコは初夏が旬。漁獲直後に産地で浜ゆでしたものを雌雄揃えて仕入れる（写真左がオス、右がメス）。オスは爪が太いのが特徴。メスは抱卵しているため身に厚みがあり、腹側の尾の近くに卵の一部が見える。

◆シャコの頭と脚を取り除く

シャコは雌雄ともに頭を切り、尾の脇の脚の付け根からハサミを入れる。身の傾斜に沿ってハサミを傾けて切り進め、脚を落とす。尾の先端を切り、腹側の薄い殻のみをむいて保管する。

◆オスは地に漬け、鮨ダネに

「浜ゆで」のオスを醤油味で握る

店ではお客さまからの要望がない限り、オスのシャコを鮨ダネ、メスを酒肴にと使い分けています。オスのほうが身の旨みが強いことと、卵の塊がないぶん、握りにした時に柔らかな身とすし飯とのなじみがよく、身のおいしさが伝わりやすいからです。

メスは味も触感も卵の存在が大きく、握りにすると口のなかで卵だけがモゴモゴと当たって、すし飯とのバランスがとりにくい。つまみで単独で食べるほうが、おいしさが引き立つように思います。

シャコは、基本的に漁獲直後に産地でゆでる「浜ゆで」を仕入れます。「活け」も流通していますが、管理がしっかりしていないと、シャコから分泌される酵素で身が溶けてくるそうで、殻をむくとやせていることもあります。リスクが高いものより、獲ってすぐのよい状態でゆでたもののほうが安心して使えることは確か。ただ、同じ浜ゆででも質の差があります。もともとの質、ゆでるタイミング、ゆで方などが影響するので、それらを見きわめる目も必要です。

よいシャコは身に張りがあり、厚みがあります。長さがあって身が薄いものより、寸足らずでもたっぷりと太っているほうが食べごたえがありますし、風味もいいものです。本当によいものはゆでただけで充分においしく、そういうときは殻をむくだけで握ることもあります。多くは写真のように醤油味の煮汁に半日ほど漬けて味に深みを加えます。

握ったあとの調味も、シャコの状態やお客さまの好みなどを考慮して、煮切り醤油、煮ツメ、塩を使い分けます。温度も常温だったり、あぶって温めたりと臨機応変に変えるのがシャコの仕事。エビよりも旨みが濃く、おいしさが明確な鮨ダネだと思います。

鮨ダネに使うオスは背側の殻をむき、白い脂をざっと除いて(写真右)、煮汁に半日間漬けてから(下)握る。煮汁は醤油、酒、みりん、砂糖、水を沸かして粗熱をとったもの。

◆メスはあぶって酒肴に

メスは背側の殻を下にして軽くあぶる(写真右)。殻をはずし、煮ツメをぬって酒肴に(下)。爪の身もお通しに利用する。

香箱蟹の塩ゆで

山口尚亨（すし処 めくみ）

北陸地方で「香箱ガニ」、山陰で「セコガニ」と呼ばれるメスのズワイガニは、外子、内子の２種の卵が珍重される高級ガニ。鮨店では甲羅詰めにすることが多いが、握りやちらしにも使える。北陸で店を構える山口氏に下処理とゆで方を解説してもらう。

「すし処めくみ」では現在、福井県越前町産を仕入れる。鮮度のよいものは殻の色がオレンジがかった茶で透明感がある。また、「形が丸くて脚が長いものが良品の証」と山口氏。

◆香箱ガニを水洗いする

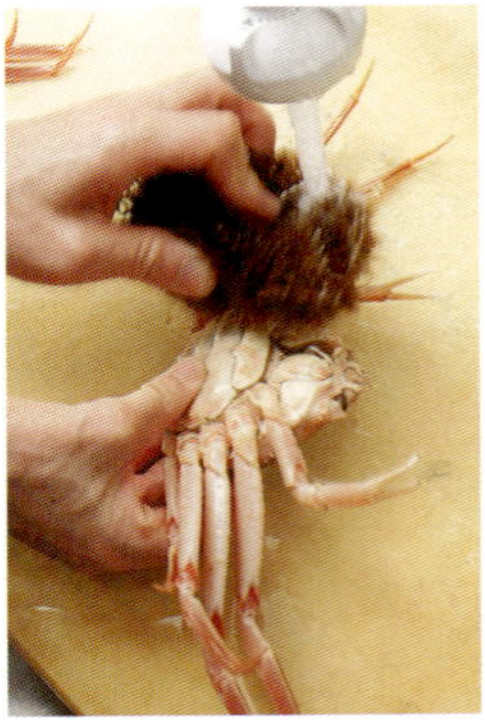

臭みが出ないようすぐに仕込む。流水を注ぎながら殻の両面、脚、口の周辺などをタワシで強くこすり、泥などの汚れやぬめりを取る。内側の殻を軽く開き、黒い排泄物があれば除く。

◆下ゆでする

水洗いで取りきれない細部の汚れやぬめりを取るために下ゆでする。沸騰させた純水に塩分濃度1％分の塩を入れ、５秒間ほど浸ける。

◆水洗いする

余熱で火が入らないように、すぐに水に浸して粗熱をとる。再度、流水をかけてタワシでこすって汚れを除く。本ゆで前にすべての汚れを取りきるくらいに徹底する。

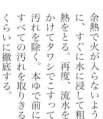

ミソと内子と肉にピンポイントで火を入れる

香箱ガニの調理で大切なのは、生臭みを出さないことと、外子、内子、ミソに適正な火入れをすることのふたつに尽きます。

臭みを出さないためにまず必要なのは、水揚げ直後の鮮度のよいうちに火を入れること。港近くで「浜ゆで」するカニが多いのはそのためで、遠隔地での仕入れはそれに頼らざるを得ません。幸いなことに産地に近い当店では、活けガニを仕入れて、朝のうちに店で処理することができます。

カニは「ゆでる」と「蒸す」の2通りの火入れができますが、理にかなっているのはゆでるほうだと考えています。蒸すと水溶性の香り成分が蒸気に溶けて抜けていくだけですが、ゆでればゆで汁に溶け出したあと、身に戻ってくるからです。ミソのコクや脂の甘みも同じで、ゆで汁に溶けて戻る。これらがカニ肉や外子にもしみて丸ごと風味豊かに食べられます。

ここで大切なのはゆで汁。水道水ではミネラル成分が魚介に反応して臭みにつながるので、当店では純水器でミネラル分をほぼ除去した「純水」を使います。

さて、最大のポイントはゆで方で、これは温度と時間のコントロールがカギになります。香箱ガニはオスのズワイガニと違って肉よりもミソと内子の火入れが重要で、いかにねっとりと柔らかく仕上げるかが問われます。それでこそ旨みも生きてくるのです。

私の現在の方法は、甲羅を下にして沸騰した湯に入れ、2分間強でまずミソを固めます。その後、85〜80℃に下げて6〜8分間で内子と肉にゆっくり火を入れる。これがミソと内子にバランスよく火が入るピンポイントの加減です。最後は裏に返して外子をさっと熱し、ゆで上がりとします。

◆本ゆでする

カニが浸かる量の沸騰した純水に塩を加え（塩分濃度1・7％）、甲羅を下にして入れる（写真上）。アルミ箔をかぶせて2〜2分半ゆで、弱火にして85〜80℃まで落としながら6〜8分間ゆでる（上左）。最後に、外子に火を入れるために返して1分間ゆでる(左)。なお、翌日提供の場合は塩がまわることを計算して塩分濃度は1・6％とする。

◆ザルに上げる

甲羅を下にしてザルに上げ、営業まで常温で保管。さばいたものは甲羅詰めにして酒肴で供するほか、すし飯と混ぜた「香箱蟹ちらし」などに仕立てて供する。

海老のおぼろ

杉山 衞（銀座 寿司幸本店）

おぼろはエビや白身魚のすり身を甘く炒り煮にして、そぼろにしたもの。

とくにシバエビで作る美しい薄紅色のおぼろが最上とされる。

巻きものやちらしずしの他、単独で、あるいは他の魚と組み合わせて握ることもできる。

材料のシバエビ（熊本県産）。白身魚や他のエビを混ぜる方法もあるが、「寿司幸本店」では風味や色合いで最上とされるシバエビ単独で作る。

◆シバエビをみりんでゆでる

頭、殻、背ワタを除いたシバエビの身をみりんとともに火にかけ、ひと煮立ちしてエビがピンク色になったらザルで漉す。身は半生程度の火入れ。ゆで汁も炒り煮する際に利用する。

◆すり鉢でする

エビは温かいうちにすり鉢ですりつぶす。最初は押しつぶし（写真右）、粗くつぶれてきたら丹念にすり（左上）、最後は少量ずつ強く押しのばして（左下）なめらかなペースト状に仕上げる。この作業が、粒の細かなサラサラのおぼろを作り出す。1回の仕込みは2～3kg。

「サラサラでしっとり」がおぼろの理想形

おぼろは、先代から受け継いだそのままの仕事です。配合も作り方も江戸前の本流といえるもので、若い世代にこの伝統を伝えていくことが当店のような老舗の使命だと考えています。

材料をすり鉢ですり、鍋で炒り続けるのは1時間近くかかる大仕事です。すり鉢の代わりにフード・プロセッサーで簡便化することもできますが、カッターで「きざむ」のと、すりこ木で「すりつぶす」のでは身のつぶれ具合が違い、でき上がりの粒の細かさ、なめらかさに差が出ます。手間はかかっても、本来のおぼろの味と触感、そのための仕事を知ってもらうためにこの方法を貫いています。

当店のおぼろの材料はシバエビのみ。甘み、旨み、香り、柔らかさ、色とすべての点で最上だからで、価格が高騰しているものの、質を考えれば譲れないところです。

おぼろの仕上がりは粒が砂のように細かく、見た目はサラサラしているが、ひと粒ひと粒はしっとり、ふわりとしているのが理想です。みりんと砂糖で作った甘いゆで汁とすり身を合わせ、ゴムベラで混ぜる、切る、押しのばすをくり返して水分をとばし、粒状に炒り上げるのですが、少しでも作業を止めると固まったり焦げ付いたりするので手が抜けません。水分を抜きつつ、しかも小さな粒に湿り気を残す加減が熟練を要するところですね。

おぼろを使う握りは昆布締めの白身魚や、酢締めにしたコハダ、カスゴなどです。塩味のきいたタネに少量の甘いおぼろを添えることで甘みと塩辛さのつり合いがとれるからですね。また、当店では軍艦巻きにしていますが、おぼろだけを握るのもれっきとした江戸前仕事。軽く握ってしっとりとした触感を強調すると、おぼろのおいしさが際立ちます。

◆ゆで汁、砂糖、卵黄を混ぜる

シバエビのゆで汁の一部を漉して鍋に入れ、砂糖を加えて温め、沸騰の手前で止める。すり身を加え、混ぜてゆで汁になじませる。火を止め、色とコク出しのための卵黄を混ぜる。

◆炒ってそぼろにする

火をつけ、ゴムベラで「混ぜる、切る、押しのばす、ほぐす」をくり返して水分をとばしながら粒にしていく。大粒ができたら少量ずつ押しのばしてはがす工程を加え、粒を小さくする。

後半は火からはずして鍋をふったり、弱火で混ぜたりほぐしたりをくり返す。サラサラの粒になったら、浅いバットに広げて冷ます。冷蔵で約4日間、冷凍で1週間は保存できる。

烏賊・蛸の仕込み

あおり烏賊の仕込み

中村将宜（鮨 なかむら）

昔の江戸前鮨では、イカといえば醤油味の煮イカを指したが、現在は生イカが主流である。種類はアオリイカ、スミイカ（コウイカ）、ヤリイカ、スルメイカが代表的。ここでは鮨ダネ用のアオリイカの仕込みを解説する。

イカの中でもとりわけ風味がよく、肉厚でねっとりした触感のあるアオリイカ。「イカの王様」と称えられ、刺身でも鮨ダネでも人気が高い。

アオリイカの皮をむく

最初に、表側に切り目を入れて一枚に開き、脚と内臓を抜く。切り口は皮がはがれかかっているので、そこから一気に皮をむく。上から下に引っ張ると、厚皮と薄皮、両ミミが一度に取れる（写真上）。内側は皮が薄いので、固絞りの布巾でこすり取る（下）。

熟成する

端の硬い部分を切り落とし、上身に整えたアオリイカ。キッチンペーパーと脱水シート、ラップ紙で包み、2～3日間冷蔵庫でねかせるのがポイント。より甘みが引き立ち、柔らかくなる。

サクに整える

熟成後、両面に深く細かな切り目を入れる

アオリイカは、イカのおいしさをもっとも堪能できる種類だと思います。肉厚の身をじっくり噛むとにじみ出てくるねっとりした触感や、甘エビに似た濃い甘みと旨みが抜群ですね。スミイカに比べると身が硬いところが難点とも言われますが、私は下処理に工夫をすることで、充分に柔らかく、風味も高めた鮨ダネにしています。

ひとつは「熟成」の工程です。一枚に開いて皮をむいたアオリイカを、キッチンペーパー、脱水シート、ラップ紙の順で包み、2〜3日間冷蔵庫でねかせます。開いてすぐの鮮度のよいものは硬いだけですが、時間をおくことで硬さがほぐれ、甘みが増してきます。

熟成を終えたら、縦に3〜4等分してサクに整えます。一般にはこれを一貫分にそぎ切りして、2〜3ヵ所の刃打ち（切り込み）をするか、糸造りにして柔らかさを出して握りますが、私の方法はそのどちらでもありません。

まずサクの段階で、硬く締まった表の面を1㎜ほど包丁でそぎ取って取り除きます。そして、残った身の表と裏の両面に幅約2㎜の細かい切り目を入れる。深さは身の厚みの半分以上。両面から深く包丁を入れるので、イカの強い繊維も完璧に切れて柔らかくなります。これを一貫分にそぎ切りにし、再び片面に細かく切り目を入れてでき上がりです。

ちょうど菊花蕪のような仕上がりで、柔らかいだけでなく、口の中で素早くすし飯と混ざるので、一体感がぐんと高まります。また切り口が多いぶん、甘みや旨みがたくさんしみ出し、イカの風味を堪能できます。私が多くの鮨ダネに細かく切り目を入れるのは同じ理由から。実際に自分が食べ比べて味の違いを実感したことから、このスタイルでお出ししています。

熟成させた身を縦に切り分け、サクに整える。アオリイカの大きさに応じて、3〜4本に切る。

◆硬い身をそぎ取る

表側の身が硬いので、包丁で厚さ1㎜ほどをそぎ取り、下側の柔らかい部分のみを鮨ダネにする。小ぶりのアオリイカの場合は比較的柔らかいので、この工程を省くこともある。

◆切り目を入れる

次はサクの両面に斜めの切り目を入れる（写真上）。幅約2㎜、深さはイカの厚みの半分強と細かく深い。この後、端から薄くそぎ切りにして鮨ダネを切り出す。これも切り口の片面に細かな切り目を入れる（下）。

煮烏賊

油井隆一（㐂寿司）

現代では生イカ人気に押されている煮イカだが、油井氏は「生イカも旨いが、火の入ったイカは格別」と鮨ダネからはずしたことがない。

煮イカにすし飯を詰める「イカの印籠」にも触れながら、江戸前の伝統の技法を解説。

「㐂寿司」では、煮イカ用のイカは季節によって種類を変える。秋〜初冬に使うのはシロイカ（和名はケンサキイカ。産地によってアカイカの名称もある）。胴部の長さが15cmほどのやや小ぶりのものを用いる。

◆シロイカを掃除する

脚、内臓、軟骨を引き抜き、胴部を水洗いしながら指先で表皮1枚分をむき取る（写真右）。身の端などに取り残した皮は、水で湿らせた布巾でこすって除き、真っ白の仕上がりにする（左）。

◆煮る

醤油、酒、砂糖、かつおだし、水を合わせ、煮立てて煮汁を作り、イカを並べる（写真右）。木蓋をし、3〜4回面を返す工程をくり返しながら手早く煮上げる（左）。時間にして1分強〜2分間。

柔らかいイカを強火でさっと煮からめる

煮イカは握りでも酒の肴でもおいしいもので、当店では1年を通して欠かすことがありません。煮イカに適するのは、比較的小ぶりで柔らかなイカ。季節ごとに煮イカに恰好のものがあり、それぞれの旬を追いながら1年をつないでいます。

具体的には秋～初冬がシロイカ、年明け～初春がヤリイカ、晩春～夏がムギイカ（スルメイカの地方名）。写真で紹介しているシロイカは他の2種に比べて身がやや厚いので噛みごたえがあり、旨みや甘みがしっかり伝わってきます。

煮イカは胴部のみを使い、皮をむいて醤油味でさっと煮上げます。イカの皮は3枚あると言われますが、煮イカに使う種類は皮も柔らかいし、煮ることでさらに柔らかくなるので表皮1枚をむくので充分です。もし2枚目の皮をむくなら、タネの大きさに切りつける際、身の端に切り目を入れて、そこからはがせば簡単にむき取れます。

もっとも大事なのは、煮すぎて硬くしないことでしょう。イカの風味を際立たせるうえでも、すし飯との触感のバランスの点でも、プリッとした柔らかな弾力を残すことがいちばんのカギ。煮上がりのサインはイカが知らせてくれます。火が通ればぷっくり丸みを帯びてきますから、その瞬間を逃さず引き上げることです。「煮る」というより、強火で煮汁を煮詰めながら「煮からめる」感覚です。

煮イカは形よく切り分けて握りのタネにするほか、丸のまま中に具入りのすし飯を詰めて「印籠」にもします。すし飯に混ぜるのは干ぴょう、ガリ（生姜の甘酢漬け）、海苔、ふり柚子のみ。具を入れすぎないことが肝心で、シンプルゆえに食べた時にイカの旨みが引き立つのです。これがイカの印籠の王道と伝え聞いています。

ザルに上げてやすませる

煮汁をきってザルに上げ、粗熱をとる。この間にも余熱で火が入るので、煮汁の中で煮すぎないこと。イカの白さが生きている煮加減とする。冷蔵庫で保管後、営業前に常温にもどす。

鮨ダネ用に切る

縦に2枚に切り分け、さらに斜めに2等分すると、すし飯とのバランスがよい形状と大きさになる。身が大きい場合は、耳をはずした身を4等分くらいにするとよい。隠し包丁を入れ、裏面にすりおろした柚子皮をしのばせて握る。

烏賊の印籠—①

青木利勝（銀座 鮨青木）

室町時代には印や印肉、江戸時代は薬を入れる携帯用容器として利用されたのが印籠。その姿形に似ていることから、材料の芯や内臓を抜いて詰めものをした料理を「印籠」と呼ぶ。いなりずしもその一例だが、鮨では煮イカにすし飯を詰めたものに代表される。

イカの印籠には、身が薄く細長いヤリイカかスルメイカが適する。胴部の長さが15㎝サイズのものが作りやすい。青木氏は冬に出回る子持ちヤリイカを利用。

◆ヤリイカを掃除する

ヤリイカの胴部から脚と内臓、軟骨を抜き取り、胴部はミミと皮を付けたまま使う（写真上）。脚は内臓と墨袋を切り離し、眼とクチバシを除いて、脚先のごく細い部分を切り落とす。脚の吸盤もきれいに洗っておく（下）。

◆脚と胴を煮る

冬場の子持ちヤリイカで作る印籠

イカの印籠は握りずしが確立された江戸時代から続く伝統の鮨ですが、今では老舗の鮨店でないと食べられないかもしれません。煮イカを作り、胴の中に具入りのすし飯を詰めたもので、太巻きのおいしさにも似た、握りとはまた異なる楽しみがあります。

イカはヤリイカかスルメイカを使うのが基本。イカを1杯単位で調理するので、身が薄く、形や大きさが手頃なものが適しているからです。写真では子（卵）のないヤリイカを使いましたが、当店では子持ちヤリイカで作るのが慣例で、子を持ちはじめたばかりの12月〜翌2月限定で作ります。胴部に子を残したまま煮るので、とろりとした触感と旨みが加わります。

イカの脚は酒肴やちらし鮨に利用してもよいですが、ご紹介したように、煮て細かく切って印籠のすし飯に混ぜる方法も理に適っています。はじめに脚を煮て煮汁にイカの風味をつけ、脚を引き上げたところに胴部を入れて煮れば、イカの風味も高まります。

イカは硬く煮締めないことが重要ですから、最初に煮汁を10分間ほど煮詰めて味を濃縮し、脚を入れたら火が入るまで煮て取り出す。胴部は入れて再沸騰したらすぐに取り出すので充分です。胴部はとくに身が薄いので、鍋をふりながら煮汁を「からめる」くらいがちょうどいいですね。子持ちのイカは子が半生状なので長くはもちませんが、1日おくと味がなじんできます。

詰めるすし飯は、イカの脚、椎茸の甘煮、酢ばす（酢れんこん）、海苔、白ごま、干ぴょう、ガリ（生姜の甘酢漬け）などを適宜組み合わせて混ぜています。詰めたて、切りたてをお出しすることが大事で、イカもすし飯もベタつかず、ふっくらとおいしく召し上がっていただけます。

◆すし飯を作る

イカに詰める飯は、握り用のすし飯に数種の具を混ぜたもの。今回使った具は煮たイカの脚と、椎茸の甘煮、きざみ海苔（写真右）。白ごま、酢ばす、大きな具はあられ切りにして、すべてをすし飯に混ぜ合わせる（左）。

煮汁は煮切った酒にざらめ糖と醤油を入れて10分間ほど煮詰め、若干とろりとする濃度を出す。ざらめ糖はさらりとした甘みを出すために使用。まず脚を煮て、火が通ったら取り出す（写真上）。次に胴部を入れ、再沸騰したらすぐに取り出す（下）。

◆イカに飯を詰める

混ぜたすし飯を胴部に詰める。やや強めに握って、身がふっくらとふくらむ程度に詰める。イカの尖った先端を少し切り落とすと空気が抜けて形が整う。食べやすいように輪切りにし、香りづけにすりおろした柚子の皮をふる。

烏賊の印籠—②

安田豊次（すし豊）

ここでは、108頁とは異なるタイプのイカの印籠を紹介。
産卵直前の大きな卵巣を持つヤリイカをゆでで、卵巣とすし飯を交互に詰め直す印籠で、
安田氏が東京での修業時代に教わり、40年間作り続けている。

ヤリイカの旬は一般的に秋〜冬。安田氏は春〜初夏に出まわる子の大きく育ったヤリイカを印籠に使用する。全体に透明感があり、眼が澄んだ黒色をしているものを選ぶ。

◆ヤリイカをゆでる

卵を抱いているヤリイカのメスを使う。メスは小ぶりで、およそ15㎝大（脚を除く）。脚、頭、内臓、墨袋、軟骨を取り除いて3〜4分間塩ゆでし（写真上）、ザルに上げて粗熱をとる（下）。この状態で、タネケースで保管。

◆卵巣を取り出す

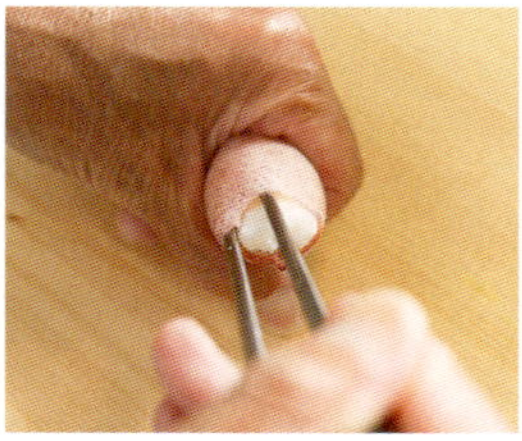

注文を受けたら卵巣を抜く。身が縮んで卵巣がピッタリと詰まっているので、尖った金属製菜箸を差し入れ（写真右）、丸ごと引き出す。写真右下の手前が卵巣。右端の白い部分は卵巣を支える「抱卵腺」という部位。

◆卵巣を三等分する

ゆでたヤリイカに詰めものをして、あぶる

印籠といえば、五目寿司風にすし飯に干ぴょうやガリ（生姜の甘酢漬け）、もみ海苔などを混ぜて、醤油味で煮たイカに詰める方法がよく知られています。しかし、私が東京の老舗江戸前鮨店で教わったのは、具を入れず、ゆでたイカの卵をすし飯と交互に詰めるものでした。

イカの卵は黄色の細長い卵巣の塊と、一見白子のような白い抱卵腺の塊がつながっており、ゆでたイカからこれを抜き取って3等分し、すし飯と交互に詰め直します。

黄色の卵巣はイイダコの飯のような卵の粒々感があり、抱卵腺は白子のようにねっとりと柔らか。食べる部位によって、触感も味わいも異なります。単調なひとつの味ではなく変化に富んでいるところを、昔の人は多様な薬の入った印籠にたとえたようですね。

私が印籠に使っているのはヤリイカですが、修業時に東京で使っていたのは5～6月に水揚げされるムギイカ（スルメイカの地方名）でした。「麦が実る頃に獲れる」ことからつけられた、関東独特の呼び名と聞いています。印籠といえばムギイカと教わった身であり、粋なネーミングも気に入って、店では「ムギイカの印籠」とも呼んでいます。

ふだんは瀬戸内産のヤリイカを使いますが、地元大阪の市場には伊勢湾や若狭湾から届くこともあり、土地によって漁期はいろいろ。5～6月を中心に半年間は充分に、卵が大きく成長した産卵直前のヤリイカが使えます。

ところで、私の印籠は煮イカにせず、卵入りの胴部を皮付きで塩ゆでするのみ。詰めものをした後、あぶって煮ツメをぬることで味を足して完成です。卵とすし飯のみの繊細な風味とのバランス上、イカに濃い味つけは要らないとの考えから、この仕立てにしています。

◆卵巣とすし飯を交互に詰める

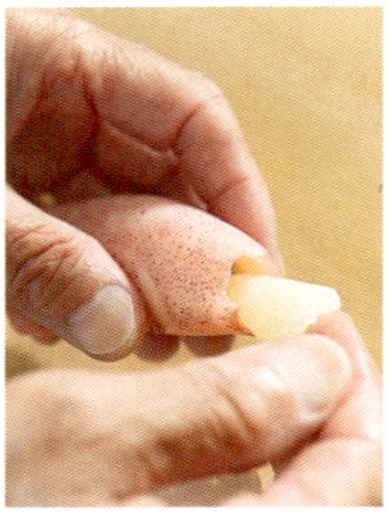

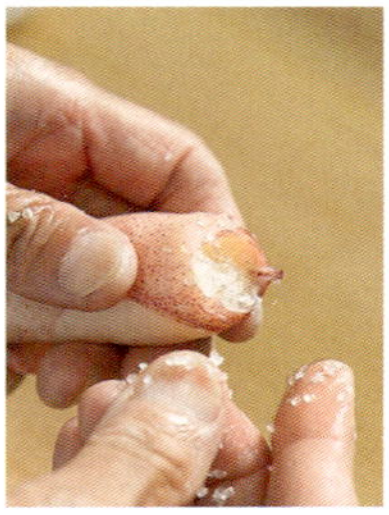

最初に先端の卵巣をヤリイカの胴部に入れ（写真右）、わさびのすりおろし、すし飯を詰める（中）。次に白い抱卵腺を入れ、再びわさび、すし飯を詰める。最後に、中央にあった卵巣と抱卵腺の混じった部分を詰める（左）。

すし飯と交互に詰めるために、卵巣を3等分する。左の部分は卵巣のみ、中央は卵巣と抱卵腺の境界部分、右端は抱卵腺のみで、それぞれに異なる触感と味わいになる。

◆あぶる

身の表に包丁で数本の切り目を入れる。軽く温まる程度に両面をあぶり、身と卵、飯をふっくらとさせる。3等分し、煮ツメをぬって提供する。

ゆで蛸

周嘉谷正吾（継ぐ 鮨政）

タコは仕込みの幅が広く、どのようにゆでるか、どのように煮るかの技法に
鮨店ごとの工夫が詰まっている。まずはゆでダコの例を周嘉谷氏が解説。
大根おろしを使い、鍋蓋代わりのボウルで密閉して柔らかくゆで上げる。

活けのマダコ。1杯は2〜2・5kg。調理しやすいように胴を切り離し、脚を2本単位に切る。もみやすくなるので汚れも取りやすい。

タコの脚をもむ

塩はまぶさず、そのままもんでぬめりと汚れを取る。約40分間もみ続け、その間頻繁に水洗いする。吸盤の中も念入りに洗う。

大根おろしに漬ける

タコ1杯に対し大根1本分をすりおろし、洗ったタコにからめてひと晩冷蔵庫におく。大根の酵素でタコを柔らかくする狙い。

塩を使わずにもみ、大根おろしとともにゆでる

「タコぶつ」に象徴されるゆでダコは、プリッとした歯ごたえと、噛むほどにじわじわとしみ出してくる旨みが魅力です。しかし、握りにもその触感がよいかと考えるとむずかしい。もっと軽く歯が入り、すし飯と瞬時に一体化するくらいの柔らかさが理想です。そこで、タコのもみ方、ゆで時間、叩くことの効果、塩の使い方……と、考えられるあらゆることを試し、行き着いたのがご紹介する方法です。

はっきりわかったことは、もんだりゆでたりするのに時間をかけるだけではタコは柔らかくならず、また叩くのも繊維が壊れやすくなることでした。

そして経験的に得た効果的な方法が、タコをもむ際に塩をしない、大根おろしに漬ける、ゆでる時にも大根おろしを入れ、圧力鍋のイメージで密閉した鍋で火を入れる——というものでした。一つの決定打があるのではなく、複数の工程が総合的に働いてよい結果を生むのでは、という結論です。

塩にはぬめりや汚れを取りやすくする効能がありますが、タコは実際、塩を使わなくても40分間ほどもめばきれいになり、そのうえ身が締まらずに柔らかくなると気づきました。

大根に関しては、含まれるタンパク質分解酵素がタコを柔らかくするといわれていますが、たしかにすりおろしてタコをひと晩漬ける工程を加えると効果が上がるように感じます。また、ゆでる際にも大根おろしを入れると、大根が水面を覆ってゆで汁が蒸発しにくくなり、蓋代わりのボウルとの相乗効果によって密閉度が高まり、柔らかくゆで上がるようです。

以上の方法は、皮や吸盤がはがれることがなく、見た目のきれいさも満足できる仕上がりだと自負しています。

◆下ゆでする

大根おろしからタコを取り出し、表面を固める程度に約3分間、下ゆでする。この時も塩は入れない。ザルに上げていったん常温に冷ます。

◆大根おろしとともにゆでる

ほんのり味をつけるためにゆで汁は薄いかつおだしを使用。塩と漬け込みに使った大根おろしも加えて沸かし、タコを入れる（写真右）。ぴったりはまるボウルと重しのボウルをのせて（左）、弱火で30～40分間ゆでる。

◆ザルに上げる

簡単にちぎれるほどに柔らかくゆで上がったタコ。ゆで汁からザルに上げて粗熱をとる（大根おろしはほとんど付かない）。

蛸の桜煮

福元敏雄（鮨 福元）

煮ダコのなかでも人気が高く、多くの鮨店で作られているのが「桜煮」である。
醤油、砂糖、酒がベースの甘辛い煮汁で煮るもので、
ほんのり赤みを帯びるタコの身を「桜色」と表したことからの名。
握りのほかに酒肴でも好まれる。

一年を通して出まわるマダコ。西日本では瀬戸内海で揚がる兵庫県明石産が、東日本では神奈川県佐島産の評価が高い。

◆タコを塩もみし、ぬめりを取る

マダコを脚1本ずつに切り分け、塩をたっぷりまぶしてもむ。ぬめりが完全になくなるまでしっかりもむことで、臭みが取れて傷みにくくなり、また柔らかさも出てくる。水で塩を洗い落としてからも、さらにもむ。

◆煮汁で煮る

煮汁は煮切り酒８００cc、水1・3ℓ、醤油50cc、上白糖35gの配合で合わせたもの。汁が冷たいうちにマダコを入れて火にかけ、徐々に温める。沸騰したら弱火にし、落とし蓋をして1時間煮る。

煮汁で1時間煮て、4時間漬けおく

タコの桜煮は、硬くなりがちな身をいかに柔らかく煮るかが大切なところ。しかし、ただ柔らかいのではなく、「噛みごたえがあって柔らかい」という煮上がりを私は理想としています。それには煮込み方はもちろん、タコの選び方や下処理も含めたひとつひとつの工程で、ポイントを押さえる必要があります。

当店で使っているタコは、神奈川県三浦半島の佐島産のマダコ。西の明石のタコに匹敵する東の雄で、風味がいいのは言うまでもなく、柔らかさにも優れています。関東では佐島のタコを使う鮨店がとても多いですが、それだけ質が高く、みなさん注目している証拠でしょう。

下処理は、塩でもんでぬめりを取りますが、ここで完全にぬめりがなくなるまで辛抱強くもむことによって臭みが抜け、美しい桜色に染まって、柔らかくなります。

もみ方のこつとして経験からわかったのは、タコが活かっているうちにもむと、タコが動き回ってかえって硬く締まってしまうことです。早朝に締めたものは、数時間をおいて昼すぎから仕込みはじめるとちょうどよい案配です。

さて、タコを柔らかく煮る方法は、昔からいろいろな調理法が試みられ、現代に伝えられてきました。たとえば「小豆と煮る、炭酸水を入れる、大根で叩く」などです。私もいろいろと試してみましたが、今は、酒、醤油、砂糖、水などを合わせた煮汁で、シンプルに煮る方法に落ちつきました。

煮込み時間は1時間で、そのあと煮汁に4時間ほど漬けおきます。この工程で充分な柔らかさになり、しかも煮汁にしみ出したタコの香りと赤い色が戻り、風味のよい美しい桜煮ができ上がります。

◆煮汁に漬ける

1時間煮たマダコを、煮汁に漬けたまま常温で4時間おく。この間に身がさらに柔らかくなり、煮汁にしみ出したマダコの味と香りも身に戻る。

「桜色」に煮上がったタコの桜煮。煮汁をきって密閉容器で保管する。香りを保つために当日は常温、持ち越し分は冷蔵保管。

蛸の醤油煮—①

橋本孝志（鮨 一新）

同じ煮ダコでも、桜煮のような甘じょっぱい味ではなく、甘みを入れない醤油味ベースで煮る方法もある。「鮨 一新」のそれは、醤油と酒にほうじ茶と小豆を加えるもので、これも伝統的な煮ダコの一例である。

活けのタコを1杯単位で仕入れ、丸ごと下処理した後、1日に脚2本ずつを煮ダコにする。写真は質のよさから関東で人気の高い、神奈川県佐島産のマダコ。

◆タコを塩もみする

下処理はいろいろな方法を試したのち、塩をまぶしてもむ方法に落ちついた。内臓、眼、クチバシを除いた後、塩をかけてぬめりが取れるまで丹念にもみ込む。

◆水洗いする

流水をかけながら塩やぬめり、汚れを洗い流す。ここでもよくもみ込み、とくに汚れがたまりやすい吸盤をていねいに洗う。

◆麺棒で叩く

脚を2本ずつに切り分け、麺棒で叩いて繊維を少しだけ崩す。表側の皮の厚いほうを上にして、片面だけを10回ほど。

噛み切れる柔らかさと"弾力"を同時に追求

私のタコの調理法は、修業中に日本料理店で学んだ「桜煮」を、いかに握り向きにするかという視点で改良を重ねたものです。

元になっている桜煮は非常に柔らかくて味もよく、気に入っていましたが、皮がむけやすくてゼラチン質の部分がたるむほどで、握りにすると美しくまとまらないのが難点でした。また、かなり柔らかいがゆえに、噛み締めた時のすし飯との一体感にも欠けていた。そこで、タコと飯の歯ごたえが同じで一緒にのどを通る、「噛み切れる柔らかさを残した弾力」を追求してきました。

タコを理想の柔らかさにするには、決め手が一つだけあるのではなく、いろいろな要素をバランスよく組み合わせることだと考えます。当店の場合は煮込み時間を30~40分間と短めに切り上げ、一方で事前に麺棒で叩いて繊維を少し崩し、煮汁の材料にも柔らかくする効果のあるほうじ茶を入れることでめざす柔らかさに近づけました。ちなみに、一般的な煮ダコの火入れは1時間くらいが多いようです。

煮汁の材料は、醤油、酒、水がベースで、ほうじ茶の他に小豆も入れるのが当店流です。汁に小豆の色がしみ出すので、タコの皮を美しい赤茶色にする効果がありますし、風味も相性がよいと思います。

ほうじ茶も小豆も昔から伝統的に使われてきた煮ダコの材料ですが、昨今は一方だけを使うか、まったく使わないのが主流のようですね。なお、この煮汁は数回ごとに新しい調味料を継ぎ足しながら使いまわし、少しずつ味に深みを加えています。

でき上がった煮ダコは、握りの場合には煮切り醤油とすだち果汁で、酒肴でお出しする時は塩とすだち果汁でさっぱりと仕上げています。

◆煮汁で煮る

沸かした煮汁に脚を入れ(写真右)、30~40分間弱火で静かに煮る。煮汁は水、酒、醤油に、ほうじ茶と小豆(左)をキッチンペーパーで包んで一緒に煮出したもの。開店以来使い続けており、数回使うたびに調味料や小豆、ほうじ茶を加えて味をととのえる。

煮上がったタコはそのまま汁に漬け、粗熱がとれたら取り出す。熱いうちに出すと表面の水分が蒸発して乾きやすくなる。

蛸の醤油煮―②

小倉一秋（すし処 小倉）

「すし処 小倉」では、醤油や砂糖で煮る桜煮と、砂糖の甘みを加えない醤油煮のふたつを常備。醤油煮はかつおだしが主体で、醤油と塩で調味する。タコの風味が引き立つさっぱりした味わいが特徴だ。

マダコは1杯丸ごとで仕込む他、半身単位でも調理する。写真は関東のタコの名産地である神奈川県佐島産。左は抜き取った内臓の中にある肝で、醤油味で煮て酒肴にする（201頁参照）。

◆タコを塩でもむ

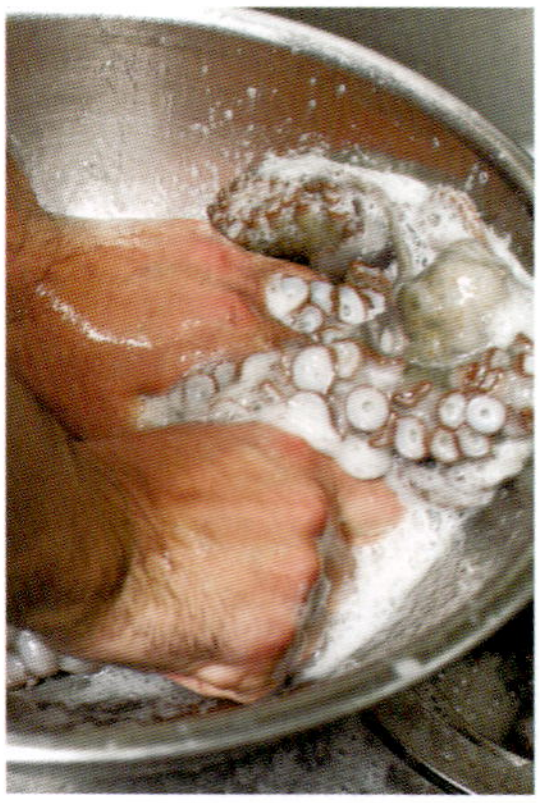

時間をかけてタコをもみ、ぬめりを取る。最初は粗塩をひとつかみずつ胴部や脚全体にくまなくまぶし、つかむようにしてもむ。塩を洗い流してからも、もんで水洗いする工程を数回くり返す。胴部と脚を切り離し、脚は付け根の近くまで切り目を入れる。

◆水に浸ける

ぬめりが取れたら、水に2時間近く浸けて塩出しする。途中で2回ほど水を取り換える。ここでしっかり塩出しをしないと、煮上がりがややしょっぱくなるので注意。

薄味で小一時間煮て、漬けおかずに引き上げる

当店で作っている桜煮と醤油煮は、タコの下処理や煮方はほぼ同じで、調味に違いがあります。桜煮が「醤油、酒、水、砂糖」で煮るのに対し、醤油煮は「かつおだし、醤油、塩」。砂糖の甘みやコクが入らないぶん、醤油煮は淡泊な味で、桜煮よりもタコ自体の風味がストレートに味わえる気がします。

タコの旨みにかつおだしと醤油の味がうっすらと加わっていますから、握りにした時はそれ以上何の味もつける必要がなく、噛むほどにタコの滋味が伝わってきます。もちろん、お客さまからの要望があれば、適宜煮ツメや煮切り醤油、塩などを少々添えることもします。

煮ダコの調理で難しいのは、よく言われるようにいかに柔らかく煮るかです。最近になって気づいたのは、タコが活かっているうちよりも、少し時間をおいて筋肉がゆるんでから仕込むほうが、理想的な柔らかさになることです。以前は、朝に市場で仕入れた活けダコをすぐに調理していましたが、今は昼前くらいに取りかかります。

また柔らかくするためのひとつの方法として、昔から大根の効用が語られています。ただ、効果があると言う人がいる一方で、さほどでもないと言う人もいて、意見が分かれるところ。私自身も使わなくてもよい気もするのですが、長年の習慣から大根の皮を入れて煮ています。

あとは煮すぎるとスが入ったように空洞ができてしまうので、煮上がりのタイミングをかなり慎重に見きわめることです。私は柔らかく煮えたら煮汁に漬けておかず、すぐに引き上げ、まっすぐに吊るして粗熱をとっています。小一時間煮る間にしみ込む味で充分で、それによってタコの旨みも引き立つと思います。

金具で吊るす

U字型の金具を脚と胴部に引っかけて、調理場の一角に吊るす。粗熱がとれるまでおくと脚がまっすぐに伸び、握り用に切りつける際にきれいに切りやすい。

煮汁で煮る

かつおだし、醤油、塩を合わせた煮汁に大根の皮を入れ、沸騰させたところにタコを入れる。落とし蓋をして強火で1時間弱煮る（写真上）。下は煮上がったタコ。必ず指で押して柔らかさを確かめて火からはずす。煮汁に漬けておかず、すぐに取り出す。

蛸の江戸煮

野口佳之（すし処 みや古分店）

日本料理の修業が長く、江戸料理の流れを汲む調理法にも力を入れているのが「すし処 みや古分店」の野口氏。タコは季節に応じて3種類の仕込みを行うが、ここでは江戸料理の伝統にのっとった、今では希少な「江戸煮」を解説する。

「みや古分店」で主に使うのは神奈川県三浦半島の佐島で揚がる活けのマダコ。香りが高く、柔らかくて旨みも強いことから多くの高級鮨店で支持されている。桜の花びらに見立てる独特の「桜煮」を作る時は、「大型で見映えがよく、美しい桜色が出る」という北海道産のミズダコを使う。

◆タコをさばいて塩でもむ

仕入れた当日に、活けのまま処理する。脚と胴に切り分け、クチバシと眼を取り、内臓を取り出す。脚と胴を水洗いする（写真上）。胴も脚と一緒に煮て、酒肴に利用する。ぬめりを取り除くためひとつかみ強の塩をまぶし、15分間もんで（下）、一度水洗いする。もみやすくするために脚を1本ずつに切り、ぬめりがなくなるまで、さらにもんでは洗う工程を2回ほどくり返す。

◆煮汁を作る

鍋に水と酒を同割で合わせ、強火にかける(写真右)。長時間煮るため、タコ一杯が充分に浸る量を準備。ほうじ茶の茶葉は計量カップ1杯分(左)。こぼれないようにキッチンペーパーで包んで鍋に入れる（右下）。沸騰させて数分間煮出すことで、ほうじ茶の色と香ばしい香りを煮汁に移す。これ以上は煮出さず、包みごと茶葉を取り出して、昆布を加える。

ほうじ茶の煮汁で煮込み、1日ねかせる

当店で作る煮ダコは、「江戸煮」「桜煮」「柔らか煮」の3種があります。江戸煮は写真で紹介しているように、ほうじ茶の茶葉を酒と水で煮出し、タコの煮汁とするもの。醤油も砂糖も使いません。

一方、桜煮は、現在一般的になっている甘みを加えた醤油煮ではなく、薄い輪切りにしたタコの脚を醤油味の熱い煮汁にさっと通したもの。ギュッと縮んで花びら形になったものを桜の花に見立て、桜煮の名前をつけたようで、れっきとした江戸料理です。

そして、現在の桜煮にあたるのが、私どもで柔らか煮と呼んでいるもの。桜煮は春の桜の時季、柔らか煮は暮れから正月にかけて、ともに酒肴でお出ししていますが、江戸煮は年間を通して仕込み、握りと酒肴の両用にしています。

さて、江戸煮の材料であるほうじ茶ですが、これはタコを柔らかくする効用があるとされていて、通常の桜煮で使っている店もあるようですね。加えて、ほうじ茶の色の効用で、タコの赤みが濃くきれいに上がるところも利点だと感じます。

酒と水で煮出したほうじ茶の汁に昆布を加え、約2時間、充分に時間をかけてタコを柔らかく煮たのち、煮汁に漬けたまま1日ねかせて味をなじませます。醤油も砂糖も使わず、ほうじ茶の爽やかな風味が香るので、味わいはさっぱりとしてタコの旨みがシンプルに伝わるところが、いちばんの特徴です。

江戸料理では、江戸煮を酢醤油で食べますが、当店では酒肴の場合は冷えて固まった煮汁の煮こごりを添え、握りでは甘みの濃い煮ツメをぬってアクセントにしています。もちろん、握りに煮こごりをのせる方法もおもしろいでしょう。握り全体がやさしい味わいになり、タコの香りが際立ってくると思います。

◆約2時間煮る

タコの脚と胴を煮立った煮汁に入れる（写真上）。強火で再沸騰させてから、中火に落として水面が軽く泡立つ温度を保ちながら煮る。アクが浮いてくるので、そのつどこまめに取り除く。煮込み時間の目安は2時間。「要は柔らかな歯ごたえが楽しめるまで」（野口氏）で、煮汁は半量近くに煮詰まり、タコは美しい赤色に染まってくる。最後の約30分間は強火にして一気に煮汁を煮詰めながら煮終える（下）。

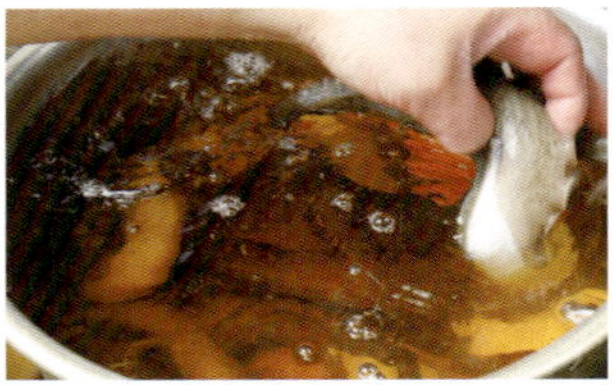

◆一日ねかせる

火からはずして粗熱をとり、煮汁ごと密閉容器に入れて冷蔵庫で1日ねかせてから提供する。「江戸煮は翌日以降に味がのっておいしくなる」と野口氏。煮汁は冷え固まって煮こごり状態に（写真）。この煮こごりを一緒に握ることもある。

貝の仕込み

煮 蛤

浜田 剛（鮨 はま田）

生で握る貝は多いが、ハマグリはゆでて醤油味の汁に漬け込むひと仕事がある。作り手の考えが大きく反映され、鮨店の個性が味わえるタネでもある。浜田氏は、地ハマグリを時間をかけて汁に漬け込み柔らかく仕上げる。

むき身で仕入れる千葉県九十九里産のハマグリ。サイズはさまざまあるが、自店の握りの大きさに合うことが大事で、「鮨はま田」では120g前後のものと決めている。

◆ハマグリを洗う

水洗いは伝統的な方法で。むき身5個分の水管に竹串を通し（写真上）、流水をかけながら、ため水の中で串を回してふり洗いする（下）。汚れがきれいに落ち、またこすり合わせないので各部位をつなぐ薄皮が破れず、形が崩れない。

◆下ゆでする

串をはずしてザルにあけて水分をきった後、沸騰湯に入れて強火でゆでる。再沸騰がはじまった時点ですぐにザルにあける。40分間おいて、余熱で火を入れつつ冷ます。

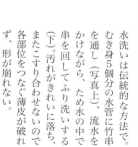

地ハマグリの香りを生かし、硬さを時間でカバー

煮ハマグリは、どんなハマグリを使うかで仕事の内容が変わってくると思います。私が使うのは千葉県の九十九里から鴨川にかけての地ハマグリ。日本古来の品種で、香りがよく旨みの濃いところが煮ハマグリに向いていると感じます。ただ、身が締まって硬いので、これを敬遠して柔らかい外国品種を使う店も多いと聞きます。私自身は、使い比べて地ハマグリの風味のよさに惹かれるところが大きく、硬さは調理法でカバーすることにしたのです。

下ゆでしたハマグリを汁に漬け込む手順は標準通りですが、細部で工夫をしていることがふたつあります。

ひとつは、ゆで汁を漬け込み汁に利用しないこと。下ゆでした汁には旨みの濃いエキスが出ているので、一般には醤油などの調味料を加えて漬け込み汁にします。しかし、調味料を加えて煮詰めたものにハマグリを長時間漬けると、ハマグリの香りが強く生臭みも若干出てしまう。そこで、漬け込み汁は毎回、水と調味料で作り、クリアな味に仕立てることにしたのです。

とはいえ、ゆで汁は無駄にしません。水と酒を加えて次の仕込みのゆで汁にし、4～5回くり返し使ってから、吸いものとして供します（255頁参照）。この汁は煮詰めたり、ハマグリを漬けおいたりもしないので、臭みはなくおいしいエキスが味わえます。

さて、ふたつめは硬さ対策です。柔らかいハマグリなら数時間漬けるだけですぐに握れますが、地ハマグリは硬さが抜けず、味のしみ込みも悪いので当日は使いません。1日時間をおけば充分な柔らかさになり、汁の味もなじんでおいしくなります。時間のコントロールがカギですね。握る際は再加熱すると味が落ち、硬くもなるので、自然に常温にもどすことも大事です。

◆汁を煮詰める

汁は煮切り酒と醤油、砂糖、水を合わせて半量に煮詰めたもの。仕入れのたびに作り、ハマグリを漬けた時に火が入らないように冷ましておく。むき身のゆで汁は使わない。

◆汁に漬ける

むき身から内臓を押し出し、貝柱も地ハマグリの場合は硬いので除く。一枚に開き、汁に漬けて冷蔵庫で1日ねかせる。握ったものはアナゴの煮ツメをぬって供する。

蒸し鮑―①

一柳和弥（すし家 一柳）

鮨ダネのアワビにはいろいろなタイプがある。品種の違いのほか、
生、煮る、蒸すなどの調理法に各店の手法の違いがあるからだ。「すし家 一柳」では
春〜夏にクロアワビ、秋〜冬はエゾアワビを、独特の蒸し方で仕上げる。

春〜秋口はクロアワビを使用。写真は南房総・白浜産の８００g〜１kgの大サイズ。秋冬は小型のエゾアワビが旬となり、三陸と北海道から取り寄せる。

◆空気を抜いてアワビを蒸す

下処理は殻や内臓をはずし、流水をかけながら手で汚れを除くのみ。クロアワビなら8杯分をボウルに詰める（写真右）。紙をのせ、ラップ紙数枚で覆って輪ゴムでとめ、アワビを押さえながら中の空気を少し抜く（左）。アルミ箔で覆って蒸し器へ。

同一産地のアワビを真空に近い状態で蒸す

アワビの仕事は試行錯誤を経て、現在の調理法に行き着きました。最初は水に酒と塩を加えたゆで汁とともに圧力鍋にかけたり、醤油や酒でじっくり煮て「煮アワビ」にしたりもしました。

しかし、圧力鍋の短時間調理は柔らかいだけでアワビの風味が乏しく、煮アワビは調味料の味に染まりがち。もっとアワビならではの〝磯の風味〟の濃い仕上がりにならないものかと試作を続けました。

次に試したのは、アワビを酒、塩、水の煮汁に浸したり、軽くふりかけたりして蒸す方法。「酒煮」と同じ材料ですが、直火ではなく蒸しながら煮込む方法で、これが最近「蒸しアワビ」と呼ばれているものの主流でしょう。風味も柔らかさもかなり満足のいくものでした。

しかし、いっそのこと調味料を使わず、アワビだけで蒸し煮込み風にすれば風味がさらに凝縮されるのではと、何も加えずに蒸すことを思いつきました。

ポイントはボウルいっぱいにアワビを詰め、中の空気をできるだけ抜いてラップ紙で覆い、真空に近い状態で蒸すことです。こうすると柔らかく、またアワビからしみ出してくる汁の風味がしっかり身に浸透します。混じりものがいっさいないので、アワビの香りも味も本当に豊かで、見た目もきれいです。しかも日持ちもよい。

この調理法は同一品種、同一産地のものをたくさんの量で作ってこそ意味があります。エサの違いがアワビの風味に反映されるので、同じ生育環境のもので作れば個性が明確になり、また1個、2個単位ではたまる汁の量が少ないので量が必要なのです。

良質な素材を、手を加えすぎずに加工して素材の味を引き出す。その典型の調理だと思っています。

6時間蒸したアワビ。アワビ自体からしみ出る水分に浸かっている。「千葉・房総のクロアワビは磯の香りが豊か。エゾアワビはエサの昆布の影響で甘い風味に仕上がります」(一柳氏)。

◆冷蔵庫で2日間以上おく

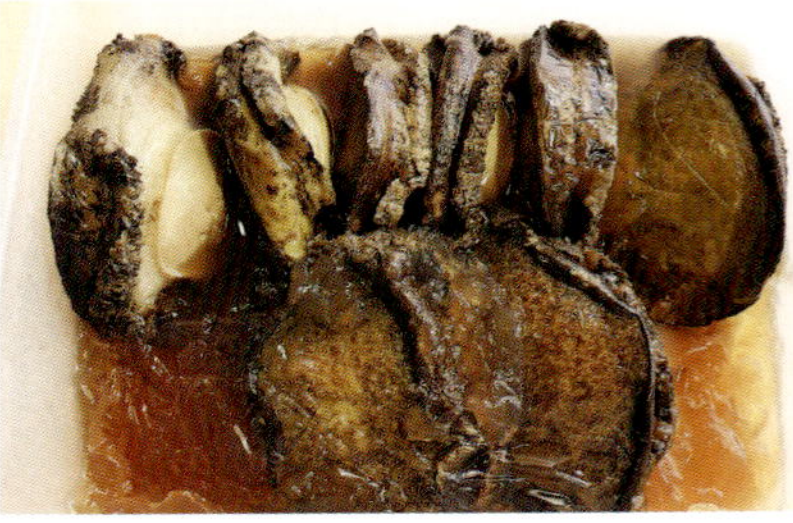

常温に冷ましたアワビを蒸し汁ごと容器に入れ、冷蔵庫で2日間以上おいて味をなじませる。蒸し汁は煮こごり状に固まる。握る際は常温にもどして〝うねり〟をつけて切り、煮切り醤油をぬる。

蒸し鮑―②

渡邉匡康（鮨 わたなべ）

蒸しアワビの2例目は、酒をかけて蒸し器で酒蒸しにする方法。
鮨店で「蒸しアワビ」といわれているものの代表的な調理法である。
渡邉氏の仕事は、1週間ためおいた蒸し汁に漬けたり、
肝でソースを作ったりと香りを意識したものだ。

夏場はクロアワビ、メガイアワビ、マダカアワビが旬だが、晩秋〜冬はエゾアワビのシーズン。今回用いたのは宮城県金華山産の一個300gほどのエゾアワビ。小型だが、味はクロアワビに似て風味豊か。「身の平らな面が、黄色みの濃い『ビワ色』のものがとくにおいしい」と渡邉氏。

◆アワビの殻をはずして掃除する

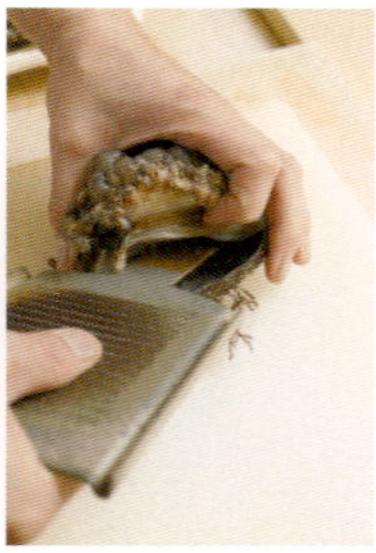

流水をかけながら殻をタワシでこすって洗う。蒸す際に殻を器にするので、汚れをしっかり除く。殻をはずす時は、おろし金の太い柄を利用。内臓を破らないように殻に沿って身の下に柄を差し入れ、身をはがす(写真右)。口を取り除き、殻に残った肝をはずす(左)。

◆塩湯に通して洗う

蒸す前に塩湯に通して汚れを落とす（写真右）。10秒間ほど浸けて汚れを浮かせ、すぐに氷水で急冷して火が入らないようにする。次に、殺菌効果の高い電解水をかけながらタワシで強くこすり、縁と裏面の汚れや黒ずみを取り除く（左）。エゾアワビは縁にヒダがあり、汚れがたまっているので、同店ではヒダをすべてこすり取る。

殻に身と肝をのせて蒸し、磯の香りを生かす

当店の蒸しアワビは、掃除した殻にアワビを入れて酒を多めにかけ、殻ごと蒸し器に入れて蒸し上げます。小型の場合で3時間、クロアワビのような大型で6〜7時間と、かなり時間をかけて柔らかく仕上げます。

アワビの火の通し方には、酒で煮る酒煮や醤油を加えた醤油煮、また同じ蒸しアワビでも塩蒸しにしたり、調味料を使わずに蒸したりとさまざまありますが、いまもっとも気に入っているのが、この調理法なのです。なによりアワビが柔らかく、香りが生きると感じるから。とくに、鮨ダネのアワビには、香りが重要なキーワードととらえています。

たとえば私の方法では、アワビの殻を器にして肝とともに身を蒸すことで、殻や肝から立ち上る磯の香りを生かすようにしています。また、蒸し上がった際に殻にたまるアワビの風味のしみ出た蒸し汁を連日継ぎ足してためておき、蒸したてのアワビをしばらく漬けおいて香りを含ませます。

こうして粗熱がとれたら、汁と分けて身はラップ紙でしっかり包んで保管します。そして握る直前に、再び蒸し汁とともに蒸し器で温めて香りを開かせる。ひとつひとつの工程で、香りを生かし、また逃がさないことを意識しています。

また、握りにする際は、薄く切りつけたアワビを袋状になるよう切り目を入れ、中にすし飯を詰める鞍掛けスタイルに。そして、通常なら煮ツメか煮切り醤油をぬるところを、当店ではアワビの肝でソースを作り、ぬっています。身と一緒に蒸した肝を、蒸し汁少量とともにミキサーで攪拌してなめらかなピュレにし、さらに裏漉ししたもの。これをひとぬりするだけで、香りも旨みもひときわ鮮やかな蒸しアワビとなるのです。

◆酒をふって蒸す

殻にアワビの身と肝をのせて、酒をたっぷりふる（写真上）。殻ごと蒸し器に入れて蓋をし、エゾアワビで3時間、クロアワビなどの大型の場合で6〜7時間蒸す（下）。ふっくらとして身が完全に柔らかくなり、黄色が濃くなったら蒸し上がり。殻の中の蒸し汁を漉し、ためておいた前回までの汁と合わせてアワビを漬ける。ラップ紙で覆った状態で冷まし、冷めたら汁と身を分けて、両方ラップ紙で密閉して保管。

◆握る直前に温める

握る直前に少量の蒸し汁とともに軽く蒸して温める（写真上）。縦に2等分し、さらに波切りで横にスライスして一貫分とする。側面から切り目を入れて袋状にし（下）、ここにすし飯を詰める。

◆肝でソースを作る

蒸した肝の薄膜をむき、少量の蒸し汁とともにミキサーでまわしてピュレ状にする。裏漉ししてソースとする。肝には卵が入っていたり、苦みの強い部分もあるので、その箇所は使用を避け、最後に必ず味のチェックをする。

煮鮑

青木利勝（銀座 鮨青木）

「銀座 鮨青木」で供するアワビは、「蒸しアワビ」の名で通しているが、その時々で蒸したり、煮たりと２通りの調理を行っている。ここでは酒煮にした後、淡口醤油とみりんで煮る「煮アワビ」を紹介する。

写真は、千葉県銚子産の大型のクロアワビ。春～秋口は旬のクロアワビを使い、冬は三陸以北のエゾアワビに切り替える。

◆アワビを掃除する

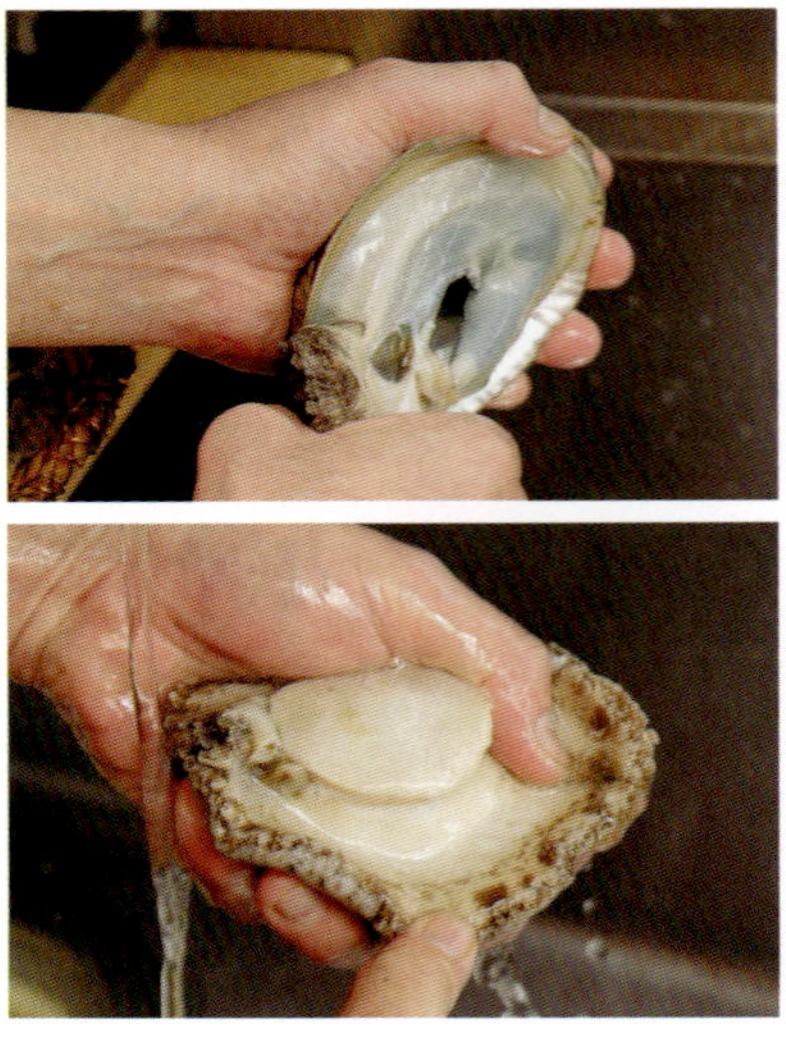

殻の尖っている側からおろし金の柄を身の下に差し込み、殻から身をはずす。奥から手前に身を引っ張ると内臓を殻に残したまま身が取れる（写真上）。身に流水をかけながら、タワシで両面をこすって洗う。とくにヒダの汚れや塩分をきれいに洗い流す（下）。

◆酒煮にする

酒、醤油、みりんで甘じょっぱく煮る伝統技法

当店では、アワビに酒と塩をふって蒸し器で蒸す「蒸しアワビ」を仕込むことが増えましたが、先代から受け継いだ、醤油を使った「煮アワビ」も伝統的な仕事として折に触れて作っています。

蒸しアワビはやや淡白で、アワビ本来の風味がにじみ出てくる味わい。一方の煮アワビはしっかり煮詰めた酒、醤油、みりんの風味がしみ込んだ深みのある味が魅力ですね。

さて、調理前のアワビの扱いで心がけているのは、鮮魚と同じく活きのよいものを仕入れること。そして、タワシでよくこすって、汚れと塩分をきれいに洗い流すことです。

洗練された味に仕上げるには、調理の過程で加える塩と醤油だけで塩分をつけるのが好ましく、そのために海水の塩分はきれいに落としておくことが必要です。そこで、水洗いする際は殻をはずし、むき出しにした身の両面とヒダを丹念に洗います。当店ではアワビの内臓で常時、塩辛を仕込んでいるので、この段階では内臓もはずして、身だけを洗います。

この後の調理は、鍋のなかでひたすら煮るのみ。酒を煮切って塩と水を加え、アワビを入れて3時間ほど煮続けます。この酒煮が調理のベースで、酒でじっくり煮ることで酒の旨みがアワビにしみこみ、臭みを抑えて、さらに柔らかくも歯ごたえのある触感を引き出します。

途中で水を補いながら煮続けて、煮上がった時に煮汁がほぼ煮詰まって少量残っているのが理想です。この最終段階で淡口醤油とみりんを加え、短時間で煮からめて調味料の香りと旨み、塩味、甘みをまとわせます。つやと濃度のある美しい飴色になれば、おいしい煮アワビの仕上がりです。

醤油とみりんで煮上げる

アワビが柔らかく煮上がり、煮汁がほぼなくなるまで煮詰まったら、淡口醤油を入れて調味する（写真右）。みりんを加えて軽く煮詰め、アワビにからませながらつやよく仕上げる（左）。煮汁に漬けたまま冷ます。

鍋にたっぷりの酒を入れて沸かし、火をつけてアルコール分をとばして煮切り酒にする。水と塩を加え、アワビを入れて、いったん沸騰したら弱火にして約3時間煮る（写真右）。その間、水分が少なくなったら適宜水を足す（左）。

煮帆立

鈴木真太郎（西麻布 鮨 真）

ホタテガイの貝柱は、タイラガイやアオヤギの貝柱と同様、生で握られることが多いが、煮ハマグリのように醤油味の汁に漬け込んで味をつける方法もある。「西麻布 鮨 真」では、この煮ホタテを昼の握りに取り入れている。

ホタテガイは貝殻をはずして、貝柱のみを使用。写真は直径４～５㎝大。大きすぎず、小さすぎず、握りの大きさに合うサイズを選ぶ。横に２等分して一貫分とする。

◆ホタテ貝柱を汁に漬ける

醤油、砂糖、みりん、水を合わせて火にかけ、沸騰後、火を止めて約80℃に下げる。ここに貝柱を入れて常温に冷めるまでおき、味を含ませる。

◆一晩やすませる

常温になった貝柱を汁ごと密閉容器に移し、冷蔵庫でひと晩やすませて、芯まで味を含ませる。写真はひと晩おいた貝柱。握るまで汁に漬けておく。

温かい汁に漬けて柔らかく味を含ませる

ホタテガイの貝柱は旨みの豊富な素材です。生で食べると甘みを強く感じますが、煮ると甘みだけでなく旨みの強さが実感できます。鮨ダネにする場合も、生ホタテより煮ホタテのほうが味わい深く、鮨店の仕事として「上質感」が出せるように思います。

煮ホタテのポイントは、まず握りのサイズに合う貝柱を選ぶこと。肉厚の貝柱を水平に2等分し、その1枚を一貫に使うと姿形がよく、ボリューム的にもすし飯と一体化しやすいです。小さすぎず、また反対に大きすぎてもすし飯とのバランスが悪いので、自店の握りのサイズに合うものを選ぶようにします。

ポイントのふたつめは火入れの加減で、これがもっとも大事です。火を入れすぎると硬く締まり、パサついてくるので、味をしみ込ませながらも柔らかく煮上げる工夫が必要。そこで、直火で煮るのではなく、温かい汁に漬けるだけでじっくり味を含ませる「漬け込み」的な方法を用います。

煮汁の材料は醤油、砂糖、みりん、水。沸騰したては熱すぎて貝柱がすぐに締まるので、煮汁の火を止めて80℃前後に下がったところで貝柱を入れ、常温になるまでの数時間、余熱で火を入れます。味が入りにくいので煮汁をやや濃いめに作るのがコツですね。

また、常温に冷めた段階ではまだ味のしみ方が足りないので、煮汁に漬けたまま、さらに冷蔵庫でねかせて味を含ませます。ひと晩おけば、ほどよい味に仕上がります。

握る際に、貝柱を水平に2枚に切り、指でくまなく押して繊維をほぐすことがおいしく味わうための秘訣です。全体がふわっと柔らかくなり、口に入れるとすし飯ひと粒ひと粒とすぐになじんで、いっそう味わいが増します。

◆繊維をほぐす

握る直前に横ふたつに切り、1枚ずつ指で軽く押して繊維をほぐす。こうするとすし飯とよくなじむ。おろしわさびとすりおろした柚子皮をしのばせて握り、煮ツメをぬる。

煮あさり

大河原良友（鮨 大河原）

鮨ダネの「煮貝」はハマグリやアワビが代表的だが、アサリも伝統的な煮貝用の素材。
粒が小さいので数個分をまとめて握るか、
海苔で巻いて軍艦巻きにすることが多いなか、
「鮨 大河原」ではすし飯とともに小鉢に盛り、小丼風に仕立てる。

良質な貝の産地として知られる愛知県三河産のアサリ。毎朝、築地市場でいちばん大粒のアサリをむき身にしてもらい、仕入れている。

◆アサリを洗いながら汁をためる

仕入れ時にたまっている汁は捨て、新たに水を注いで軽くもみ洗いする（写真右）。ザルにあけて水をきったらすぐにボウルに重ね、滴り落ちるアサリの汁をためる（左）。3～4回くり返して砂や殻の破片を除きつつ、汁をためていく。

ためた汁に醤油と多めの日本酒、生姜の搾り汁を加え、煮汁を作る。強火にかけて沸騰したらアサリを入れ、再沸騰したところで火を止める。アクは除く。

◆調味したアサリの汁で煮る

「漬け込み」で作る薄味のジューシーな煮貝

アサリを鮨ダネとして使う店は少ないようですが、おいしい煮貝のひとつです。当店では、アサリがもっともおいしい春の中頃から夏の中頃までを中心に、特大のアサリを使ってお出ししています。

一般にアサリを握る時は、すし飯に小さな粒が安定してのるように、水分を残さずやや硬めに煮しめることが多いようです。

しかし、薄味で汁気が残るくらいにふっくらと煮るほうが、アサリ自体の香りや旨みを生かすことができるはず。風味を優先しながら鮨ダネとして食べやすいものにするには……と考えたのが、小鉢に小丼風に盛る提供法でした。これなら、汁気を含んだアサリのふくよかなおいしさが味わえます。

私の煮アサリの調理は、水洗いの過程でむき身から出る汁をため、その汁に醤油や酒を加えて煮汁とするのが特徴です。洗った水は砂や殻の破片が混じっているのでザルにあけて捨てますが、そのあとザルに残ったむき身から旨みを含んだ汁が滴り落ちるので、15秒ほどボウルで受け止めてためるのです。

この水洗いと水きりを3〜4回くり返せば汚れが取れ、アサリの汁も充分な量がたまります。洗いすぎるとむき身から味が抜けていくだけなので、最小限にとどめることがポイントです。

さらに、加熱時間も重要。煮汁を沸かしたところにむき身を入れ、再沸騰したら火からはずします。あとは煮ものの常道の「漬け込み」——むき身と煮汁を分けて常温に冷ましてから、再び合わせて味を含ませるのです。

煮すぎると縮んで硬くなり、ふっくらしたアサリのよさが出せません。この柔らかさと風味を持続させるために、提供するまで常温で保管することも大事です。

◆煮汁に漬ける

煮たアサリはザルにあけて煮汁と分け（写真左）、それぞれ粗熱をとって、再び合わせて常温で味を含ませる（下）。冷蔵庫に入れると縮んで硬くなるため、常温で保管して当日中に使いきる。

ふっくらと仕上がった煮アサリ。汁気を残しているので握りにせず、小鉢にすし飯を盛った上にのせる。握りとほぼ同じ、ひと口サイズ。

赤貝の仕込み

渡邉匡康（鮨 わたなべ）

生で握る貝のなかで、もっとも人気が高いのがアカガイ。江戸前の伝統のタネであることに加え、美しい朱色と肉厚な身、そして磯の香りに富むところに人気の理由があるようだ。渡邉氏も香りに惹かれている一人である。

アカガイの旬は秋~初春だが、「年により、年明けにやっと身が充実してくることもある」（渡邉氏）。写真は質の高さで知られる宮城県閖上《ゆりあげ》産。肉厚で香りも強い。

◆アカガイの殻をむく

提供直前まで、できるだけ殻付きのまま保管。早めに殻を開ける時は、殻に溜まっている赤い汁もボウルに取り出し、身を浸しておく。

◆ヒゲを取る

ふくらんでいる側の身の中心にヒゲが飛び出しているので、包丁で押さえながら抜き取る。身を開いた後で、内側から取ることもできる。

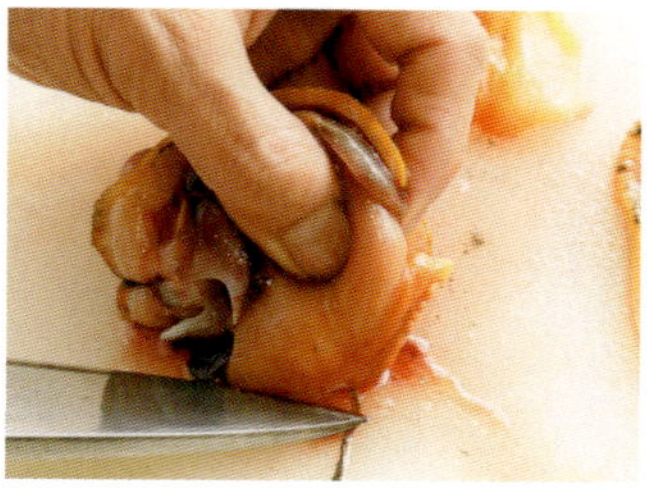

◆身とヒモに分ける

ヒモを包丁で押さえ、身をはがして分ける。事前に仕込む場合はここまで進め、身を赤い汁に浸けてヒモは掃除しておいてもよい。

◆身を一枚に開く

身はワタが出ている側から包丁をねかせながら入れて切り進め、一枚に開く。両側に残るワタをそぎ取る。

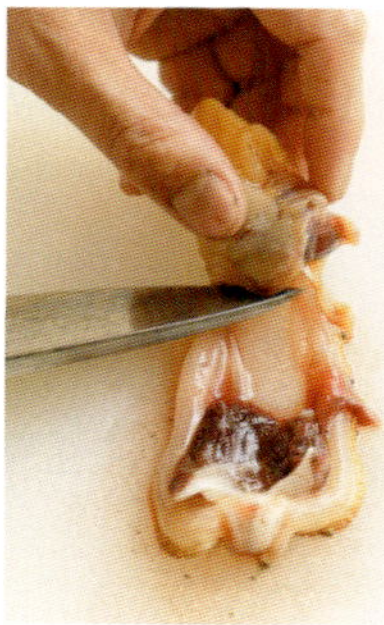

握る直前に殻をむいて香りを生かす

煮たり蒸したりが王道のアワビとハマグリを除けば、たいていの貝は生、あるいは半生にゆでて握るのが基本です。

しかし、実際には「生でおいしい唯一の貝がアカガイ」と言いきってもよいほどに、アカガイは生のおいしさが突出しています。ミルガイ、トリガイ、ホッキガイ、タイラガイといった貝は、生でも味はよいものの、ゆでたり、あぶったりなど、少し火を入れたほうが断然旨みが増して、個性が引き立ってくるように感じます。

アカガイは磯の香りが豊かと言われますが、それも「生」で握ってこそ生きるもの。実は、この香りには私なりの基準があり、「きゅうりの香り」のするものが良質なアカガイととらえています。修業時代に教わったことですが、日々アカガイを扱うなかでも実感しています。アカガイのヒモときゅうりを合わせる「ひもきゅう」は、まさに理にかなったものですね。

さて、アカガイの仕込みで大事なのは、握る直前に殻をむいてさばくことに尽きます。何より香りを生かすためです。身を開いてきれいに整えたものを、タネ箱に長い時間おいておくと明らかに香りが抜けていきます。もし、多少なりとも仕込みを進めておきたい時は、殻をはずし、殻に含まれている汁ごと容器に入れて握る直前まで漬けておくとよいでしょう。これだけでも香りの抜けが抑えられます。

また、アカガイを握る際、むいた身をさっと酢通しすることも江戸前仕事として伝統的に行われてきたようです。しかし、酢の風味は強いので、せっかくのアカガイの磯の香りが消されてしまいます。鮮度のよいアカガイが手に入る時代ですし、当店では酢通しせずにそのまま握っています。

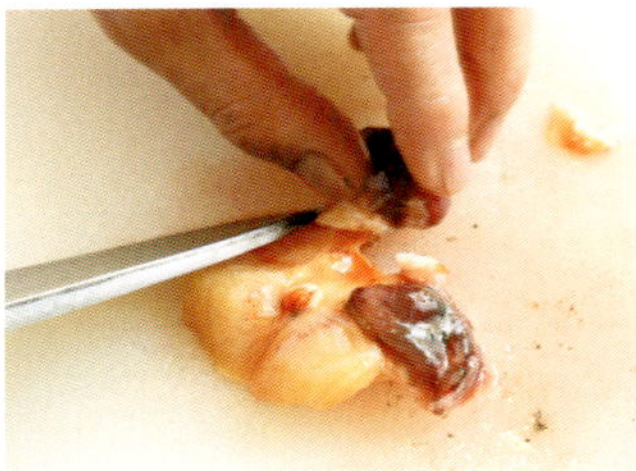

◆塩水で洗う

掃除を終えたら、身、ヒモ、ワタをそれぞれ塩水で洗ってきれいにする。ワタは状態がよければ煮つけて酒肴に、ヒモは刺身や海苔巻きで供する。

◆ヒモを掃除する

ヒモはワタを除いた後、ヒダの中や縁の黒い汚れを包丁でていねいにしごき取る。また、中心にある貝柱も汚れを除く。

◆飾り包丁を入れる

握りに使う身は、両側にそれぞれ3本ほどの切り込みを入れる。煮切り醤油をしみ込みやすくするためだが、見栄えがよく噛みやすくもなる。

鳥貝をゆでる

渥美 慎（鮨 渥美）

トリガイは表面の黒い色が持ち味のひとつで、落ちやすい黒色をいかに美しく保つかも仕込みのポイントである。また、最近は火入れの度合いに幅が出てきており、「鮨 渥美」でも２通りの方法で供している。

殻付きで仕入れるトリガイ。旬は春先～初夏で、時季には肉厚になり、香りと甘みが増してくる。写真は兵庫県淡路島産。

◆トリガイを掃除する

殻を開き、殻の中の水分は捨てて貝むきで貝柱をはずすように取り出し、ヒモを除く（酒肴に利用）。身を傷つけないよう（写真上）。身の黒色がはげやすいので、表面がツルッとしていて摩擦の起きにくいアルミ箔の上に置き、包丁で開いて内臓を除く（下）。

◆酢入りのぬるま湯でゆでる

色止め用の酢を加えた水を火にかけ、トリガイを入れる。身の感触を確かめながら50℃近くまで温め、半生に火入れ。加熱時間は30～40秒。ぷっくりとふくらんできたら取り出す。

歯ごたえと風味のよさが出る半生仕上げ

養殖や冷凍品の普及により、通年で流通するようになったトリガイですが、天然ものの旬は春。身に厚みが増して歯ざわりがよくなり、甘み、香りも強く一段とおいしくなります。

トリガイの仕込みでは、まず自然の美しい黒色を残すことが重要です。指やまな板などの道具で軽くこするだけでも簡単にはげ落ちるので、掃除する、ゆでる、氷水で洗うといった一連の作業で、黒色部分を極力さわらないようにします。

また、開いて内臓を抜く時も、木のまな板の上には直接置かないこと。まな板は表面に微細な傷があるので、すれて色がはげやすいのです。昔から伝わっているのはガラス板のようなツルツルの材質の上で行う方法ですが、私はまな板にアルミ箔を敷いて、その上で調理します。表面がツルッとなめらかなので有効な方法です。

一般に、トリガイはゆでて食べますが、鮮度のよいものなら生でお出しすることもできます。

ただ、まったくの生は表面がヌルッとして水っぽく、香りや味も火を入れたものには及ばないというのが私の印象です。そのため、当店ではすべてゆでて供しますが、最近は火入れの度合いを変えた2種類をお出しし、食べ比べを楽しんでもらっています。

ひとつは水からゆではじめ、ぬるま湯状態で火を止める半生の調理法（タイトル写真左）。身の厚みが残り、丸まってプリッとした歯ごたえになります。もうひとつは熱湯で短時間ゆでて完全に火を通す調理法で、こちらは平らに仕上がってツルンとした触感に（同右）。風味は、半生のほうが強く感じるように思います。店ではこのふたつの味を、その場の流れで、握りと酒肴に臨機応変に使い分けています。

◆氷水で締める

氷水にとって急冷しながら、残っている内臓などの汚れを指でやさしくさすって除く。ぬるま湯で半生に火を入れたものは厚みを保ったままクルッと丸まり、黒い色が抜けにくい。

水気をふき取って仕込みは完了。左の列が半生に火を入れたトリガイ。右列は熱湯に通す方法（右囲み参照）でしっかりと中まで火を入れたもの。

熱湯に通す方法

トリガイは、一般には熱湯でゆでて完全に火を入れることが多い。酢を入れた85℃の湯に入れ、10秒間ほどで引き上げ、氷水で締める。熱湯に通したものは丸まらずに平らにゆで上がる。

ゆで牡蠣

太田龍人（鮨処 喜楽）

鮨ダネとしての歴史は新しいが、昨今、握りに使われることが珍しくなくなった牡蠣。
酒煮、醤油煮、甘酢漬けなど仕込み方は店それぞれに特徴があり、
「鮨処 喜楽」でも、塩ゆでして海苔で包む独自のスタイルで供している。

岩手県と宮城県の県境に位置する広田湾産の真牡蠣。「質の高さに加え、東日本大震災の復興支援の思いもあって」（太田氏）、現地で知り合った生産者から直接取り寄せる。最大サイズの3年ものを殻付きで仕入れる。

牡蠣を塩ゆでする

牡蠣は殻をむいて水洗いして汚れを取り、塩ゆでする。海水と同じ塩分濃度の塩水を沸騰させ、むき身を入れて30秒弱。表面が軽く締まり、中心が温まるくらいの火入れにとどめる（写真右）。余熱で火が入らないよう氷水に落とし（中）、粗熱がとれたらザルに上げて水気をきる（左）。広田湾の牡蠣はこの段階でもぷっくりとしたふくらみを維持。これを冷蔵保管する。

熱湯に入れて30秒弱がおいしさのピンポイント

江戸前を謳う鮨店で牡蠣を扱うようになったのは、昭和の後半以降ではないかと思います。時代の変化とともに酒肴を充実させ、いろいろな素材を使いはじめるなかで、牡蠣も取り入れられたのでしょう。

当店でも、私の代になってから牡蠣を扱いはじめました。日本人は牡蠣が好きですし、さまざまなおいしい食べ方ができる素材ですから。酒肴用には煮切り醤油をぬってあぶり、握りにはさっと塩ゆでしています。生牡蠣もおいしいですが、握りにするには水分が多すぎて、ヌルッとした触感がすし飯をベタつかせていけません。味の点でも火を入れて凝縮感を出してこそ、すし飯とのバランスがとれると思います。

使う牡蠣は真牡蠣です。夏が旬の岩牡蠣も味に定評がありますが、非常に大型なので握りには難しいです。仕入れているのは大産地、三陸のなかでも評価の高い岩手県広田湾産で、3年ものの特大サイズ。殻の長さが18㎝前後で、むき身にするとぷっくりと厚みがあるのが特徴です。2年ものも充分に成長していて風味もよいですが、握りにした時の見た目のインパクトの強さから3年ものを選んでいます。

塩ゆでの加減は沸騰した湯に入れて30秒弱。再沸騰するまでおくと中心に火が入りすぎて硬くなります。火は入っているが、中心はほんのりレアという仕上がりが、旨みとともにとろりとした触感を満喫できるピンポイントです。

丸ごとで握るには大きいので、2枚に切り分けて握り、全体を包むように大きく切った海苔で巻くのが当店流です。牡蠣と海苔は共通するヨード香があり、味や触感の点でも相性がよくて、海苔があってこその牡蠣と思います。すだち果汁をかけて、海苔がしっとり柔らかくなった時が食べ頃です。

◆切り分ける

注文が入ったら仕込んだ牡蠣を取り出し、切り分けて握る。特大サイズなので、水平に2枚に切り分けて半身を一貫分とする。

◆握って海苔で巻く

わさびを付けて握り、全体を覆う大きさの海苔でひと巻きする。海苔の上からすだち果汁を搾り、塩をのせ、食べやすいようにふたつにカットして供する。

炊き牡蠣

岡島三七（蔵六鮨 三七味）

**ここでは醤油や砂糖で調味する「炊き牡蠣」の仕込みを取り上げる。
カキの握りは現代ならではだが、
良質な養殖牡蠣が豊富に出まわるようになったことが、
鮨ダネとして定着した理由のひとつと言えそうである。**

真牡蠣はいろいろな産地から殻付きで仕入れる。写真は兵庫県赤穂産だが、よく使うのは長崎県諫早産。大型ではないが、「身に厚みがあり、ミルキーで磯の臭みが少ないのがいい」と岡島氏。

◆ゆでて牡蠣の殻を開ける

殻はゆでて開ける方法を基本にしている。水と酒を9対1で合わせた中に冷たいうちから牡蠣を殻ごと入れて、火にかけて沸かす。しばらくして殻が開いたら、すぐに取り出す。

◆身を冷水で締める

殻から身を取り出してむき身にし、すぐに冷水にさらして余熱で火が入るのを止める。なお、貝むきで殻を開ける場合も、酒入りの水を沸かした中でむき身を5分間ほどゆで、冷水にさらす。

白醤油とみりんで色よく柔らかく煮含める

当店の握り用の牡蠣は、かつおだしに淡く味をつけた「炊き牡蠣」と決めています。醤油の旨みと砂糖、みりんの甘みをほんのりきかせることで、牡蠣の味にふくよかさが出るところが気に入っているのです。上品な甘みの和菓子を食べた時、ほっと心が和むように、炊き牡蠣もわずかな甘みがおいしさのカギになっていると感じます。

ただ、炊き牡蠣とはいっても、火入れの時間はごくわずかです。下処理として、殻付き、あるいはむき身で下ゆでするので、煮汁で煮るのはせいぜい1分間ほど。その後、粗熱をとりながら煮汁の味を含ませ、そのままひと晩おいてなじませる方法をとっています。ぷっくりした柔らかな身を生かすために、煮すぎて硬く締まらないように細心の注意を払います。

また、独特の乳白色の色合いも牡蠣の美しさを表現する大事なポイント。茶褐色に染まらないように、淡い黄色が特徴の白醤油を利用します。愛知県特産で生産量が非常に少ない特殊な醤油ですが、牡蠣のほかに白子料理など、素材の白色を生かしたい時に活用しています。

ところで、牡蠣の殻の開け方ですが、当店では殻ごと水と酒を合わせた鍋に入れてゆで、殻がポンと開いた瞬間に引き上げて殻をはずす方法をとっています。

産地によっては開けにくいカキもあり、その場合は貝むきで開けて身を取り出しますが、貝むきを使う難点は器具や殻の破片で身を傷つける心配があること。その点、殻ごとゆでる方法はまったく傷がつかず、美しい形のままむき身にすることができます。また、同時に軽く火が入るので、下ゆでの工程も兼ねられるメリットもあるのです。当店では殻付きハマグリも同じ手法でむき身にしています。

◆白醤油の煮汁で煮る

かつおだしを白醤油、ざらめ糖、みりんで調味して煮汁を作り、沸かす。冷水で締めた牡蠣を、水気をよくきって煮汁に入れ、紙蓋をして弱火で1分間炊いて火を止める。

◆煮汁を含ませる

そのまま冷まして粗熱をとる。この状態でも使えるが、通常は一〜二晩冷蔵庫でやすませ、味を充分に含ませてから使う。水平に2枚に切り分けて握る。

その他の仕込み

煮穴子—①

福元敏雄（鮨 福元）

アナゴは醤油や砂糖を合わせた煮汁で煮て、煮ツメをぬるのが標準的な握り。
かつて濃い味つけが当たり前だった煮汁は淡白になり、
煮ツメの代わりに塩を添える食べ方も広まっている。
福元氏も煮ツメと塩の２種類の仕立てでアナゴを供する。

アナゴの旬は夏だが、活けまたは活け締めされたものが1年を通して出まわる。一般的に関東では背開き、関西では腹開きにすることが多い。

◆アナゴを塩もみし、ぬめりを取る

活け締めのアナゴに塩をふり、頭から尾に向かって手でしごいてぬめりを落とす。4回しごいたら、水洗いして再度塩をふり、再び4回しごく。もう一度水洗いする。

◆一枚にさばく

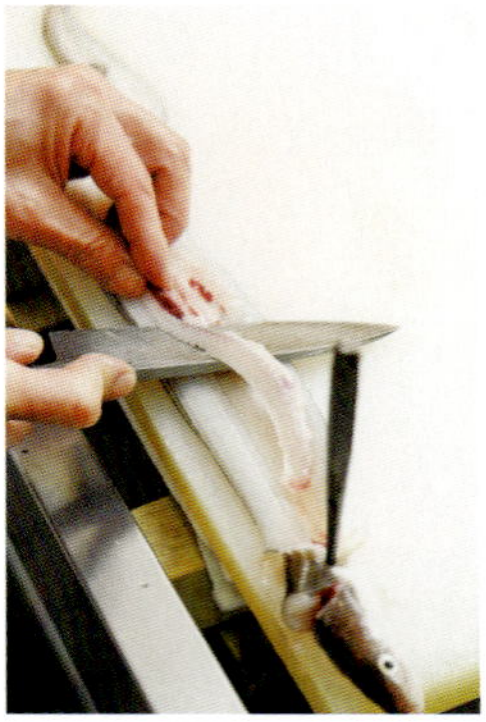

目打ちをして背から一枚に開き、内臓と中骨、ヒレ、頭を切り落とし、上身に整える。「長崎県松浦産のアナゴは肉厚で味がいい」と、最近は同地産に限定している。

◆水洗いする

一枚開きのアナゴを、身を傷めない程度にもみながら水洗いする。皮に残っているぬめりや、身に付いた汚れ、小骨などを取り除いてきれいに仕上げる。

仕込みごとに作る煮汁でアナゴの香りを生かす

江戸前鮨のアナゴは醤油味で煮るのが基本です。ふっくらと煮上がった身が舌の上ですっととろける柔らかさが身上で、独特の味と香りも魅力です。

伝統的な手法では煮汁に醤油や砂糖を多く使うため、甘辛味が強く身の色も濃いですが、昨今はとくにアナゴの「香り」を生かすべく、調味料の量を控えめにする店が多くなりました。私もその一人で、調味料の配合を調整し、煮汁は継ぎ足し方式ではなく、仕込みごとに新しい煮汁を作ることでアナゴの繊細な香りと味を楽しめるようにしています。

薄味の仕立ては、煮穴子を塩で食べる方法にも好都合です。煮穴子には甘い煮ツメをぬるのが伝統ですが、当店では数年前から、煮ツメのほかに塩を添えた煮穴子もお出ししています。鮨ダネの風味をダイレクトに味わう方法として塩を用いるのは、最近の鮨店の傾向のひとつ。煮ツメは文句なくおいしいですが、塩もさっぱりとアナゴの風味が堪能でき、おつな味わいです。

ところで、煮穴子を塩でおいしく食べてもらうために、煮汁の味加減だけではなく下処理にも気をつかっていることがあります。それは、皮のぬめりをしっかり除くことです。煮ツメなら醤油の香りがカバーしてくれますが、塩の場合はわずかのぬめりも臭みにつながりかねません。煮ツメのみの提供法なら5回しごくところ、塩で出す場合は8回行っています。

このぬめりの取り方もいろいろ試しましたが、結局、おろす前に塩をまぶし、頭から尾に向かって手でしごき取る方法に落ちつきました。身を傷めずに、しかもしっかり取れます。これらの調理は締めた直後の身が活かっているうちに行うこと。これも、柔らかく煮上げるためのポイントです。

◆煮汁で煮る

煮汁の配合は煮切り酒800cc、水1.5ℓ、醤油150cc、砂糖35g。沸騰したところにアナゴを入れてアクを取り、弱めの中火で20分間、落とし蓋をして静かに煮る。

煮上がったアナゴは身を崩さないように注意深く取り出してザルへ。1尾で4貫を取り、ごく軽くあぶって握る。煮汁は5回分をため、最後に頭と骨を煮出してアナゴの煮ツメに。

煮穴子—②

周嘉谷正吾（継ぐ 鮨政）

煮アナゴは、脂の生かし方、煮汁の含ませ方、柔らかさの保ち方など、各工程に作り手の工夫が詰まっている。アナゴの仕込みでいちばんに考えたのは「頼りなげな脂をいかに残すかだった」と周嘉谷氏は言う。

使うアナゴは1尾100～200g。大きくても小さくても、脂ののりのよいものが必須。市場で締めたものを、仕入れたらすぐにおろす。

◆アナゴを一枚に開き、骨切りする

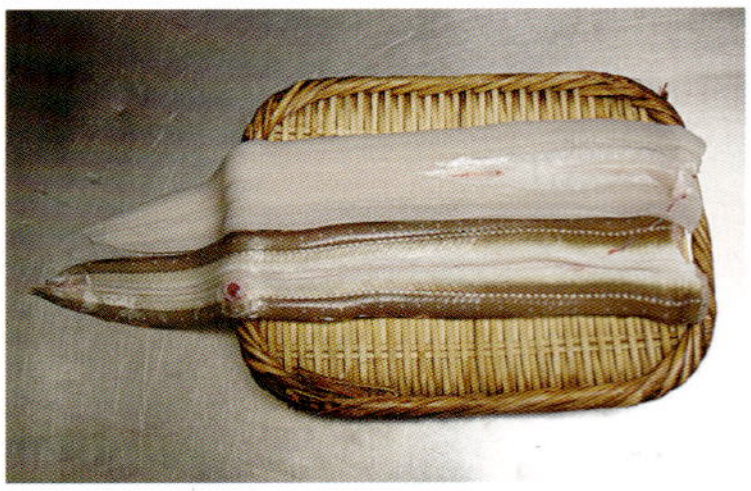

背から開き、内臓と中骨、頭、ヒレ、ヒレ脇の硬い皮を除いて水洗いし、きれいな一枚開きに整える（写真上）。アナゴの小骨は細く柔らかいとはいえ、煮アナゴにすると気になるので軽く骨切りする。中骨のあった近くに包丁の切っ先で短く切り目を入れる（下）。

◆湯引きにする

70℃の湯にアナゴを約5秒間通し、氷水にとる。皮のぬめりが白く固まるのでタワシでこすり取る。ぬめりは加熱して固めると取りやすい。

甘みを抑えた塩主体の煮汁で短時間煮る

アナゴに対する見方が変わったのは、修業中の1年間、アナゴから離れて天然ウナギだけを扱ったことがきっかけでした。身に弾力があり脂の多いウナギに比べ、アナゴは柔らかく脂が少ない。両者の違いを痛感し、アナゴはその「繊細さ」を大事にすることに尽きると気づいたのです。

もともと脂の少ないアナゴなので、脂ののっているものを仕入れることが第一。そして稀少な脂を流さないために、炊く時間をぎりぎりまで短くすることが第二のポイント。加熱は15分間で、余熱調理5分間が目安です。

炊くのに時間をかけない理由はほかにもあります。脂が少ない素材は煮汁が浸透しやすいので、煮すぎるとアナゴの風味が煮汁に負けてしまう。また身が崩れやすくもなるので、それらを防ぐ目的もあるのです。頼りなげな脂や旨みを決してもらさず、最大限に残すことが煮アナゴの要だと思います。

ほかにもポイントはあります。たとえばぬめりの取り方。おろす前にしごいたり、おろした後に水洗いしたりする方法がありますが、当店ではおろした後に湯引きをしてタワシでしごき取ります。ぬめりを湯で凝固させ、はっきり目に見えるようにしたほうが確実に取れ、内臓に入っていたエサのにおいも一緒に消せる利点があります。

もうひとつは煮汁の作り方ですね。材料は一般的ですが、配合に特徴があると思います。砂糖はアナゴの身を硬くする可能性があることと、握った後で煮ツメの甘みが加わることから少なめに。また塩分は、醤油よりも塩のほうがアナゴの味を引き立てるのに有効という理由で塩を多く入れます。

煮る工程は「風味をつける」というより、アナゴの「繊細な味を引き出すための火入れ」と考えています。

◆煮汁で煮る

煮汁は継ぎ足し方式。前回の仕込みで使った煮汁を温め、酒、湯、ざらめ糖、醤油、塩を足して味をととのえる。アナゴを入れて約15分間煮て、火を止め、余熱で5分間火を入れる。

◆粗熱をとる

アナゴは身が柔らかく崩れやすいので、煮上がってもすぐに取り出さない。煮汁半量を別鍋に移してひたひたの状態にし、鍋ごと5分間ほど氷水にあてて粗熱をとり、身を落ちつかせる。

身を崩さないようにすくい上げてザルへ。使った煮汁は半量に煮詰め、一部で煮ツメを作って、残りは次回の煮汁用に保管。

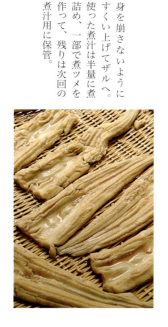

煮穴子―③

小林智樹（木挽町 とも樹）

煮アナゴの3例目は、煮汁に工夫を凝らした「とも樹」の仕込み。さばいたアナゴの骨と頭をためて水で煮出してだしをとり、煮汁に利用するほか、煮ている間もくり返し味を調整してアナゴの風味を生かす細やかな仕事を心がけている。

アナゴに脂がのっておいしくなるのは初夏から。市場で活け締めされたものを仕入れ、「裂いた時に身がピクピクと動くくらい活きのよいうちに煮る」(小林氏)。

◆アナゴのぬめりを取る

アナゴにたっぷりの塩をまぶし付け、5分間ほどおくのが「とも樹」流の下処理。「ぬめりが浮き上がって取れやすい」と小林氏。この後、手でしごいてぬめりを取り除き、よく水洗いする。

◆一枚に開く

関東方式で背から一枚開きにする。内臓、中骨、頭、ヒレを除き、さらに流水をかけながら腹部の薄膜や残ったぬめり、小骨をていねいに除く。頭は真ん中で開き、中骨は中の血をしごき取って、だし用に冷凍保管する。

◆頭と中骨でだしをとる

冷凍した頭と中骨が40尾分ほどたまったら、だしをとる。解凍してから天火で軽く色づく程度に焼き、沸騰した湯に入れて1時間半、弱火で煮出す(写真上)。その間、アクを取り、水分が少なくなれば酒や水を足す。白濁しただしのでき上がり(下)。漉してビニール袋に入れ、冷凍保管する。

仕込みのつど、調味料の種類を使い分ける

当店のアナゴの仕込みの特徴のひとつは、さばくたびに出る頭と中骨を有効利用していることです。水で煮出し、白いだしをとって煮汁に使うほか、湯に通して煮ツメを作るのにも利用します。

　煮汁は同じものを使いまわす方式なので、煮るごとにアナゴの風味が加わり、深みが増しますが、ただずっと使い続けることはできません。汁が疲れて繊細な風味に欠け、色も濃くなりすぎるからです。6回目前後で、煮汁の半分をアナゴの頭と骨でとっておいただしで割って調味料でととのえ、新たな煮汁とするのです。一般には水で割ることが多いと思いますが、アナゴのだしで上品な旨みを補っています。

　さて、煮はじめに煮汁の味をととのえることは大事ですが、煮ていくうちに風味は刻一刻と変わり、アナゴの質もそのつど異なるので、私は煮ている間に何度も味をみて、理想の味にピタリと合わせるように心がけています。

　具体的には、身が柔らかくなるまではいじらず、8分間が経過した頃に1回目の味見をして、その後は3分前後の間隔で行います。

　この時、煮汁ではなく尻尾の先を食べて味や香りを確認。塩分を加えたい時は、色のつき方や塩辛さの加減で醤油の淡口、濃口、白醤油、塩を使い分け、糖分の場合もコクがほしければ中ざら糖、さらりとした甘みなら上白糖、旨みもほしければみりんと使い分けます。味がよくわかるように合間に水を飲み、身は少し冷まして食べるなど、味見にはかなり神経を遣っています。

　およそ20分間かけて、とろけるほどの柔らかさとほどよい甘さに煮上げますが、デザート的な感覚で締めに食べるとお腹が落ちつくのではと、食事の最後のほうでお出ししています。

◆煮汁で煮る

煮汁は水、酒、濃口醤油、淡口醤油、白醤油、塩、ざらめ糖を主体に作り、使いまわす。6回前後使ったら半量を煮ツメの材料にし、残り半量にアナゴのだしと調味料を加えて次回の煮汁に。煮る際は熱い煮汁にアナゴを入れ、中火から徐々に火力を落として煮る。

◆数分ごとに味見する

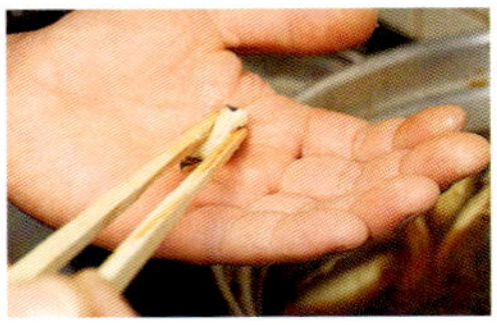

煮はじめて8分間ほど経過したら1回目の味見。以後2～4分間ごとに行い、必要に応じて調味料で味をととのえる（写真上）。味見は煮汁ではなく、尾の先をちぎって試食（下）。20～25分間の煮込み時間内に5～6回味見する。

煮上がったらザルに上げて粗熱をとる。味見していないアナゴの尾の先をちぎって味を確認。脂が極端に少ないものは太巻き用にすることも。握りにする時は直前に身側を軽くあぶる。

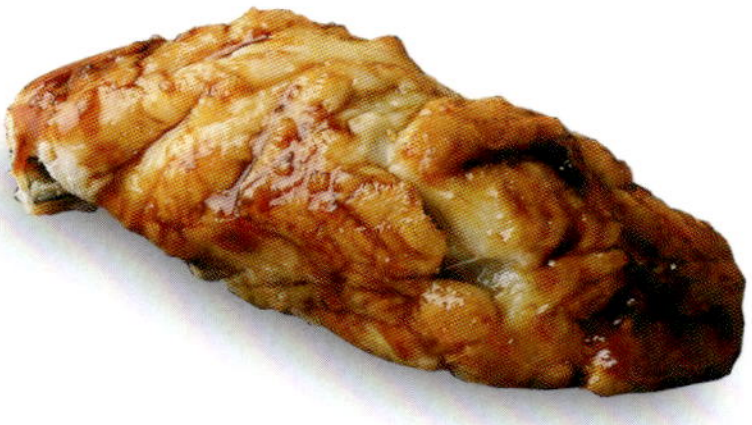

煮穴子—④

増田 励（鮨 ます田）

「鮨 ます田」の煮アナゴは、一般に取り除くことの多い表皮のぬめりを取らない。また、1回の仕込みのなかでもアナゴの脂ののりに応じて時間差をつけて煮たり、握る際に香ばしさを出さずに脂を浮かせる程度にあぶったりと、独自の方法を貫いている。

東京湾のアナゴは江戸前鮨の象徴的な存在で質も高い。市場で活け締めしたものを仕入れたら、ぬめりを取らずにすぐに仕込みに入る。

◆アナゴを一枚に開いて洗う

背開きにして内臓や中骨、ヒレなどを除き、流水でもみ洗いする。ここでもぬめりを取るための特別の作業はしない。皮目はぬるりとするが汚れはない（写真右）。脂ののり具合を見きわめ、3グループに分ける（左）。

◆時間差をつけて煮る

煮汁は1回ごとの使いきり方式。水、ざらめ糖、醤油、みりんで調合して沸かし、脂の少ないグループから、2〜3分間の時間差で入れる。木蓋をし、最初に入れてから約30分間で煮上げる。

煮上がったらすべてのアナゴを味見する

アナゴは塩もみするか、湯をかけて包丁でしごいて〝ぬめり〟を取る店が多いと思います。しかし、当店では一枚におろした後、汚れを除くために水洗いするだけ。アナゴ専門の仲卸しの方から「ぬめりは旨み。取らないようにね」と何度も言われるうちに、取らずに仕込むようになりました。

　アナゴのぬめりは臭みの元といわれてきましたが、臭みは胃に残るエサに起因するとの説も。捕獲後にしっかりエサを吐かせ、活け締めしてすぐにさばいて煮ることが大事だそうです。実際、助言通りにぬめりを取らなくてもおいしく煮上がります。ただ、ぬめりの有無と関係なく、たまに臭みのあるアナゴがいるので、煮上がったらすべてを味見することが欠かせません。

　ところで、煮汁はそのつど仕込みます。使いまわす方法に比べるとあっさりとして、アナゴの風味をすっきりと味わえます。煮汁で作る煮ツメもぬった時にすっとのびる薄めの濃度で、これもアナゴの味を引き立たせるため。煮アナゴの味の印象には煮ツメも大きく左右すると考えています。

　煮る時は、脂ののり具合によって時間差をつけ、それぞれにベストの煮上がりを求めています。脂の少ないものは少しでも柔らかくするために長めに、脂の多い柔らかいものは短時間で。生のアナゴをさわった時の厚み、弾力、身の色などで判断して3つのグループに分け、時間をずらして鍋に入れています。

　握る際は軽く天火であぶっていますが、目的は香ばしさではなく、口の中で脂がはじけるような柔らかさやしっとり感を出すこと。〝煮アナゴ〟ですから、その名の通り焦げ目をつけず、脂を身の中でふわりと浮かせるイメージでさっとあぶるだけに留めます。

◆余熱で火を入れる

煮終えたら火を消し、木蓋をのせたまま約10分間おく。余熱で火を入れつつ、味を含ませる。

◆煮上がりを味見する

煮上がったアナゴをバットに取り出し、すべての切れ端を味見して臭みなどがないかを確認する。煮汁は数回に1度の頻度で煮ツメにする。調味料で味をととのえ、1週間煮詰めて作る。

鱧の落とし

吉田紀彦（鮨 よし田）

関西の夏を彩る魚として、さまざまな調理法で親しまれているのがハモ。
鮨では、醤油で香ばしくつけ焼きにした棒寿司が一般的だが、
ここでは湯に通す「落とし」の握りを、
京都で店を構える吉田氏に解説してもらう。

肉厚で脂がのり、骨も皮も柔らかい良質なハモを使用。写真は、評価の高い韓国産で、入荷がある日は必ず仕入れる。空輪で運ばれて市場で活け締めにされ、店に届く。

◆ハモを一枚に開く

届いたハモはすぐに腹から開いてさばく。頭を除き、一枚に開いて中骨、ヒレを取り除く。質のよいハモは、身がピンクがかった白色で、つやのある美しさ。

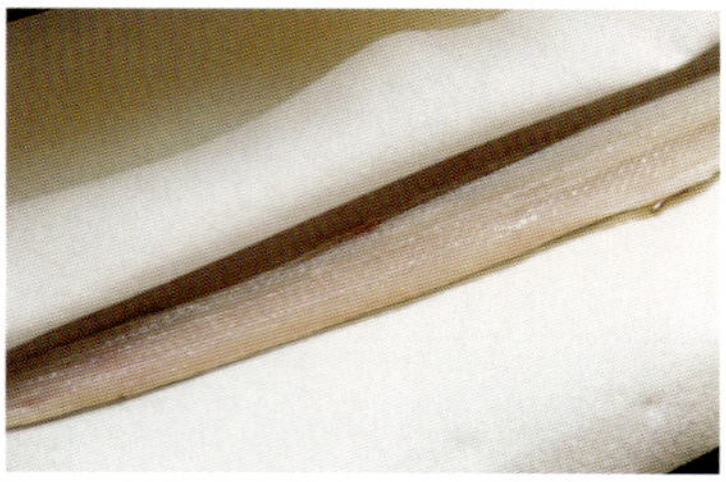

◆半日やすませる

吸水性の高い紙で水気をふいてキッチンペーパーで包み、営業まで約半日間、高湿度の2℃の冷蔵庫で保管。水気をよく除くことがポイントで、紙は3時間ごとに交換する。

◆骨切りする

提供直前に骨切りする。ハモ切り包丁で約2㎜幅に切り目を入れながら小骨を切り、2㎝前後の幅で切り落とす。骨切りは、皮のすぐ上まで深く包丁を入れる。

締めた当日のハモを、握る直前に湯通し

京都では、別名「鱧祭り」と呼ばれる7月の祇園祭の前後がハモのいちばんのピークです。ハモは「梅雨の水を飲んで旨くなる」ともいわれ、実際、産卵前で栄養をしっかり蓄えている時季です。ただ、秋にはさらに脂がのってくるので旬は長く、当店では5～10月の半年間、楽しんでもらっています。

ハモといえば、無数にある小骨を細かくカットするために、皮一枚を残して身を極薄に切る「骨切り」が必須で、もっとも熟練を要する技術です。「落とし」の場合は、その骨切りに加えて、ハモの鮮度のよさと仕込みの段取りも重要です。

落としは、切り分けた身を瞬間的に湯に通すものの、刺身の一種。生で供する場合と同様に、ハモの香りと味がストレートに出るので、とりわけ鮮度が重要で、締めた当日に提供するのが基本です。

加えて、切って湯に通す工程を提供直前に行うことも鉄則です。落としにしたものを冷蔵保管している例を見かけますが、これでは身が冷たくなって硬く締まり、パサつきも出ます。刺身の場合も、握りのタネにする場合も、落としは作りたてをお出しするのが絶対条件。これでこそ、身の中心に温かさが残り、柔らかな触感と旨みのある最上の落としになります。

ですから、下準備は骨切りする直前の状態で止めておき、営業時間まで、包む紙を何回か取り換えて余分な水分を抜きながらやすませます。良質なハモをきちんと保管すれば、骨切りの段階でも身に弾力が残るものです。

なお、ハモの落としには梅肉を添えるのが通例。当店では煎ったかつお節の粉、醤油、煮切り酒などで調整して酸味を抑えた旨みのある梅肉にし、ハモの淡泊な味わいを引き立てます。

◆湯通しして氷で締める

ハモの皮を下にして網杓子にのせ、沸騰した湯に浸ける（写真上）。約15秒間火を入れ、切り目が開いて花が咲いたようになったら、網杓子ですくって氷水へ（下）。15秒間ほどおいて粗熱をとり、引き上げる。皮がやや硬い場合は、最初にハモの皮面のみを湯に5秒間ほど浸けてから全体を湯に沈めるとよい。

◆水分をきって握る

氷水から引き上げたハモは、手の平で軽く握って切り目の中の水分を絞る。次に紙で挟んで全体の水気をふき取り、すぐに握る。梅肉を少量盛って供する。

白魚の酒煮

佐藤卓也（西麻布 拓）

日本料理では刺身、天ぷら、卵とじ、椀種など用途の広いシラウオだが、鮨店でも春を告げるタネとして人気が高い。最近は小ぶりのものを生で握る店も多いが、佐藤氏は大型シラウオを薄味の「酒煮」にして握る。

早春の味覚として珍重されるシラウオ。春の産卵期に湖沼や河川の汽水域に集まる成魚を捕獲する。長さ7～8㎝。メスは卵を抱えている。

◆シラウオをまっすぐに並べる

生のシラウオを塩水で洗ったのち、鍋に入るザルに1本ずつまっすぐに並べる。無造作にゆでると「く」の字形に曲がるので、直線状に並べて美しくゆで上げる。

◆煮汁で煮る

火入れは1分強。煮汁にひと晩漬け込む

シラウオは春に生まれ、1年で成長して翌春に産卵し、一生を終えるそうです。そこで、成長して栄養を充分に蓄えた産卵直前に捕獲し、その限られた美味をいただくわけです。私も2～4月には欠かさずお出ししています。

　シラウオを選ぶ際に大切なのは、産地です。小魚は一般に湖岸や河川の汽水域で捕獲されるので、近隣の土地のにおいがつきやすい。ですから、そうしたにおいの影響のないものを選ぶことが大事です。私自身は、島根県宍道湖産を使うことが多いですね。

　さて、生で握るか、煮て握るかは好みが分かれるところです。生食する時は骨っぽい触感や苦みが気になるので小型のシラウオを使いますが、それでも硬さ、苦みがわずかにあります。一方、煮たものは確実に柔らかくなり、それだけ大型に成長した味のよいものが使えるので、私はもっぱら煮て握ります。大きければ子を持っている割合も増えるので、格段に風味のよいものが味わえるのです。

　シラウオは白い色が命ですから、煮汁を色づけずに白く煮上げることがポイント。当店では酒、みりん、砂糖、塩と少量の淡口醤油で煮汁を作ります。みりんや砂糖の甘みはシラウオの苦みを抑えるためのもの。また、生臭みを抑えてシラウオの風味を引き立てるには醤油の力が必要なので、色の薄い淡口醤油をごく少量加えます。

　1分強のごく短時間でシラウオに火を通したら、余熱で加熱が進まないように煮汁と分けてそれぞれを冷まします。この時、煮汁には塩を洗い流しておいた桜の葉の塩漬けを入れて「春の香り」をプラス。ここにシラウオを戻すと、味とともに桜の香りがほのかに移り、春のイメージを膨らませてくれます。

シラウオが踊らないように紙をかぶせ、酒、みりん、砂糖、塩、淡口醤油、水を沸かした煮汁で1分間強煮る(写真右)。火が入ったら引き上げ、紙をかぶせたまま冷ます。写真左は冷ました状態。煮汁は水洗いした桜の葉の塩漬けを入れて冷ます。

◆煮汁に漬ける

煮汁から桜の葉を取り出し、シラウオを浸して冷蔵庫でひと晩やすませ、味を含ませる。水気をきって握りに使う。

イクラのだし醤油漬け

岩 央泰（銀座 いわ）

イクラはサケの卵巣を1粒ずつの卵にばらし、調味料に漬けて味をつけたもの。
ほとんどが醤油味ベースで、醤油のみに漬けるほか、
酒、みりん、だし、塩などで加減する方法もある。
海苔で巻く軍艦巻きの握りが一般的だが、酒肴にも幅広く利用できる。

イクラの原料のサケの卵巣。晩夏から年内が仕込みのシーズンで、出はじめは卵の皮が柔らかく味も薄いが、次第に固さが増して濃厚になる。国産、アラスカ産などがある。

◆サケの卵巣に熱湯をかけてほぐす

卵巣を包んでいる薄皮をはずし、卵の粒をほぐすために、熱湯を注いで菜箸で手早くかき混ぜる。火が入らないよう短時間で行う。ほぐれたらすぐに湯を捨てる。

◆水洗いをくり返す

水をたっぷり注ぎ、手の平でかき混ぜたり左右に振ったりしながら卵の粒をしっかりほぐし（写真上）、汚れを浮かせて捨てる（下）。卵をつないでいる粘膜や血管、つぶれた卵などが汚れとしてたくさん出るので、きれいになるまで水洗いをくり返す。

かつおだしの漬け醤油ごと食べるイクラ

イクラの仕込みは、薄皮に包まれた卵巣を卵の粒にばらし、汚れをきれいに取り除いて漬け汁で味を含ませる、という工程です。

私の方法は、最初に熱湯を使って卵の粒をばらすので、ここで火を入れすぎないことがもっとも注意を要するポイントです。最初から最後まで、水やぬるま湯でほぐして洗う方法もありますが、最初に沸騰湯に近い熱湯を注いで一気に菜箸でかき混ぜると、卵巣を包んでいる薄皮が素早くはがれ、卵がばらけるので効率的です。

ただ、ゆっくり時間をかけていると火が入っていきますから、手早く混ぜるのが鉄則。これを守れば、卵に火が入って硬く締まることはありません。

ばらした後は水を注ぎ、かき混ぜて汚れを洗い流す作業をくり返します。この段階で必要なのは、時季による水温のコントロールです。サケの卵巣は、出はじめの夏場は成熟しきっていないので卵の粒を包んでいる皮膜が柔らかく、秋から冬へと時季が移るにつれて成熟し、硬くなっていきます。

一方、夏の水道水は温度が高いので、夏場は1回目の水洗いの水温を下げないと、卵を包む柔らかな膜から余熱で火が入ったり、破れやすくなったりするのです。そこで、1回目は氷を入れて急冷しながら水洗いするのがコツです。逆に皮膜の硬くなる冬は、熱湯を2回かけることもあります。

さて、最後の決め手は漬け汁の味です。当店では「だし醤油漬け」と呼んでいるようにかつおだしを強くきかせているのが特徴で、漬け汁ごと食べられる塩分です。しょっぱすぎずまろやかな味で、浸透圧の関係でプチプチとした触感も出やすいようです。調味料には酒と柚子の皮も加えて風味を高めています。

◆塩で色出しする

水洗いの仕上げに、塩をひとつかみ入れてかき混ぜると、水洗いの途中で一部、白濁した卵が透明なオレンジ色に戻る。ザルにあけてしばらくおき、水分をしっかりときる。

◆漬け地に漬ける

かつおだし、醤油、酒、削った柚子の皮を合わせて沸かし、冷ました漬け地にイクラを半日以上漬けて味を含ませる。味や触感が理想的な状態を保つ2〜3日以内に使いきる。

イクラの塩漬け

佐藤博之（はっこく）

イクラにも薄皮の取り方などの下処理や、味つけの方法に鮨店ごとの工夫がある。
2例目は、湯を使わずに手作業で卵をばらしてから常温の塩水で洗い、
塩主体の調味で仕上げる佐藤氏の仕事を紹介する。

イクラの仕込みのトップシーズンは秋。サケの卵巣を卵の粒にばらして塩などで味をつける。「市場ではひと粒ずつ食べ比べ、卵膜が柔らかく脂がのっているものを選ぶ」と佐藤氏。

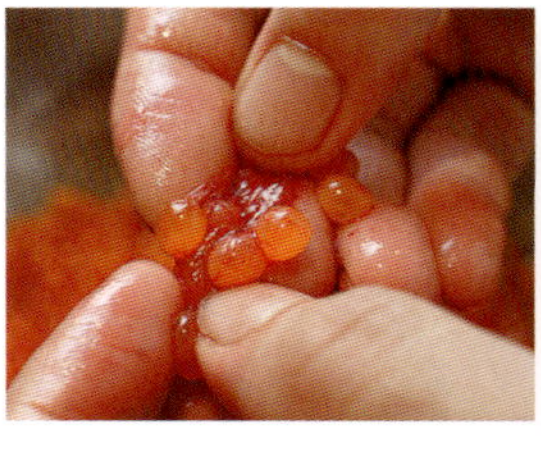

◆サケの卵巣をほぐす

表面の卵をつまむようにしてはずし、次に指で卵巣膜を挟んでしごくように卵をはずす（写真右）。取りきれていない細い筋もていねいに除く（左）。

◆塩水で洗う

塩分濃度3％の塩水の中で、指先で手早く混ぜるように洗う（写真右）。ザルにあけ、軽く左右にふって汚れを除く（左）。これを計3回行う。真水では卵が白濁するが、塩水はオレンジ色を維持できる。

赤酢のすし飯との相性を考えた塩味のイクラ

イクラは仕込んだものを冷凍するなどして1年中提供する鮨店もあるため、旬がわかりにくくなっています。実際のトップシーズンは、サケが抱卵する9〜10月。当店では「旬を味わう」という考えで、この2ヵ月間の季節限定にしています。

イクラの下処理は紆余曲折を経て、今は指でしごいて1粒ずつの卵にばらし、塩水で洗ってザルで水切りしながら汚れを除く方法に落ち着きました。湯に浸すと手早く卵巣膜が取れて卵がほぐれますが、わずかでも熱のストレスをかけずに仕込みたいとの考えで、時間はかかるものの手でほぐす方法にしています。また、このあとの塩水(濃度3%)での水洗いも常温です。

ここで塩水を使うのは、卵が引き締まった触感を保つからで、真水では水分が浸透したかのようにブヨッとした触感になる気がします。いずれにしても、長時間さらしていると皮が硬くなりますから、水洗いは素早くすることがポイント。10秒ほどすすぐ工程を3回くり返すにとどめています。

さて、調味の方法も醤油漬けが一般的ななか、塩を主体に煮切り醤油をひとたらしするのが当店流です。いちばんの理由は、インパクトの強い赤酢のすし飯を使っているからで、濃いめの醤油味は合わないと思うのです。ほかのタネも煮切り醤油をぬらなかったり、量を控えたりしているほどです。

塩の加減もイクラの風味が引き立つぎりぎりの量で、毎日味をみて足りなければ新たに加え、4〜5日以内に使いきります。醤油漬けなど液体に完全に漬けたものは皮がプチプチに張った触感が魅力ですが、塩漬けは日が経つにつれて舌で簡単につぶれる柔らかさに。ねっとりと溶けながら、旨みが広がる独特のおいしさです。

◆水分をきる

竹ザルにキッチンペーパーを敷いてイクラを広げ、ペーパーで押さえて表面の水分を除く。汚れがあれば、ここでも取り除く。

◆塩と煮切り醤油で調味

器にイクラを移し、塩をふりかけて混ぜる。煮切り醤油を風味づけ程度にひとまわしして混ぜる。ラップ紙などをかぶせて冷蔵庫でなじませる。

写真右が仕込んだ当日、左が3日目。毎日味見をして、味が足りなければ塩を加えてととのえる。当日から食べられるが、3日目くらいに味のピークを迎える。

干瓢を煮る―①

神代三喜男（鎌倉 以ず美）

海苔巻きのタネにするほか、酒肴としても人気の高い干ぴょう煮。
材料の干ぴょうには漂白と無漂白があるが、ここでは漂白干ぴょうの下処理と、
歯切れのよい干ぴょうに煮上げるコツを神代氏が解説する。

干ぴょうには漂白したものと無漂白のものがあるが、写真は漂白タイプ。防虫、防カビを目的に二酸化硫黄で燻してある。海苔の寸法に合わせ、20cm強に切って仕込む。

◆干ぴょうを塩もみする

水溶性の二酸化硫黄を洗い流すために水に浸してひと晩おき、翌日水を捨てて塩もみする。塩はたっぷりとまぶし、漂白のにおいが消えるまで力強くつかみ洗いし、流水をかけてさらにもみながら洗い流す。

◆ゆでる

充分に浸かる量の水に干ぴょうを入れ、紙蓋をしてゆでる。時間の目安は約20分間。爪を立てた時に簡単に穴があく柔らかさにゆで上げる。この後、水にさらして冷まし、水分を絞る。

◆太さを揃える

煮る際に味ムラが出ないように、幅が広かったり厚かったりする部分を1本ずつ切り整えて形を揃える。今回は幅約2cmの干ぴょうを約1cmに切り揃えた。

脱水機で水分をとばし、濃い煮汁をからめる

流通している干ぴょうの多くは漂白タイプです。二酸化硫黄で燻すことで色を保ち、カビなどがつかないようにして保存性を高めています。この二酸化硫黄は水に溶けるので、ひと晩水に浸し、塩でもんでよく水洗いすれば成分が抜けて、においも味も問題なくおいしく煮ることができます。

干ぴょうを煮るうえでポイントと考えるのはふたつ。ひとつはサイズを揃えることです。部分的に幅や厚みが違うことが多いので、そのまま煮ると味や触感にムラが出てしまいます。また、揃っていたとしても、幅が広すぎると味のしみ込みや歯切れがよくありません。

そこで、柔らかく下ゆでしたら1本ずつ幅を約1cmにし、厚すぎるところがないように切り整えます。干ぴょうだけを芯にする細巻きではとくに、均等に味がついていることと歯ごたえがよいことが大事です。

ふたつめは、煮る前に干ぴょうの水分を充分にとばしておくこと。当店では、ゆでて切り整えた干ぴょうを脱水機に5分間ほどかけて、表面の水分を完全に除きます。煮汁も水やだしを加えず、醤油、ざらめ糖、みりんのみ。煮汁の量は少なく、イメージ的には干ぴょうにからめる感覚ですね。

事前に水分をしっかり除いておくと調味料の味を含みやすく、短時間で煮えるので、火が入りすぎて柔らかくなりすぎることもありません。下ゆでの段階で充分柔らかくしてあるので、小気味よい歯ごたえが保て、舌ざわりもベチャッとせずにすっきりしています。日持ちもよいので、一度にまとめて調理できる利点もあります。

写真では巻き簾で巻いた干ぴょう巻きを紹介しましたが、店では海苔のパリッとした触感を生かすべく、手巻きを基本にしています。

◆脱水する

干ぴょうをまとめて洗濯ネットに入れ、脱水機に5分間ほどかけてしっかり水分をきる。ここで水分をよく除いておくと味がしみ込みやすく、またベタつかずに歯切れのよい煮上がりになる。

◆醤油とざらめ糖で煮る

ざらめ糖と醤油を沸かし、ざらめ糖が溶けたら干ぴょうを入れて煮る（写真上）。均一に味がまわるよう菜箸で混ぜながら強火で煮はじめ、途中で弱火に落とす。色がついてきたら（中）、煮切ったみりんを加える。後半は鍋を返して混ぜ（下）、水分がなくなるまで約20分間で煮上げる。

つやよくしっとりと煮上がった干ぴょう。ザルに広げて粗熱をとってから、冷蔵庫で保管。砂糖にざらめ糖を使うことでコクとつやのある煮上がりになる。

干瓢を煮る―②

西 達広(匠 達広)

「匠 達広」で使う干ぴょうは、いまでは稀少となった無漂白品。
塩もみの工程が必要なく、直接下ゆでして、ゆで汁を煮汁に利用する。
甘辛味をきかせ、ふっくらとして、かつ歯切れのよい煮上がりを目ざしている。

無漂白の干ぴょう。流通量が少なく割高だが、「味も触感もいいので好んで使ってます」(西氏)。海苔の幅に合わせて25cm前後に切って調理する。

◆干ぴょうをゆでる

干ぴょうを水洗いして、たっぷりの湯で下ゆでする。ゆで汁がよくまわるように落とし蓋をする(写真右)。時間の目安は15~20分間。指と爪でつまんだ時、爪跡がくっきり残る柔らかさにする(下)。

◆煮汁で煮る

すし飯と一体化する柔らかさと歯切れの良さ

かつて、江戸前鮨で「海苔巻き」といえば、干ぴょうの細巻きを指しました。握り鮨と同じように、干ぴょうもすし飯とのバランスが大事なタネだと考えます。味の加減はもちろん、歯のあたりが柔らかく、すし飯と一緒に口にした時に触感がふわっとするものが理想ですね。そして、パリッとした海苔の歯ざわりと香り――これらが一体となって、初めて海苔巻きのおいしさが完成すると思います。

そうした理想の干ぴょう巻きを作るポイントは、よい材料を選ぶことと下ゆでの加減にあります。

当店では無漂白の干ぴょうを使っていますが、ふっくらした厚みのある触感と、味の深みや甘みのある点が気に入っています。削り方や乾燥法も含めて、総合的にていねいに作られているように感じますね。生産量が少なく価格は高めですが、自分の好みの煮上がりにするのに欠かせません。

ちなみに、漂白した干ぴょうは漂白材料の二酸化硫黄を洗い流すために、水でもどし、塩でもむ下処理が必要ですが、無漂白の場合はその手間がありません。直接下ゆでき、旨みの出たゆで汁を煮汁に利用できる利点もあります。

さて、ゆでる工程ではゆで加減を間違えないことに尽きると思います。目安は爪で押した時に跡がくっきり残る柔らかさ。その手前では繊維が残って硬く、行きすぎれば次に煮汁で煮上げた時にベチャッとつぶれる舌ざわりになってしまいます。ふっくらした柔らかさのなかに歯切れのよさがある、それが干ぴょうの醍醐味ですね。

味つけは醤油、砂糖、みりんの甘辛い味。甘さとしょっぱさの加減は店によって違いがあるもので、当店では甘みも醤油味もしっかりきかせています。

干ぴょうの水気を絞り、少量のゆで汁と水、砂糖、みりん、醤油で煮汁を作る。ひたひたから煮はじめ（写真右）、時折混ぜ返してむらなく煮込む。汁がほぼなくなったら鍋をあおって水分をとばす（下）。

◆ザルに上げて冷ます

柔らかくふっくらと煮上がった干ぴょう。すぐに竹ザルに広げて冷まし、容器に入れて保管する。

玉子焼き—①

厨川浩一（鮨 くりや川）

玉子焼きは、かつて「鮨店の技量がもっとも表れる」といわれたタネである。
伝統とされるのは、卵液に魚介のすり身を入れて焼く「厚焼き玉子」。
まずは、全卵のほかにメレンゲも加えた柔らかな
「カステラ風玉子焼き」を取り上げる。

◆シバエビをすり身にする

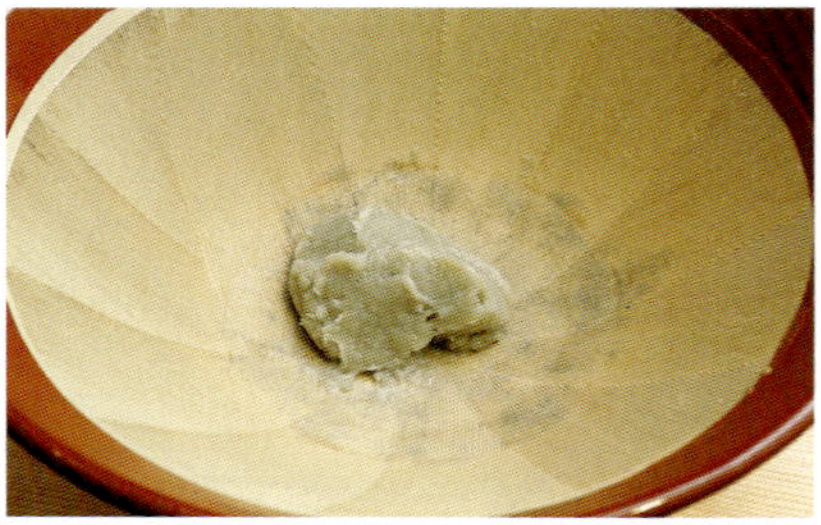

玉子焼きのベースにするシバエビのすり身。殻と背ワタを取って掃除したシバエビの身をミキサーで撹拌し、裏漉しして、なめらかなすり身にする。

◆やまといもや卵を加えてすり混ぜる

すり鉢でシバエビをすって粘りを出してから、和三盆糖、すりおろしたやまといも、酒、卵黄と卵白を順に加え、そのつどすりこぎですり混ぜてなじませる。最後に、香りづけの醤油を少量加える。

◆メレンゲを合わせる

別に卵白を泡立て、角がまっすぐに立つメレンゲを作る。キメが細かく、泡がつぶれにくい力強いメレンゲにすることがポイント。先の卵の生地に一度に全量を加え、均一になるまで混ぜる。泡をつぶさないようにヘラで混ぜ合わせる。

メレンゲと和三盆糖と多めのシバエビで個性化

鮨屋は「魚介を食べさせる店」が私の持論です。玉子焼きも例にもれず、魚介を使ってこそ鮨屋の仕事。どちらかといえばすり身が主体で、卵はつなぎ材料というくらいの意識で作っています。

すり身の材料は白身魚やエビですが、江戸前鮨の基本はシバエビで、当店もシバエビのみで作ります。味の濃さ、上品な香り、粘りのよさなど総合的にもっとも適していると思います。

材料はほかにやまといも、砂糖、酒、醤油など。材料は大体同じでも、配合が異なればでき上がりの味や触感はまったく違ってきます。私も試作をくり返し、何十回もレシピを変えて、現在のものに行き着きました。

当店では開店時から、握りでなく、つまみとして玉子焼きを食べるお客さまが多かったため、「つまみ向きの玉子焼き」に特化して考えました。旨みも、香りも、触感にも変化があって、楽しいと感じられるもの。

そこで、通常の卵黄と卵白のほかにメレンゲを加えて極めつきのふんわり感やジューシー感を出したり、砂糖に和三盆糖を使って香ばしさや丸みのある甘さを出したり。さらに、エビの旨みと香りを引き立たせるために、つなぎのやまといもを減らしてシバエビの量を増やすこともしました。

調理上のいちばんのポイントは、気泡の細かい、つぶれにくいメレンゲを作ることですね。そして火加減と時間を緻密に計算して、しっとり焼き上げる。メレンゲ入りの玉子焼きは生地がとても柔らかいので、途中で面を返そうとすると生地がふたつに割れてしまいます。そこで、最初はガス火で底面を焼き、天火に移して上面を焼き、そのままアルミ箔で覆って蒸し焼きにするという3段階の調理で、返さずに焼き上げています。

◆玉子焼き器で底面を焼く

温めた銅製の玉子焼き器に生地を流し入れ、ごく弱火の直火にあてて30分間ほど焼く。底面に薄茶色の焼き色がつけば完了。

焼き上がった玉子焼き。表面は香ばしく、中心は細かな気泡の詰まったジュワッと溶けるような柔らかさ。握りにはせず、玉子焼きのみで供する。

◆天火で上面を焼く

玉子焼き器ごと天火に移し、弱火で約15分間焼いて上面に焼き色をつける。次にアルミ箔をふわりとかぶせ、火加減を強めて30分間ほど蒸し焼きにして、中心まで火を通す。

玉子焼き—②

植田和利（寿司處 金兵衛）

2例目は、シバエビのすり身と卵を基本材料に、しっとりと焼き上げる「寿司處 金兵衛」流の厚焼き玉子を紹介する。裏返して、木蓋で押さえて「締める」のも伝統の技のひとつ。一方で、植田氏はデザート風の新作玉子焼きにも挑戦する。

すり身を使う玉子焼きの原料には、風味と柔らかさの点でシバエビが最適とされる。シバエビは年間を通して流通するが、質がよいのは冬。「金兵衛」では殻付き換算で全卵と同量以上のシバエビを使っている。

◆シバエビを包丁で叩く

殻と背ワタを除き、包丁で叩いてすり身のベースを作る。「ペースト状でなく粒子を残す感覚にしたいから」と攪拌器は使わない。前半は刃先で、後半は峰で粘りを出すように叩く。

◆すり鉢でする

すり鉢に移し、塩、やまといものすりおろし、砂糖を順に入れながらすする。粘着力が高まってまとまってくる。卵を入れる前にしっかりと粘りのある硬い生地に仕上げる。

◆卵を加えてする

卵を約3回に分けて加えてする。すり身にしっかりとなじませることが大事。泡を作らないようになめらかになるまで手早く混ぜ、最後に隠し味の醤油とみりんを加える。

片面はしっかり、裏面はさっと焼く

当店の玉子焼きは、シバエビと卵、つなぎのやまといもと砂糖などの調味料で作ります。この組合せは初代の頃から変わりませんが、昔は焼き上がりが薄く、伊達巻の厚みくらいだったようです。2代目がそれを3cm近くの厚焼きに仕立て、焼き加減も中心がとろけるような柔らかさに作り変えて、私がそれを受け継いでいます。

私どもの玉子焼きも柔らかいですが、気泡がジュワッと溶けるメレンゲタイプとは異なります。ふんわりとしながら、舌の上でしっとり、ねっとりと溶けていく感覚ですね。包丁で叩いて充分にエビの粘りを出し、卵をしっかりすり混ぜて、ぎりぎりの火入れで焼くことでこの触感が生まれます。

生地は焼き器の縁いっぱいに流し、40分間ほど蛍火で焼いて、裏に返して焼き上げます。ただ、最初に7〜8割方火を通すので、返したら表面を固めるくらいにとどめ、中心のしっとり感を残します。片面は焦げ茶色で、もう片面は鮮やかな黄色のままです。

この時、裏返したらすぐに、木蓋で生地を押さえて火にあてる方法をとっています。この作業は「締める」といい、江戸前の玉子焼きには必須の仕事と伝え聞いています。柔らかな生地を軽く押さえて「落ちつかせる」ことで、食べた時に凝縮感が出るのではと解釈しています。

さて、私の代になって挑戦していることもいくつか。ひとつはシバエビの比率を上げたこと。2代目の時代は玉子焼き1枚に350g(殻付き)だったのを500gに増やしました。また、抹茶入りは提供ずみですが、りんごのコンポートとシナモンを加えたアップルパイ風味など〝スイーツ〟バージョンも試作中。「締めのデザート」として遊びのある玉子焼きを目ざしています。

◆玉子焼き器で焼く

焼き器に米油をぬりながら煙が出るまで熱し、適温に下げて生地を流す（写真上）。ごく弱火で約40分間加熱。均等に火があたるよう、面の¼ずつ順番に焼いていく。表面に薄膜が張ったら裏に返す。中心はまだ半生。生地の下に菜箸3本を差し入れ（中）、一気に返す（下）。

◆木蓋で締めて、やすませる

菜箸を転がして表面をならした後、木蓋をかぶせ、軽く押しながら面を¼ずつ順に火にあてていく（写真上）。色をつけずに軽く火を入れるのみ。焼き上がったら返して木蓋にのせ、10分間粗熱をとる（下）。木蓋の上で再び返して冷ます。

玉子焼き―③

小林智樹（木挽町 とも樹）

３例目は、シバエビとハモの2種のすり身を使い、液体調味料を多めに入れるなど、材料や配合に特徴のある「木挽町 とも樹」の玉子焼き。厚みを出すために２枚に分けて下焼きして貼り合わせ、両面を遠火で時間をかけて焼き上げる。

つくねいもをする

つなぎには粘りの強いゲンコツ状のつくねいもを使う。細かくすりおろし、さらにすりこぎでよくすってきめ細かくふっくらとさせる。ふんわりとした玉子焼きを作るためのポイントのひとつ。

すり身と調味料を加える

シバエビはなめらかさを出すために叩いてからミキサーで撹拌(写真右の手前)。ハモはすり身を仕入れる(同奥)。つくねいもにシバエビ、塩、ハモの順に加えてそのつどよくすり、砂糖をザルで漉しながら、酒とみりんは合わせて、それぞれ少量ずつ加えてすり合わせる(左)。最後に香りづけの淡口醤油を入れる。

卵を加える

卵は1個ずつ、軽くほぐして生地に加える（写真上）。これもふわりとした触感に仕上げるため。卵9個は全卵で使い、1個分は黄身をそのまま、白身はメレンゲに泡立てて最後にさっくりと混ぜて仕上げる（下）。

エビとハモ入りの生地を2枚重ねで焼く

玉子焼きは師匠から学んだ方法をベースに、材料、配合、焼き方を少しずつ調整し、試作を重ねた苦心作です。

たとえばすり身。今ではシバエビのみを使う店が多いですが、昔は白身魚も利用するのが普通で、エビとハモを1対1で合わせる配合を師匠から学びました。シバエビのみだとふわりと柔らかく、ハモが入るとやや締まります。

しかし、ハモを使わないとコクに欠けるため、約10g単位でエビを増やし、ハモを減らしといった試作を続け、柔らかさとコクがうまく釣り合うポイントを探し出しました。それが卵10個に対し、シバエビ165g、ハモ100gの比率。ハモの代わりにホウボウや小柱も試しましたが、舌ざわりや旨みはハモに及びませんでした。

材料面での工夫はつなぎのいもにもあります。一般的なやまといもよりも粘りの強いつくねいもを使って生地の一体感を求めつつ、すり鉢できめ細かくすることでふっくらとした口あたりを引き出します。また、液体調味料のみりんと酒をぎりぎりまで増やし、デザート的ななめらかさ、柔らかさを目ざしました。

当店の玉子焼きは生地に厚みを出していますが、厚ければそれだけ柔らかさを効果的に感じられます。ただ、厚くなる分、火が通りにくいので、2枚に分けてそれぞれを7割ほど焼き、貼り合わせてさらに火を入れます。

表面を焦がさずに厚い生地の中心まで火を通すために、高さ30cmの特注の焼き台も導入しました。これをコンロに置いて玉子焼き器をのせれば遠火の弱火でしっとり焼くことができます。焼き台は火元を囲うので熱が逃げにくく、四角い玉子焼き器に均一に火が回って、ムラなくきれいに焼けるのも利点です。

◆1枚目を焼く

高さのある特注のステンレス製焼き台をコンロの上に置き、玉子焼き器をのせて焼く（写真右）。生地は最初に仕込み量の¾量を入れ、15分ごとに90度ずつ焼き器の向きを変えて1周。ふっくらとして表面に薄膜が張るくらいに焼けたら（左）、面を返して軽く固める程度に10分間ほど焼く。木蓋に返して取り出す。

◆2枚目を焼いて重ねる

別の焼き器で生地の残り¼量も回転しながら計25分間前後焼き、1枚目にかぶせる。2枚目を下に焼き器に戻し、約20分間焼く。木蓋をのせて厚みを揃えたり（写真上）、位置をずらして火入れの遅い部分を重点的に焼いたりして調整。その後3度、表裏を返して仕上げる（下）。計3時間近い工程。

すし飯、生姜の甘酢漬け（ガリ）、煮切り、煮ツメ拝見

鮨店に欠かせない４つの要素の考え方を、６店の仕事を例に紹介する。

【　すし飯　】

米のタイプと、赤酢か米酢か、両者のブレンドか……
鮨ダネとのバランスが重要な、握り鮨のもうひとつの主役。

継ぐ 鮨政

赤酢を半量まで煮詰め、塩と砂糖を加えてねかせてから、飯と合わせる直前に米酢を加え混ぜる。赤酢は酸味がとびやすく夜遅い時間帯まで持たないからと、赤酢を凝縮させて旨みのエッセンスを作っておき、そこに酸味の持続する米酢を補うというスタイルだ。

鮨 わたなべ

米は富山県、または新潟県産のコシヒカリで、気持ち硬めに炊いたもの。すし酢の材料は酢2ℓに精製塩150g、藻塩30g、砂糖80gの配合で、甘みは控えめ。酢は米酢の「金将」と醸造酢の「水仙」（ともに横井醸造工業㈱）を3対2で合わせている。

鮨 一新

新潟県の契約農家から仕入れるこしいぶきを、炭が熱源の圧力釜で粒を立たせるように炊く。同品種は粘りにくく、甘みとさっぱりした香りが特徴。合わせ酢は赤酢（「與兵衛」、「珠玉」。ともに横井醸造工業㈱）と塩で、砂糖を入れない江戸前鮨の伝統的な配合。

鮨 くりや川

右はマグロに合わせて考案した、「與兵衛」（横井醸造工業㈱）をベースに「三ツ判山吹」（ミツカン）を合わせ、淡口醤油、砂糖、塩を加えた酸味と塩味が強めのもの。今はアナゴやクルマエビにも使う。左は赤酢「琥珀」（横井醸造工業㈱）を使った穏やかな味わい。

鮨 太一

産地にこだわらず「粒が大きく形の輪郭がしっかりしていて、甘みがあまりない古米」を使用。硬めに炊き上げた米に赤酢と米酢を1対5の割合で合わせ、塩を少量加える。酢は味がしっかりと立つという千葉県鎌ヶ谷の私市醸造㈱のものを使用。

すし処 みや古分店

富山県産のコシヒカリを研ぎ、水気をきって3日間冷蔵したものを冷水で炊く。この工程で米にわずかなヒビを入れることで、すし酢の吸収率を高める狙いだ。合わせ酢は米酢と赤酢（「珠玉」。横井醸造工業㈱）の6対1のブレンドで、塩味よりも甘みの勝った味。

【　生姜の甘酢漬け（ガリ）　】

口直しの生姜の甘酢漬けは、
酸味、甘み、辛みのバランスがポイント。

継ぐ 鮨政

生姜を薄く切ってから湯通し、米酢（横井醸造工業㈱）に漬けたもの。同店ではお好みや出前、土産など多様なニーズに対応するため市販品も併用しており、手作りのものに関してはおまかせの注文が入った際や、常連客からの注文があった際に提供する。

鮨 わたなべ

通常のガリの他、酒肴用も用意。通常のガリ（右）は薄切りで仕込み、「千鳥酢」（村山造酢㈱）に三温糖やみりんを加えた甘めの味つけ。酒肴用（左）は砂糖を使わず塩味をきかせた味。塊で仕込み、厚めに切って出す。漬け地の酢は米酢と赤酢のブレンド。

鮨 一新

薄切りで一種類を用意する。ガリは強い味を主張させないようにと、まろやかな酸味と甘みの「さっぱりとした後口」をめざしている。調味料はリンゴ酢（横井醸造工業㈱）とみりん、塩が主体で、砂糖はごく少量にとどめる。

鮨 くりや川

薄くスライスした国産の生姜を熱湯でゆがいて水気をきった後、塩をふり混ぜ、冷めたら水洗いして水気を絞る。これを米酢、砂糖、塩、水を沸かして冷ました甘酢に２日間ほど漬け込んでいる。ほのかな甘みを感じるタイプ。

鮨 太一

高知の卸業者が手作業でスライスした生姜を一晩塩漬けにして、しなっとなるまでゆでる。手で水気を絞り、米酢、少量の水、塩、砂糖を合わせた甘酢にひと晩以上漬けて完成。砂糖の量は生姜の味の角を取る程度で、ピリッと辛みが生きた味わい。

すし処 みや古分店

薄切りと塊で二種類を仕込むが、調味は同じで、赤酢と米酢のブレンドに砂糖で甘みをきかせた作り。基本は薄切り（右）を出し、脂分の強い握りを供した後は、口直しに塊で仕込み、約５㎜の厚切りにして辛みのインパクトを強めたもの（左）を出す。

【　煮切り　】

**ヅケの漬け込みや握り鮨のタネにぬる、仕上げ用調味料。
濃口醤油と酒やみりんを合わせるのが基本だ。**

継ぐ 鮨政

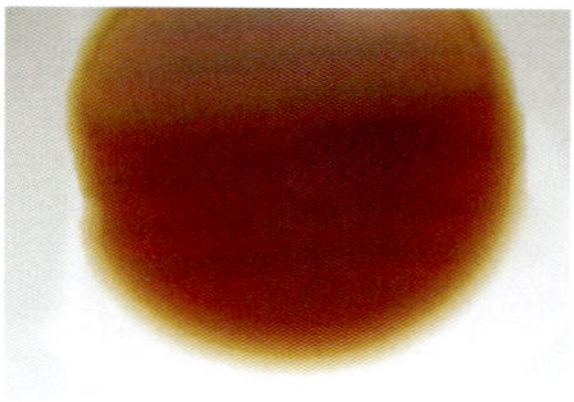

煮切り酒、濃口醤油のみを合わせて作る、スタンダードな握り用の煮切り醤油。刺身用に供する、塩味と旨みを立たせた土佐醤油と比べてまろやかな塩分が特徴的。

鮨 わたなべ

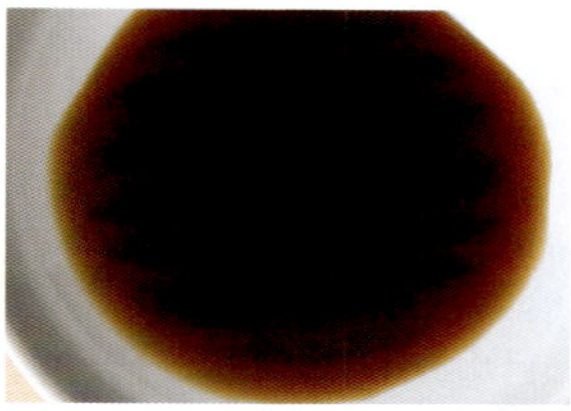

基本材料の濃口醤油と酒に少量のみりん、酒と同量の水を加えて煮立てる。水が入るぶん、塩気が抑えられ、さらりとした風味。また砂糖をごく少量加えるが、甘みが目的ではなく、「煮切り醤油が流れないよう、わずかに濃度をつけるイメージ」と渡邉氏。

鮨 一新

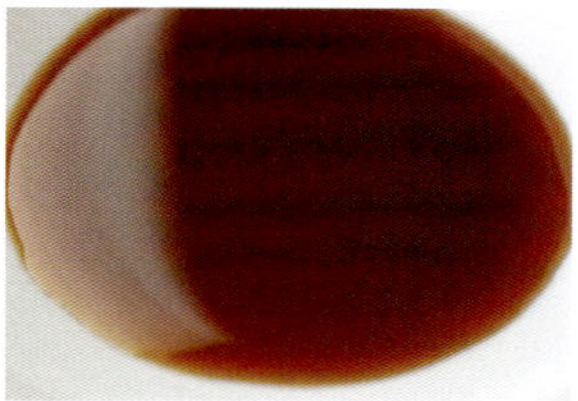

濃口醤油と酒という基本材料に、みりんの甘みと昆布の旨みを加えて煮立ててから、昆布を差したままストックする。握り専用の煮切り醤油として使い、刺身用には別に、昆布の代わりにかつお節で作る土佐醤油を供する。

鮨 くりや川

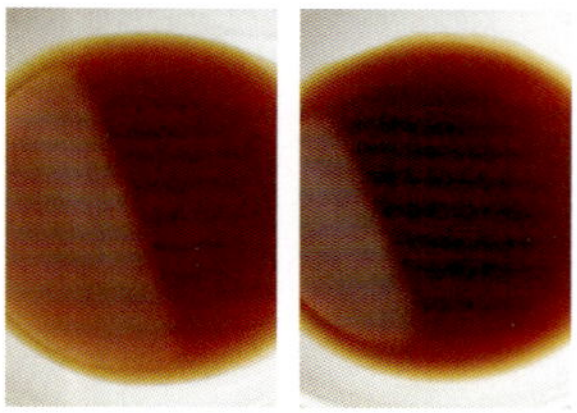

醤油の配合を変え、マグロやブリなど脂が強いタネ用の濃い風味のもの(右)と白身魚やイカなど淡白なタネ用の薄味のもの(左)を用意。ともに昆布を一晩漬けた濃口の生醤油(石川県能登産)に酒とみりんを入れて沸かし、かつお節を加え、漉して作る。

鮨 太一

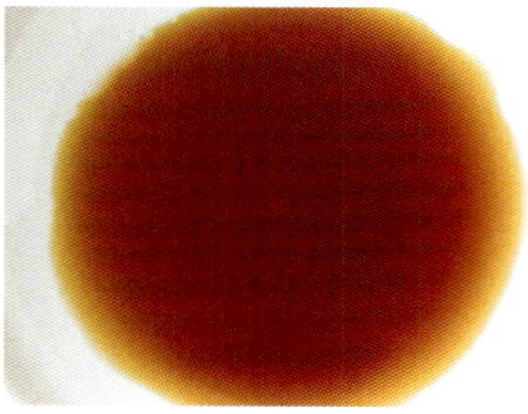

濃口醤油一升に対して1/5量のみりんを合わせ、昆布を入れて沸かす。火を止めて昆布を入れたまま冷蔵庫で1週間程度ねかせ、旨みを添加したものを使用。煮切った酒を入れていた時もあったが、現在はそのぶんみりんの量を増やしてまろやかな味わいに。

すし処 みや古分店

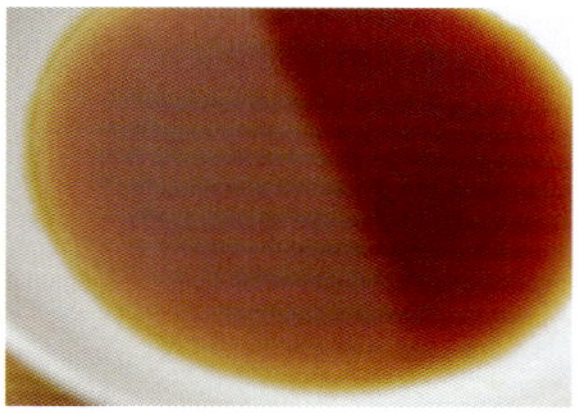

濃口醤油と酒のみで作るもっともベーシックな煮切り醤油。煮切った酒と醤油を合わせて煮立てたものだが、醤油は煮切り専用に「紫峰の滴」(柴沼醤油醸造㈱)を使う。木桶で仕込み、醸造過程で火入れをしない生醤油で、まろやかなコクを生かしている。

【　煮ツメ　】

**その名の通り、グッと煮詰めた濃厚な醤油だれ。
アナゴ、ハマグリ、煮イカなどに欠かせない。**

継ぐ 鮨政

前回アナゴを炊いた時の煮汁に、醤油とざらめ糖を合わせてとろ火で煮詰めたもの。先代の時代から継ぎ足しながら使い続ける。色は薄めで赤みが強く、塩気を少し強調している。主に煮アナゴに共だれとして使うが、シャコなどに応用することも。

鮨 わたなべ

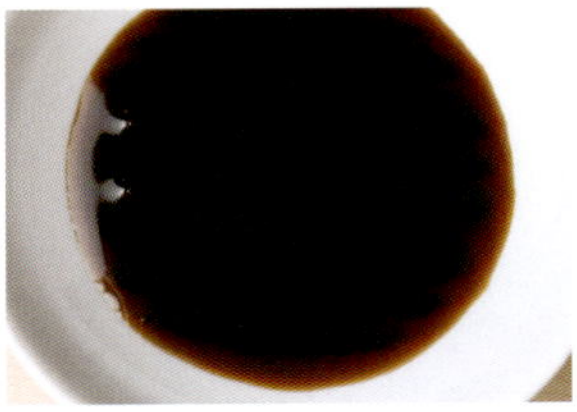

写真はアナゴ用の煮ツメ。煮アナゴの煮汁をベースに、2割量のざらめ糖を加えて煮詰め、たまり醤油でコクを加える。ハマグリのゆで汁を使ってハマグリ用を、煮イカの汁にアナゴの煮ツメを補ってイカ用を作るなど、タネに合わせて煮ツメを変える。

鮨 一新

アナゴとハマグリが旬の時季に常備する二種類の煮ツメ。アナゴは仕込むたびに残る煮汁を煮詰め、酒、みりん、濃口醤油で味と濃度をととのえ、前回までの煮ツメと合わせて使う(右)。ハマグリの煮ツメ(左)も、1シーズンごとに同様の手法で作る。

鮨 くりや川

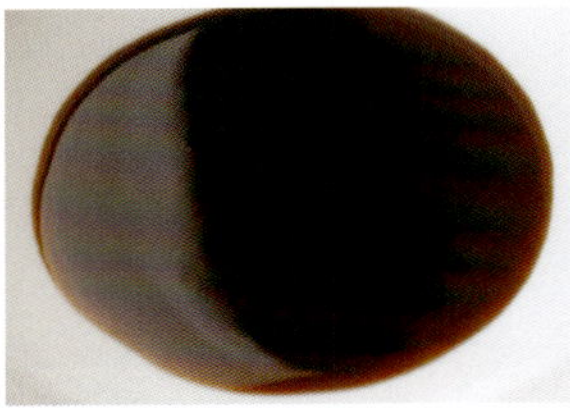

アナゴを煮た煮汁を漉して、砂糖と濃口醤油で調味し、とろっとした濃度がつくまで2時間ほど煮詰めたもの。煮アナゴにはこのシンプルな煮ツメの他、時季に合わせて柚子の皮のすりおろしや山椒などをふって味のアクセントとしている。

鮨 太一

煮アナゴ用の煮ツメ。アナゴを煮た汁に濃口醤油とざらめ糖を足して、アナゴの頭と中骨を入れてとろ火で2日間煮詰め、3日めに湯煎にかけて色も風味も濃厚に仕上げる。なくなりそうになったらアナゴの煮汁をためて、そのつど作って継ぎ足すスタイル。

すし処 みや古分店

煮ツメはアナゴ専用に一種類のみ用意する。煮アナゴを仕込むたびに残る煮汁を継ぎ足しながらためていき、約100尾分の煮汁がたまったところで砂糖と濃口醤油を加えて煮詰める。大量のアナゴの旨みが凝縮した、甘みのある濃厚な煮ツメだ。

第二章　鮨屋のつまみ

刺身
昆布締め　酢締め

刺身三種盛り
（鮨　まつもと）

突き出しの次に供する刺身の盛合せ。アマダイは1年を通して登場し、他に白身魚、貝、タコなどを組み合わせる。

作り方

①アマダイは鮨ダネと同様に仕込み（40頁参照）、2〜3日間やすませたものをやや厚めに切り分けて、皮をさっとあぶる。

②マダイは三枚におろして皮を引き、切り身にする。

③マダコは内臓を除いて塩でよくもみ、ぬめりを取る。きれいに水洗いした後、塩水（やや塩辛く感じる塩分濃度）と酒を合わせて沸かした中に入れ、落とし蓋をして40〜50分間ゆでる。ゆで上がったらザルにとって粗熱をとる。ひと口大に切る。

④①、②、③を器に盛り合わせ、すりおろしたわさびを添える。塩、または煮切り醤油を好みでつけて食べてもらう。

刺身盛合せ（すし処 めぐみ）

写真下より反時計回りに、能登産のヒラメ、アカニシ、アオリイカ、ボタンエビ。20㎝を超す大型のボタンエビは風味にもすぐれ、冬場は欠かさず供する。

作り方

①ヒラメを活け締めにする（30頁参照）。

②6〜8時間後に①を五枚おろしにし、切り身にする。

③殻付きのボタンエビを1日ねかせて甘みを引き出す。頭と内臓、卵、殻を除き、身を半分に切って尾側を刺身とする（頭側の身はあぶって握りに利用）。

④アオリイカを活け締めにしておろし、身を1〜2日ねかせて甘みを出す。皮をむいてサクに整え、片面に細かな斜めの包丁目を入れる。小片に切り分ける。

⑤アカニシ*は殻から身を取り出して内臓などを除き、身を観音開きにする。

⑥②〜⑤を皿に盛り、おろしわさびと塩*を添える。

***アカニシ**　巻き貝で標準和名はコナガニシ。全国に分布し、能登ではアカニシの名で通っている

***塩**　能登半島沖・舳倉島（へぐらじま）産の海塩を細かくすりつぶして使用

❖造り三種盛り

（すし処　小倉）

白身、赤身、光りもの、エビ、貝の中からお客の好みに応じて供する。
写真は右よりマダイの湯引き、クルマエビの踊りと頭の鬼殻焼き、ホッキガイ。

作り方

①マダイをサクに取り、皮を湯引きにして平造りにする。

②活けのクルマエビの頭をはずして殻をむき、胴部の身を取りおく。頭はあぶって殻をはずす。身と頭にすだち果汁を搾る。

③ホッキガイは殻をはずして薄膜やヒモ、内臓を除いて掃除し、身を取り出す。食べやすい大きさに切り分け、酢にさっと通す。

④笹の上に大根、きゅうり、みょうがを混ぜ合わせたけんと大葉を置き、①、②、③を盛る。すりおろしたわさびと生姜の甘酢漬け（解説省略）を添え、小皿に醤油を入れて添える。

貝の盛合せ 煎り酒

（寿司處 金兵衛）

煎り酒ですすめる貝の刺身。
トリガイ、アカガイ、アオヤギ。
「魚介の風味が引き立つ」と、
白身の刺身も煎り酒で
供することが多い。

作り方

①トリガイ、アカガイ、アオヤギ（バカガイ）をそれぞれ掃除し、適宜に切って刺身に仕立てる。アカガイはヒモも使う。

②煎り酒を作る。酒（純米酒）に羅臼昆布を浸けて一晩ねかせる。火にかけて沸騰直前に昆布を取り出す。

③②に種を抜いた梅干し（塩分濃度13.5％。赤じそ漬け）を入れ、ことことと煮て酒を七割量くらいまで煮詰める。新たに酒少量を加えて温度を下げ、かつお節（血合いのないもの）を加えて沸騰させる。数秒間おいてからザルで漉す。

④③を鍋に戻し、塩、たまり醤油で味をととのえ、沸騰させてから火からはずす。冷まして使用する。

⑤器に大根のけん、大葉を盛り、①の貝類を盛り合わせて、おろしわさびを添える。④の煎り酒を別皿に注いで添える。

❖鰹の玉ねぎ和え（鮨 福元）

おろし玉ねぎを添えたカツオの腹身の刺身。「修業時代にたまたま組み合わせて相性のよさが気に入り、この提供法に」（店主・福元氏）。

作り方

①カツオの腹身をサクに切り、厚さ5㎜に切り分ける。
②玉ねぎをすりおろし、さらし布にのせて絞り、軽く水分を抜く。
③器に①のカツオを並べ、②の玉ねぎを少量ずつのせる。醤油とともに提供する。

❖鰹のヅケ（すし家 一柳）

初ガツオを厚めの切り身にし、煮切り醤油に5分間漬けた。香り豊かなあたりねぎと生七味の薬味を添える。

作り方

①カツオを三枚におろしてサク取りし、やや厚めの切り身にする。醤油とみりんを煮切ったものに5分間漬ける。
②あさつきの小口切りをすり鉢に入れ、粘りが出るまですり、生姜の搾り汁少量を加えてあたりねぎを作る。
③①のカツオを取り出してキッチンペーパーで水分をふき取り、器に盛る。②のあたりねぎと生七味*を薬味として盛る。

***生七味**　市販のペースト風の七味唐辛子。材料は赤唐辛子、実山椒、生の生姜、生の柚子の皮、黒ごま、青海苔、塩

上り鰹と新玉ねぎ（蔵六鮨 三七味）

春到来を告げる上りガツオと新玉ねぎの組合せ。行者にんにくの薄切りを加え、歯切れのよさとにんにくに似た香りを添えた。

作り方

①カツオの上身をそぎ切りにする。

②新玉ねぎと行者にんにくを薄切りにし、それぞれ水に30分間ほどさらす。水気をよくふき取って両者を合わせる。

③割り醤油（解説省略）に、それぞれすりおろしたにんにくと生姜を少量ずつ混ぜる。

④器に①のカツオと②の野菜を盛り合わせ、③をかける。

⑤仕上げに少量のポン酢（解説省略）をふる。

鰹の藁焼き（鮨 まつもと）

藁で燻し、表面に軽く火を入れたカツオの藁焼き。調味は「燻香との相性がよい」という芥子醤油で。

作り方

①カツオを三枚におろし、皮を付けたまま身の面に多めに塩をふり、1時間ほどおく。

②①のカツオからしみ出た水分と塩をふき取る。藁焼き用の缶に藁を入れて火をつけ、煙が出てきたら大きな炎を吹き消す。缶に焼き網をのせてカツオを置き、皮面を中心に両面をあぶる。缶からはずしてそのまましばらくおき、粗熱をとる。

③②のカツオをひと口大に切って器に盛り、みょうがの薄切りなどの薬味を添える。小皿に煮切り醤油を入れ、練り芥子をたらして添える。

あらの昆布締め（匠 達広）

アラを数日間熟成後、昆布締めに。薄くぬった煮切り醤油と、芯に差し入れた細切り塩昆布を調味料に食べてもらう。

作り方

①アラ（富山湾産）を三枚におろし、皮を引いて上身にする。紙で包み、冷蔵庫で数日間熟成させる。

②絞ったぬれ布巾で真昆布をふき、1枚に塩をふって①のアラをのせる（大型の場合は縦に2等分する）。上からも塩をふり、もう1枚の真昆布をのせる。ラップ紙で包み、冷蔵庫で一晩締める。

③②のアラをそぎ切りにし、1枚ずつロール状に巻いて器に盛る。塩昆布の細切りを添え、煮切り醤油を少量ぬる。脇にすりおろしたわさびを盛る。

さごしの酢締めの炙り（鮨 太一）

サゴシはサワラの幼魚。身が柔らかいので、締めサバと同様にたっぷりの塩と酢で強めの酢締めに仕上げる。

作り方

①サゴシを三枚におろし、皮付きのまま塩で3時間締める。水洗いして水分をふき取り、米酢に漬けて1時間締める。

②①の水分をふき取り、腹骨や小骨を取り除く。

③②をひと口大に切り分けて皮を中心に焼き（内側は生の状態を保つ）、器に盛る。

金目鯛つけだれ焼き霜造り（鮨 くりや川）

醤油ベースのたれをつけてさっとあぶり、再度たれに浸して旨みをのせた。手作りの酢昆布を細かくたたき、味のアクセントに。

作り方

①キンメダイを三枚におろしてひと口大に切り分け、皮につけだれ*をぬる。皮のみを焼き、熱々の皮を再度つけだれに浸す。

②酢昆布を作る。適宜の大きさに切った日高昆布を米酢に浸し、蒸し器に入れて柔らかくなるまで蒸す。ザルに上げて水分をきり、全面に粉糖をごく薄くまぶしつける。粗熱をとって、包丁で細かくきざむ。

③①を器に盛り、②の酢昆布を少量のせる。好みでおろしわさびを添える。

***つけだれ** 醤油、酒、みりんなどを合わせた自家製のたれ

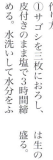

鰆のヅケ（鮨 まるふく）

塩で締め、表面をあぶったサワラをヅケに。1日漬けて、たれから引き上げた後、さらに1日ねかせて旨みを引き出す。

作り方

①サワラを三枚におろし、皮付きのまま両面に塩をふる。大型の場合で30～40分間おく。

②①の塩分を水で洗い流し、水分をふき取る。金串を打ち、皮目は焦げ目がつくまで、内側の身は表面に薄く焼き色がつくまであぶる。

③②の金串をはずし、氷水にとらずに熱々のままヅケだれ*に直接漬けて、冷蔵庫で1日ねかせる。

④③のヅケだれからサワラを取り出して表面のヅケだれをふき取り、紙で包んで密閉し、冷蔵庫で1日ねかせる。

⑤④をひと口大に切り分けて器に盛り、赤柚子こしょうをごく少量のせる。

*ヅケだれ　みりん、酒を煮きり、醤油とかつおだしを加えて煮立てて、冷ましたもの

金目鯛の炙り（西麻布 鮨 真）

皮付きのキンメダイの切り身を焼き網でさっとあぶった。事前に塩で締め、冷蔵庫で風に当てたり、脱水シートで吸水して旨みを濃縮する。

作り方

①キンメダイ（千葉県銚子産）を三枚におろす。皮付きのまま両面に塩をあてて30分間ほどおき、余分な水分を抜く。流水で洗い流し、紙で水分をふき取ってから、冷蔵庫に20分間ほどおいて身の中の水分をさらにしみ出させる。再び流水で洗い、紙で水分をふき取る。

②皮を下にして①を竹ザルにのせ、冷蔵庫内の風のあたる場所に50分間ほどおいて表面の水分をとばす。脱水シートで包んで冷蔵庫で4～5時間ねかせる。

③②をひと口大の切り身にし、強火で熱した金網にのせて両面をさっとあぶる。

④③を2～3枚分器に盛り合わせ、大根おろしをのせて、土佐酢、ポン酢をかけ、一味唐辛子をふって、やっこねぎ*の小口切りを盛る。

*やっこねぎ　高知県で栽培されている青ねぎを若採りした小ねぎの一種

❖熟成鯖の酢昆布締め（鮨　まるふく）

締めサバを米酢と酒でもどした酢昆布で包み、2日間ねかせた。盛りつけ時に生姜の甘酢漬けを挟み、白板昆布で包む。

作り方

①酒と米酢を合わせた中に、昆布締め用の薄い真昆布を10分間ほど浸してもどし、酢昆布にする。

②大きめのラップ紙の上にキッチンペーパーを敷き、①の酢昆布をのせて、三枚におろした締めサバ（解説省略）を置く。上にも酢昆布をのせ、全体をキッチンペーパーとラップ紙で包む。ビニール袋に入れて空気を抜き、冷蔵庫で2日間ねかせる。

③白板昆布を水、米酢、砂糖、塩、醤油を沸かした煮汁でさっと煮て、煮汁に漬けたまま冷ます。使う際に適宜の大きさに切り分ける。

④②のサバを、皮をはずして薄切りにする。生姜の甘酢漬け（解説省略）をきざんだものを挟み、大葉をのせて③で包む。

⑤④を器に盛り、煮切り醤油をぬっておろしわさびをのせ、すりごまをふる。

❖締め鯖（寿司処　金兵衛）

酢に浸す時間が10分間と短く、軽い酢締めに仕立てているのが特徴。半生のねっとりした食感と、さっぱりした風味が味わえる。

作り方

①サバを三枚におろし、皮付きのまま大量の塩をまぶして2時間半ほどおく。水洗いして、水分をふき取る。

②穀物酢にごく少量の砂糖を加え、①のサバを10分間漬けて酢締めにする。水分をきり、小骨を除く。バットなどに並べ、ラップ紙をかけて冷蔵庫で保管する。

③提供時に②のサバの薄皮をむいてひと口大に切り、大葉、大根のけんとともに盛りつける。青ねぎの小口切りと生姜のせん切りをあしらう。

秋刀魚の酢締め（寿司處 金兵衛）

旬のサンマを軽く酢で締めて刺身に。酢には昆布の旨みを加えてサンマの脂っぽさを抑えている。かんずりを添えて供する。

作り方

①サンマを三枚におろし、皮付きのまま塩をふって30分間おく。水洗いして、水分をふき取り、そのまま30～40分間やすませながら水分をきる。

②穀物酢に少量の砂糖と昆布を入れて漬け汁を作り、①のサンマを入れて10分間弱締める。水分をきってボウルに立てかけて並べる。ラップ紙をかけて冷蔵庫で保管する。

③提供時に②のサンマをひと口大に切り、大葉、大根のけんとともに盛りつける。かんずりおろし*をあしらう。

* **かんずりおろし**　かんずりは新潟県産の唐辛子味噌。赤唐辛子を塩漬け後、米麹や塩とともに3年間ほど発酵熟成させたもので、ここでは市販の瓶詰品を大根おろしに混ぜて使った

秋刀魚の炙り（銀座 いわ）

皮目のみを香ばしくあぶったサンマの刺身。そぼろ状にして甘辛く味をつけたサンマの肝臓と、おろし生姜を皮の上に少量ずつ盛る。

作り方

①サンマの頭を落として内臓を取り出し、肝臓を取りおく。身を三枚におろし、皮に塩をふって皮目のみあぶる。

②①で取りおいた肝臓を乾煎りして水分をとばし、塩、酒、みりん、醤油で調味する。

③①の身を食べやすい大きさに切り、皮を上にして器に盛る。②の肝臓とおろし生姜を少量ずつのせる。

❖鯵の造り（西麻布 鮨 真）

アジの刺身の上にのせたのはあさつきと大葉を粘りが出るまですり鉢ですり、生姜汁を加えた薬味。アジの握りにも使っている。

作り方

①アジ（鹿児島県出水産）の頭を落とし、背から一枚開きにして、中骨や腹骨を除く。

②①に塩をあてて10分間ほどおき、余分な水分を抜く。流水で洗い流し、背ビレや尾ビレを切り取って身を二枚に切り分ける。

③②を酢水にくぐらせ、紙で水分をふき取って皮を引く。

④③をひと口大に切り、皮側に数本の切り目を入れる。

⑤あさつきと少量の大葉をすり鉢に入れ、粘りが出るまですり合わせる。生姜の搾り汁を少量加え混ぜる。

⑥④のアジの切り身を器に盛り、煮切り醤油をぬって⑤の薬味をのせる。

❖細魚の昆布締め 糸造り（鮨 渥美）

細く切り分けた昆布締めのサヨリに芽ねぎとうずらの卵を添えて。全体を混ぜて食べてもらう。

作り方

①サヨリ（長崎県産）の頭と内臓を除き、腹から一枚に開く。中骨と腹骨をすき取る。水洗いして水分をふき取り、塩をふって3分間ほどおく。再度水洗いして水分をふき取る。

②真昆布を甘酢（穀物酢に砂糖を溶かしたもの）でさっとふく。

③②の昆布2枚で①のサヨリを挟み、ラップ紙などで包んで冷蔵庫で5時間ほど締める。

④③のサヨリを取り出し、斜めに細切りにして器に盛る。うずらの全卵、京丸姫ねぎ*、おろしわさびを添える。

*京丸姫ねぎ　静岡県が認定する「しずおか食セレクション」の食材の一つで、鮨店と共同開発した芽ねぎ

鰯酢締めの巻きもの（鮨 太一）

柔らかく締めたマイワシの酢締めを、大葉、みょうが、生姜の甘酢漬けを芯にして海苔巻きに仕立てた。

作り方

①イワシの酢締めを作る（80頁参照）。

②①のイワシを真ん中で切り分けて半身にし、それぞれ、身の厚い部分を片開きにする。

③あぶった海苔に②のイワシ2枚を並べ、大葉、生姜の甘酢漬け（解説省略）の薄切り、みょうがの薄切りをのせて海苔巻き状に巻く。輪切りにして器に盛る。

④大葉、生姜の甘酢漬け、みょうがを飾る。

穴子の落とし（継ぐ 鮨政）

締めたてで身に透明感のある新鮮なアナゴに細かい切り目を入れて湯引きにし、梅干しやわさび菜のお浸しを添えて供する。

作り方

①アナゴを一枚に開き、湯引きにする（１４８頁参照）。

②①のアナゴの水気をふき取り、ハモの落としと同じ要領で、端から細かく包丁で切り目を入れながら、2〜3㎝幅で切り落とす。

③沸かした湯に酒を少量入れ、②のアナゴを入れてさっと火を通し、湯をきる。

④③を器に盛り、梅肉（自家製の梅干しを使用）とすりおろしたわさび、わさび菜のお浸し（解説省略）、きゅうりのせん切りを添える。

鮎の刺身 うるか味噌（すし豊）

1尾を食べ尽くす天然の活けアユ料理。身は刺身に、内臓はうるか味噌に仕立てる。アラや皮は片栗粉をまぶして揚げものに（２４８頁）。

作り方

①活けのアユ（天然）を氷水で締めて三枚におろす。身、内臓、アラ（頭、カマ、中骨、腹骨、胸ビレ）をすべて取りおく。

②①の身は皮を引き、氷水で洗って水分をふき取る。ひと口大に切り分けて、みょうがの葉を敷いた器に盛り、薬味（たでの葉、みょうがのせん切り、わかめ、むら芽、菊花、すりおろしたわさびなど）を添える。

③うるか味噌を作る。①の内臓を同量の米味噌とともに包丁で叩き、容器に入れて天火で両面をこんがりと焼く。たでの葉を敷いた小皿に少量を盛る。

あおり烏賊の薄造り（西麻布　鮨　真）

「アオリイカの甘みがダイレクトに舌にあたる」（店主・鈴木氏）という極薄のそぎ切りで供する。相性のよいアカウニを添えることも多い。

作り方

①アオリイカ（徳島県産）を一枚に開いて内臓と脚を取り除き、ミミと外側の厚い皮を一緒にむき取る。身を縦に4等分する。両面とも薄皮が数枚付いているので、盛り箸（金属製菜箸）を皮と身の間に挿し込み、包丁で引く時のような要領で盛り箸を端から端へ動かして皮をむき取る。

②①の身の表面にほぼ平行に包丁目を入れてから極薄のそぎ切りにする。数枚を器に盛り合わせ、すだち果汁を搾って塩をふる。おろしわさびを添える。

甘海老の昆布締め（銀座　鮨青木）

白身魚が一般的な昆布締めを、店主・青木氏はエビ、小柱、ヤリイカでも作る。昆布の苦みや塩分が出すぎないよう素材ごとに調整する。

作り方

①アマエビの頭と殻を除き、むき身にする。

②羅臼昆布に米酢をぬり、①のアマエビをのせて軽く塩をふる。その上に、乾いた布巾で塩分をふき取った羅臼昆布をのせ、全体をキッチンペーパーで挟んでラップ紙で包む。

③②を常温で1～2時間おいてなじませてから、冷蔵庫で8時間ほどねかせる。

④③から昆布をはずし、アマエビのみを器に盛る。アマエビに卵があれば少量をのせる。

❖白海老の昆布締めと雲丹（蔵六鮨 三七味）

富山湾特産のごく小さいシロエビをウニとともに。「シロエビは昆布で数時間締めて、味をなじませるとおいしい」と店主・岡島氏。

作り方

①むき身のシロエビに塩をごく薄くまぶして20分間おく。

②酒に30分間浸してもどした羅臼昆布の表面をふく。同型のステンレスバットを2枚用意し、一方に昆布を置いてその上に①のシロエビをまんべんなく同じ高さに広げ、その上にもう一枚の昆布をのせる。もう一枚のステンレスバットを重ね、輪ゴムで縛って軽く圧力を加える。冷蔵庫で4時間なじませる。

③カクテルグラスに②のシロエビを盛り、バフンウニをのせてすりおろしたわさびを天に盛る。醤油を少量たらして食べてもらう。

❖塩水雲丹（鎌倉 以ず美）

新鮮な塩水ウニを冷水で塩出しした後、水分を充分にきって獲りたての粒の美しさを再現。提供時に粗塩を少量ふる。

作り方

①塩水ウニ＊の塩水をきり、ウニを冷水に5分間ほど浸して塩分を抜く。

②①をザルに上げ、冷蔵庫でしばらくやすませて水分をきりながら粒の形をふっくらとさせる。

③②を器に盛り、粗塩をふって浜防風を添える。

＊**塩水ウニ**　海水と同じ塩分濃度の塩水に浸して流通される生ウニ。なお、今回使っている種類はエゾバフンウニ

珍味

❖春のからすみ（すし豊）

すし豊では冬のボラの他に、春や秋にも各種魚介でカラスミを手作りする。
写真奥からサワラの卵巣、モンゴウイカの白子、ブリの卵巣。

作り方
①サワラとブリの卵巣を取り出して水洗いする。包丁の背で表面をなぞりながら血管から血を抜く。モンゴウイカの白子も取り出して水洗いし、ともに水分をふき取る。
②密閉容器に塩麹（自家製）を入れ、①の卵巣と白子を埋めて蓋をし、冷蔵庫で約2週間漬ける。
③②の卵巣と白子を取り出し、焼酎できれいに洗って、水分をふき取る。
④③をザルに並べ、さらしをかけて冷蔵庫へ入れる。時々表裏を返して約2週間かけて乾燥させる。
⑤④をビニール袋に入れて空気を抜き、冷蔵庫で保管する。
⑥⑤を薄く切り、器に盛る。

からすみ（銀座 鮨青木）

冬に1年分を仕込む自家製カラスミ。数種類の香草をまぶしたハーブ風味のカラスミを作ることもある。

作り方

①ボラの卵巣をスプーンで軽くしごいて血液を抜く。塩をまぶし、ラップ紙をかけて冷蔵庫に1日おく。

②①の卵巣を取り出し、塩を除く。濃いめに作ったかつおだしを冷まし、酒で割って卵巣を漬ける。冷蔵庫に1日おく。

③②の卵巣の水分をふき取り、2枚の板で挟んで薄く平らに固定する。干物用干し籠に入れ、屋外の風通しのよい所に吊るして3日〜1週間干す。

④③の卵巣の周囲が硬くなってきたら板をはずし、再度干し籠に入れて2日間ほど干す。

⑤④を脱水シートで包み、冷蔵庫に約1ヵ月間おいて、水分や脂肪分をゆっくりと抜く。この間、脱水シートは毎日取り換える。

⑥完成間近になると表面に薄くカビが生えてくるので、きれいに薄皮をむき取る。1本ずつ専用の袋に入れて真空にかけ、冷凍庫で保管する。

⑦提供時は、袋に入れたまま解凍する（前日に冷蔵庫へ入れる、または当日に水に浸けたり、常温におく）。薄く切り分けて器に盛る。

からすみ（鮨 一新）

通常の7割ほどの塩分に抑えて作ったカラスミを厚めに切り、両面を炭火であぶって供する。

作り方

①ボラの卵巣（1腹500g前後の大ぶりのもの）を仕入れ、血抜きする。塩をまぶして冷蔵庫で2〜3週間漬ける。その間に毎日位置を変えたり裏返したりして均等に塩をまわす。

②①の卵巣を水洗いし、水気をふき取ってから同割で合わせた酒と焼酎に約2日間浸けて塩抜きする。全体が均一に耳たぶほどの柔らかさにもどったら取り出す。

③②の水気をふき取り、ラップ紙を敷いたザルに並べて、上にザルを重ねる。天日で20〜30日間干す。

④③を厚さ1㎝ほどに切り、炭火で両面を香ばしく焼く。大葉を敷いた器に盛る。

塩辛三種 （鮨 一新）

右からスミイカの子、新サンマ、真牡蠣の各塩辛。他にカマス、イカ、バクライ（ホヤとコノワタを合わせた塩辛）なども仕込む。

作り方

スミイカの子の塩辛

春に抱卵するスミイカから卵を取り出し、塩をまぶして瓶詰めする。冷蔵庫に入れ、毎日かき混ぜて熟成させる。2～3日後から食べられ、3～4ヵ月間は保存できる。

新サンマの塩辛

①初夏に揚がる新サンマの内臓を取り出し、ウロコや汚れをていねいに除く。酒で洗った後、水気をふき取る。

②①に塩をまぶして瓶詰めし、冷蔵庫において毎日かき混ぜながら約半年間熟成させる。

真牡蠣の塩辛

①真牡蠣の殻をはずしてむき身にし、酒塩でよく洗う。取り出して水分をふき取る。

②密閉容器にザルを置いて①の牡蠣をのせ、塩をまぶして冷蔵庫で1週間おく。その間、毎日表裏を返し、しみ出してくる水分をきる。1週間で水分が抜けてかなり小さくなる。

③②の牡蠣を別のザルにのせ、むき出しで冷蔵庫に1週間おいて半乾きにする。この間も毎日表裏を返すなどして均一に水分をとばす。

④③を2～3等分し、瓶に詰めて冷蔵庫に入れ、毎日かき混ぜながら約半年間熟成させる。

塩辛の雲丹のせ（新宿 すし岩瀬）

スミイカとシロイカの切り身をスルメイカのワタで和え、熟成。味噌とみりんを隠し味に忍ばせた。

作り方

①スルメイカから、薄皮を破らないようにして内臓を取り出す。内臓に塩をまぶし、冷蔵庫に3日間入れて熟成させる。水洗いして表面の塩を流し、水分をふいて裏漉しする。

②スミイカ（コウイカ）とシロイカ（ケンサキイカ）の皮をむき、身を細い棒状に切る。

③①のワタと②の身を混ぜ、先端を熱々に熱した金串でかき混ぜ、殺菌する。少量の米味噌（酒造用米麹で造ったもの）とみりんで調味し、冷蔵庫に1～2日間入れて熟成させる。

④③を器に盛り、バフンウニ（塩水漬け）をのせる。

塩辛（鮨 はま田）

スルメイカの身を陰干しして旨みを凝縮してから細切りに。塩漬けしたワタと和える。

作り方

①スルメイカから内臓を取り出し、塩をまぶして1日冷蔵庫でねかせる。水洗いして水分をふき取り、裏漉しする。

②①のスルメイカの身を開いて薄皮を除き、水洗いする。水分を拭き取り、陰干しにする（イカの状態により半日～2日間）。

③②を細切りにし、①のワタで和える。1日に5回ほどよくかき混ぜながら、冷蔵庫で熟成させる。翌日から提供できるが、3～4日間おいたほうが、熟成が進んで旨みが出てくる。

④③を器に盛る。

烏賊の塩辛（㐂寿司）

10月～翌4月に青森と北海道で揚がるスルメイカで仕込む。裏漉しして調味したワタと身を和え、1日ねかせて提供。

作り方

①スルメイカの脚と頭、内臓、軟骨を抜き取り、胴部をきれいに洗う。脚は他の料理に利用し、塩辛用に内臓と胴部の身を取りおく。

②①の内臓を裏漉しし、塩、酒、醤油で調味する。

③①の胴部の身は一枚に開いて皮をむき、細い棒状に切る。

④②のワタと③の身を混ぜ合わせ、冷蔵庫で1日以上ねかせてから、器に入れて提供する。

❖塩辛

（鮨処　喜楽）

スルメイカの身とワタを約2ヵ月間塩漬けした濃厚な市販の塩辛と、店で一夜干しにしたケンサキイカの身を和えて。

❖熟成塩辛

（木挽町　とも樹）

スルメイカの身とワタを熟成させた自家製塩辛。毎日かき混ぜて状態を確認し、1〜2ヵ月目に提供する。

❖鮑の肝塩辛とマスカルポーネ

（銀座　鮨青木）

アワビの肝、ヒモ、歯をそれぞれに仕込んで塩辛を作り、イタリア産フレッシュチーズのマスカルポーネで和えた。

❖鮑の肝の味噌漬け

（鮨　太一）

苦みとコクがあるアワビの肝に、甘じょっぱい練り味噌の風味が加わった味噌漬け。蒸しアワビに添えることが多い。

作り方

①ケンサキイカのミミと脚を用意する。立て塩に20分間ほど漬ける。

②バットにキッチンペーパーを敷き、①のミミと脚の水分をきってのせ、そのまま冷蔵庫に一晩おいて生乾きにする。

③②を食べやすい大きさにきざみ、イカの塩辛(青森県産。市販品)に混ぜ合わせる。

④③を器に盛り、青柚子の皮のせん切りを添える。

作り方

①スルメイカから内臓を取り出し、水洗いして水分をふき取る。身は取りおく。

②ボウルの上にザルを重ねてべた塩をし、そこに①の内臓をのせて再度べた塩をする。途中で2回ほど塩を取り替え、10～14日間冷蔵庫で塩漬けする。

③①で取りおいたイカの身(ミミも含む)の皮をむき、濃いめの立て塩で洗う。水分をふき取り、2日半ほど天日で干して硬めに乾燥させる。

④③を調理ばさみでごく細く切り、容器に入れる。

⑤②のワタを水洗いし、水分をしっかりふき取る。薄皮をはずして中身を④に入れ、天日干しの塩と酒、少量のみりんを加えて木ベラでよく混ぜる。冷蔵庫に入れ、毎日かき混ぜて状態を見ながら熟成させる。イカの身のもどり具合(柔らかさ)に応じて、必要なら酒とみりんを少量ずつ加える。

⑥イカの身が柔らかくなる3週間目くらいから提供可能。少量を小鉢に盛って供する。

作り方

アワビの塩辛4種

①アワビの肝を二枚に開き、塩をまぶして冷蔵庫で1日おいた後、酒に浸して2日間おく。

②煮アワビに使った煮汁(解説省略)でアワビの肝を30分間ほど煮る。水分をふき、裏漉しして塩をふる。

③アワビのヒモ(肝につながっている細い管状の内臓)に塩をまぶして冷蔵庫で1日おいた後、酒に浸して2日間おく。

④アワビの歯(口部分にある上下2片の歯)を包丁で小さく切り、塩をまぶして冷蔵庫で1日おく。酒に浸して2日間おく。

仕上げ

①アワビの塩辛4種をすべて合わせ、細かく叩いたホタテの干し貝柱と干しエビを加え混ぜる。冷蔵庫で2～3日間おいて味をなじませる。

②マスカルポーネに塩と少量のうま味調味料を加えて練り、冷蔵庫で1日おく。①を加え混ぜて、器に盛る。

作り方

①アワビの肝を殻から取り出し、丸ごと酒に浸して蒸し器に入れる。強火にかけると破裂するので、はじめは弱火にかけ、火が入りはじめたら中火にして40分間蒸す。取り出して冷ます。

②米味噌を酒とみりんでのばし、火にかけて軽く練り合わせる。冷まして①の肝を入れ、2日間漬ける。

③②から肝を取り出して味噌をふき取り、小さく切り分けて器に盛る。

❖牡蠣の塩辛（鮨 太一）

牡蠣の身を丸ごと、ひと晩塩漬けした塩辛。冬は真牡蠣、夏は岩牡蠣で仕立てる。殻にたまっている海水を利用した二杯酢とともに。

作り方

①殻付きの牡蠣の殻を開け、身を取り出す。殻にたまっている海水を別にボウルに入れて取りおく。むき身を水洗いし、水分をふき取って塩をし、冷蔵庫で一晩おく。

②取りおいた①の海水を漉し、二杯酢（解説省略）を混ぜて牡蠣酢とする。

③①の塩漬けした身を3〜4個に切り分けて器に盛り、②の牡蠣酢をかける。

❖帆立卵巣の刺身（西麻布 拓）

早春の産卵期に赤く色づく北海道産ホタテガイの卵巣を刺身で。口あたりがなめらかで風味も際立つ。

作り方

①ホタテガイ（北海道野付産の天然物）から卵巣を取り出し、横から包丁を入れて2枚に切り分ける。内側にある消化腺を取り除き、きれいに水洗いする。水気をふき取って数枚のそぎ切りにする。

②①を器に盛り、塩と白ネギのみじん切りをふり、ごま油をかける。

❖ 蛸の肝と卵（すし処 小倉）

活けダコの肝（写真右）と卵巣（左）を、タコの醤油煮と同じ煮汁で煮た。常温に冷めて締まった頃が食べ時。

作り方

①マダコの胴部から肝と卵巣を取り出して水洗いする。

②さらしで①の肝と卵巣をそれぞれ包み、タコの醤油煮の煮汁（118頁参照）に入れて、マダコの脚と一緒に1時間弱煮る。取り出して粗熱をとり、冷蔵庫で保管する。

③提供直前に②を切り分けて器に盛り、煮ツメ（解説省略）をたらし、すりおろしたわさびを添える。

❖ 茶ぶり海鼠のこのわた和え（鮓 きずな）

番茶でさっとゆでて色出しし、かつ生臭みを取った茶ぶりナマコをポン酢に漬け、生の腸とコノワタで和えた。

作り方

①ナマコ（兵庫県明石産）を塩でもみ洗いし、ぬめりを取る。水洗いした後、沸騰した番茶に入れて1～2分間ゆでる。冷水で洗って締める。

②①のナマコの両端を切り落とし、縦に二等分して内臓を取り出す。腸を取りおき、身は水洗いして小片に切る。すだちを使った自家製ポン酢に1時間ほど漬けてから、水気をきって保管する。

③②で取りおいた腸は中の汚れを除いて洗い、水分をふき取って細かく切る。包丁で細かく叩いたコノワタ（ナマコの腸の塩辛。市販品）を合わせて、②の身を和える。

④器に③を盛り、柚子皮の細切りを添える。

鯖のへしこ 豆腐よう すっぽんの卵の味噌漬け （継ぐ 鮨政）

サバをぬか漬けしたへしこ、沖縄の島豆腐を紅麹に漬けた豆腐よう、スッポンの内子の味噌漬け――自家製の珍味3種を盛合せに。

作り方

鯖のへしこ（写真奥）

①頭と内臓を除いたサバを1尾丸ごと、たっぷりの塩で長期間漬ける。現在使っているものは4年間漬けたもの。

②①のサバの塩を洗い流し、水気をふく。調味したぬか床に8ヵ月間漬ける。

③②から適量を切り出し、ぬかを除いて軽くあぶる。

豆腐よう

①木綿豆腐を2～3㎝大に切り、塩をまぶす。密封して、冷蔵庫でやや硬くなるまで数日間おく。

②①の豆腐をザルなどにのせて水きりができるようにし、むき出しのまま冷蔵庫に入れる。途中で何度か返しながら、乾燥してやや硬くなるまで数日間おく。

③ジャム状の紅麹（瓶詰の市販品）を酒などの調味料でのばす。②の豆腐を漬けて密閉し、冷暗所で半年間発酵させる。

④③から豆腐ようを取り出して器に盛る。

すっぽんの卵の味噌漬け

①スッポン（メス）をさばいて卵（内子）を取り出す。薄皮などを除いて洗い、1粒ずつにほぐす。

②米味噌（自家製）、みりん、醤油を混ぜ合わせて味噌床を作る。

③②の味噌床の半量にガーゼを敷いて①の卵を並べる。ガーゼをかぶせて残りの味噌床をのせ、冷蔵庫で約1週間漬け込む。

④③の卵を取り出して器に盛る。

口子の生干し（西麻布 拓）

三角のものは生のナマコの卵巣（クチコ、コノコ）の生干し。四角のものは卵巣の塩辛を酒でのばし、干したもの。ともに炭火であぶって仕上げる。

作り方

①ナマコの卵巣を、ヒモなどに約10本ずつまとめてかけ、先端をまとめて三角形に形作る。室温にひと晩おいて生干しにする。

②ナマコの卵巣の塩辛（市販品）を酒でのばして塩分をととのえてから、広げたラップ紙に少量ずつのせてのばす。そのまま2日間おいて乾燥させる。

③①と、ラップ紙をはがした②を、炭火で焦がさないようにゆっくりとあぶり、器に盛り合わせる。

生海老の酒盗漬け（鮨 太一）

シマエビ（写真）やボタンエビなど、身の柔らかな中型のエビで作る酒盗漬け。コクのある酒盗が格好の調味料に。

作り方

①シマエビの頭と殻をはずして身を取り出す。

②カツオの酒盗（市販品）に酒と塩を加えて沸かし、火からはずして冷ます。①のシマエビを入れ、冷蔵庫で半日間漬ける。

③②からシマエビを取り出して2尾分を松葉串に刺し、器に盛る。

鯨ベーコン（継ぐ 鮨政）

クジラのふたつの部位の盛合せ。ウネスは塩漬けと下ゆで後、燻製に。百畳はゆでて脂を落として提供する。

作り方

①ミンククジラ（またはイワシクジラ）のウネス*の塊を数日間、塩漬けする。

②①の塩を洗い流し、中心に火が入るまでゆでる。

③②の水気をふき取り、適宜の大きさに切る。桜のチップを燻した燻製器で軽くスモークする。

④クジラの百畳*を適宜に切り分ける。塩湯で数回ゆでこぼして余分な脂を落とす。湯をきって冷ます。

⑤③のウネスを薄切りにし、④の百畳はひと口大に切って器に盛り合わせる。和芥子と青首大根の飾り切りを添える。

*ウネス　クジラの下あごから腹にかけての縞模様の部位
*百畳　クジラの第一胃

和えもの　酢のもの　たれ漬け

小柱の胡麻ソース和え（銀座　いわ）

白ごまの和え衣にごま油と大葉のせん切りをプラス。「もともとはごま状の斑点が特徴のゴマサバ用に考案した和え衣を小柱に応用」と店主の岩氏。

作り方

①小柱*を水洗いしてザルで水きりする。キッチンペーパーにのせて水分をふき取り、砂、殻、皮などがあれば取り除く。

②白ごまを炒ってすり鉢ですり、砂糖、醤油、かつおだし（解説省略）、ごま油少量で味をととのえる。

③②の和え衣で①の小柱を和え、最後に大葉のせん切りを加えて和える。塩または醤油で味をととのえて器に盛る。

***小柱**　アオヤギ（バカガイ）の貝柱

菊菜の胡桃和え（すし処　みや古分店）

浸け地に浸して旨みを含ませた菊菜を白和えに。和え衣には粗きざみのくるみを合わせ、コクと香ばしさを加えた。

作り方

①菊菜の葉を塩ゆでし、冷水に取る。水分を絞って粗くきざむ。

②かつおだし（解説省略）、白醤油、みりんで浸け地を作り、①の菊菜を浸して味を含ませる。

③水分を絞った木綿豆腐、練りごま、砂糖、塩をすり鉢ですり混ぜ、白和えの衣を作る。②の菊菜を水気をきって入れ、煎って粗くきざんだくるみとともに和える。

④③を器に盛り、糸がつおをのせる。

❖鯵のなめろう（鮨 渥美）

店主の渥美氏は、なめろうを魚も薬味も季節に応じてアレンジする。味噌は砂糖、酢、かつおだしを混ぜた甘酸っぱい仕立て。

作り方

①マアジ（鹿児島県産）の頭と内臓を除き、三枚におろして腹骨、小骨もていねいに取る。水洗いして水分をふき取り、皮を引く。両面にひと塩をして3～5分間ほどおく。再び水洗いして水分をふき取り、包丁で叩く。

②信州味噌、砂糖、穀物酢、かつおだしを練り合わせる。

③ボウルに①のマアジを入れ、②の合わせ味噌、それぞれきざんだみょうがとうるい、おろし生姜を入れて練り合わせる。

④食用菊の花びらを、穀物酢を加えた湯でさっとゆでる。水にさらして水分を絞る。

⑤器に③を盛り、うるいの葉を添えて④の菊の花びらを盛る。全体を混ぜて食べてもらう。

❖鰻肝とろ（すし豊）

蒲焼き風の甘辛いたれでつけ焼きにしたウナギの肝に、おろした長いもをかけた。ウナギは肝のみを仕入れて料理に仕立てる。

作り方

①ウナギの肝をまとめて仕入れ、水洗いして水分をふき取る。たれ（醤油、酒、みりん、砂糖）をまぶして蒲焼き風に鍋焼きにする。容器に入れて冷蔵庫で保管する。

②注文が入ったら①の肝を天火で温め、再びたれをからませて粉山椒をふる。

③器に②の肝を数個盛り、すりおろした長いもをかける。中心にうずらの全卵を落とし、すりおろしたわさびを添えて供する。全体をよくかき混ぜて食べるようすすめる。

❖つくねいもの紫雲丹和え（鮨 福元）

身の詰まったつくねいもを拍子木切りにしてムラサキウニを混ぜ、醤油で味つけ。ウニが濃厚なソースのような味わいに。

作り方
①つくねいもの皮をむき、拍子木切りにして揃えて器に盛る。
②①にムラサキウニをのせ、すりおろしたわさびを盛る。醤油をかけて和えて食べてもらう。

❖生しらすのジュレ（鮨 渥美）

煮ハマグリのゆで汁がベースの旨みのあるゼリー。シラスの他、季節に応じてウニ、エビ、アナゴ、野菜などを組み合わせる。

作り方
①煮ハマグリのゆで汁とかつおだし（ともに解説省略）を同割で合わせて温め、酒、塩、醤油で味をととのえる。冷水でもどしたゼラチンを入れて溶かし、漉す。鍋底に氷水をあてて粗熱をとる。
②桜の花の塩漬けを水に浸して塩抜きし、水分を絞る。
③器に②の桜の花を入れて①を流す。冷蔵庫で冷やし固める。
④③の上に生シラス（静岡県御前崎産）を盛り、おろし生姜をのせて供する。

のれそれ（鎌倉　以ず美）

1月後半の走りの時季に、春の息吹を感じてもらうべく提供するアナゴの稚魚。生のまま調味し、のどごしのよさを味わってもらう。

作り方

①ノレソレ（アナゴの稚魚）を水洗いしてザルにとり、水気をよくきる。

②①をカクテルグラスに盛り、うずらの卵黄、小口切りのあさつきをのせて割り醤油（解説省略）をかける。

のれそれそうめん（鮓　きずな）

三杯酢など酸味のある味つけが一般的なノレソレを、イカそうめんからの発想で麺つゆ仕立てで供する。

作り方

①ノレソレ（アナゴの稚魚）を塩水で洗ってぬめりを取り、ザルに上げて水分をきる。

②器に①のノレソレを盛り、そうめんつゆ*を張る。

③ながいもを包丁で細かく叩いて②に盛り、おろし生姜、あさつきの小口切り、花穂じその花を添える。

***そうめんつゆ**　かつおと昆布でとっただしを醤油とみりんで調味し、冷やしたもの

❖白身魚の皮と貝ひものポン酢和え（㐂寿司）

ヒラメやタイの皮をゆでて冷やすことで硬く締め、細切りに。マグロの皮、タイラガイのヒモなども加えて味わいに変化をつける。

作り方

①ヒラメ、タイ、マグロなどを掃除した際に出る皮を水洗いし、さっと湯通しする。

②①に付いている血合いや汚れを取り除き、再度水洗いする。水分をふいて冷蔵庫で冷やす。冷えて硬くなったら細切りにする。

③タイラガイのヒモのぬめりをこそげ取り、水洗いして水分をふき取って、小片に切る。

④きゅうりを皮ごと、半月形の薄切りにする。

⑤②の皮、③のヒモ、④のきゅうりを合わせ、ポン酢*で和える。

⑥⑤を器に盛り、あさつきの小口切りともみじおろしを添える。

***ポン酢** だいだいの果汁、酒、みりん、醤油、赤唐辛子を混ぜ合わせた自家製品

❖青柳と胡瓜の酢味噌和え（蔵六鮨 三七味）

軽く火入れをしたアオヤギときゅうりの塩もみの酢味噌和え。アオヤギは北海道・苫小牧産の大型で色鮮やかなものを使う。

作り方

①アオヤギ（バカガイのむき身）を水から火にかけ、約70℃まで熱する。身が鮮やかなオレンジ色になったら冷水にとる。

②①のアオヤギの水気をふき、形を切り整える。

③器に②と塩もみしたきゅうり（解説省略）を盛る。酢味噌（西京味噌、米酢、みりん、醤油、砂糖）を添え、炒った白ごまをふる。

菜の花と蛍烏賊の黄身酢醤油がけ（鮨まつもと）

塩ゆでした菜の花と浜ゆでのホタルイカを合わせた春の和えもの。たれの黄身酢醤油はコクのある濃いめの味にととのえた。

作り方

①適当な長さに切った菜の花をさっと塩ゆでし、冷水にとって水気を絞る。

②ホタルイカ（浜ゆでのもの）から眼、クチバシ、軟骨を取り除く。

③卵黄に醤油と米酢（千鳥酢）を加え、湯煎にかけながら混ぜ合わせる。とろみが出るまで火を入れ、黄身酢醤油とする。

④①の菜の花、②のホタルイカを器に盛り、③の黄身酢醤油をかける。

太もずく（木挽町 とも樹）

天然の太もずくは淡路島の沼島から毎年取り寄せているもので、糸こんにゃく並みの太さと歯ごたえがあるのが特徴。

作り方

①太もずく（兵庫県淡路島産）をさっと湯通しして色出しし、冷水にとる。水気をきってまな板などに広げ、小石や砂などがあれば除き、再度洗って水気をきる。

②漬け汁を作る。かつおだし、三杯酢、だいだいの果汁を使った自家製ポン酢（以上、解説省略）を合わせて温め、少量の砂糖とみりんを加えた後、冷ます。

③①のもずくに②の漬け汁をかけて冷蔵庫で2時間ほどおき、味を含ませる。

④③を器に盛り、すだち果汁を搾る。

蓴菜（鮨 よし田）

夏の突き出しのひとつとして供する酢のもの。さっぱりとした加減酢で和え、きゅうりと赤万願寺唐辛子を彩りよく散らす。

作り方

①じゅん菜をきれいに水洗いする。きゅうりは塩ずりして水洗いし、万願寺唐辛子（完熟した赤いもの）とともにあられ切りにする。

②かつおだし（解説省略）、米酢、赤酢（粕酢）、淡口醤油、砂糖、塩を合わせて加減酢を作り、おろしわさびを少量溶く。

③①のじゅん菜、きゅうり、万願寺唐辛子を②の加減酢で和え、器に盛る。

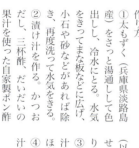

香箱蟹の酢のもの（鮨　わたなべ）

香箱ガニをゆでて肉と外子を取り出し、甲羅に詰め直した秋冬の仕立て。春夏は毛ガニのカニ味噌和えに変わる。

作り方

①香箱ガニ（ズワイガニのメス）を殻ごと18分間ゆでる。

②①をさばき、外子と肉をていねいに取り出してきれいに洗った殻に詰める。

③三杯酢*を一番だし（解説省略）でのばし、生姜の搾り汁を落とす。

④器に②を盛ってすだちを添え、③の合わせ酢を別皿に入れて添える。

*三杯酢　米酢、酒、みりん、淡口醤油、砂糖を合わせたもの

ゆで蟹（すし処　めくみ）

北陸の冬の味覚を代表するカニを塩ゆでして甲羅詰めに。11～12月は香箱ガニが中心だが、写真の毛ガニのメスも随時提供する。

作り方

①毛ガニを殻ごと水洗いする。塩分濃度1％の純水を沸かして5秒間ほど下ゆでし、再度水洗いして、今度は塩分濃度1.7％の純水で約6分間本ゆでする。

②①をザルに上げて常温におく。なお、以上は香箱ガニ（ズワイガニのメス）の下処理（98頁参照）と同様の手順。

③②をさばき、脚の肉と胴部のミソと肉を取り出して殻に詰める。

④③を器に盛り、かに酢*を添える。

*かに酢　米酢、塩、白醤油、酒、みりんを合わせたもの

❖毛蟹と数の子（銀座　いわ）

柔らかな毛ガニの肉と、地漬けした歯ごたえのよいカズノコを小角に切って和えた。別にかつおだしベースのかに酢を添える。

作り方

①毛ガニ（殻付き）をゆで、肉を取り出してほぐす。

②鍋にかつおだし（解説省略）、塩、酒、みりん、醤油を合わせて沸かし、冷まして漬け地とする。

③濃度の薄い塩水に半日ほど漬けて塩抜きしたカズノコの水分をふき取り、②の漬け地に1日以上漬ける。

④かに酢を作る。かつおだし、みりん、塩、米酢を合わせて沸かし、冷やす。

⑤③のカズノコの水分をふき取って小片に切り、①の毛ガニの肉と和えて器に盛る。④のかに酢を別の器に入れて添え、和えものにかけて食べるようすすめる。

❖蟹の黄身酢和え（銀座　寿司幸本店）

ズワイガニとタラバガニの肉を混ぜ、黄身酢和えに。ワインとも合うように、粗挽き黒こしょうを混ぜてほのかなスパイシー感を出す。

作り方

①ズワイガニの胴部の肉と、タラバガニの肉を、ともにほぐして混ぜる。

②黄身酢を作る。卵黄5個分に米酢とみりん各50ccを混ぜ、湯煎にかけて練りながら火を入れる。仕上げに粗挽きの黒粒コショウを混ぜ、冷ます。

③①の肉を②の黄身酢で和え、器に盛る。きゅうりのせん切りを添え、粗挽きの黒粒こしょうをふる。時間をおくと水っぽくなり、生臭みも出てくるので、必ず和えたてを供する。

❖子ししゃも南蛮漬け（すし家 一柳）

季節ごとの旬の魚で作る南蛮漬け。写真は5月に獲れるシシャモの幼魚を使った稀少品で、一夜干しで供することもある。

作り方

①シシャモ（北海道産）の幼魚を水洗いして水分をふき取り、頭、ウロコ、ヒレ、内臓を付けたまま小麦粉をまぶす。サラダ油でカリッと揚げる。
②かつおだし（解説省略）、みりん、砂糖、米酢、淡口醤油、赤唐辛子の小口切りを鍋に合わせて沸かし、煮汁を作る。
③②の煮汁の一部をボウルにとり、①をくぐらせて余分な油を落とし、残りの煮汁に浸して一晩おき、味を含ませる。
④器に③のシシャモを盛り、煮汁に入れた赤唐辛子を飾る。

❖白子の醤油漬け（鮨 まるふく）

さっと湯通しした柔らかなマダラの白子を、薄味の醤油だれに半日漬けた。七味唐辛子をふって提供する。

作り方

①タラの白子を流水で洗って血抜きする。
②①をひと口大に切り、湯にさっと通す。
③②の水分をきり、生温かいたれ*に半日漬ける。
④③をたれとともに器に盛り、七味唐辛子をふる。

*たれ　みりんと酒を煮切り、醤油と水を加えてひと煮立ちさせたもの。この品では粗熱がとれてから漬ける

蜆漬け（継ぐ 鮨政）

台湾料理の「シジミの醤油漬け」のアレンジ。
醤油だれには長期熟成のみりんを加え、行者にんにくと赤唐辛子で風味をつけた。

作り方
①シジミを水からゆで、殻が開きはじめたら取り出す。ゆで汁は利用しない。
②熟成みりん（市販品）に醤油、醤油漬けの行者にんにく*、赤唐辛子を合わせ、①のシジミを入れて1日漬ける。
③②のシジミを漬け汁ごと器に盛る。

* **醤油漬けの行者にんにく** 露地ものが出まわる時期に、適宜の長さに切って醤油に漬け込んだもの

牡蠣のオイル漬け（鮨 なかむら）

湯通しした牡蠣を薄味の醤油ベースの煮汁に入れてすぐに火を止め、ゆっくり味を含ませた。仕上げに太白ごま油で和えて供する。

作り方
①牡蠣のむき身（広島県産）を水洗いしてさっと湯通しし、水気をきる。
②みりん、酒、醤油、水を鍋に合わせて沸騰させ、①を入れてすぐに火を止める。そのまま冷まして味を含ませる。
③②の牡蠣の煮汁をきり、太白ごま油で和えて器に盛る。

煮もの　蒸しもの　ゆでもの

❖蛸の桜煮（銀座 鮨青木）

先代の時代に定着した「銀座 鮨青木」の名物。かつてよりも煮る時間を短縮し、タコの風味をより生かすようにしたという。

作り方
①マダコの内臓、眼、クチバシを除き、脚と胴部を付けたまま塩でよくもんでぬめりを取る。水洗いして水分をふき、胴部を切り離して脚を4本ずつに切り分ける。脚の両面を麺棒でそれぞれ10回ほどたたいて柔らかくする。胴部は他の料理に利用する。
②酒、水、醤油、砂糖を鍋に合わせて沸かし、煮汁を作る。①の脚を入れ、弱火で蓋をせずに30分～1時間煮込む（大きさや硬さによって時間を調整する）。煮汁から取り出して粗熱をとる。
③②を切り分けて器に盛る。

❖蛸の江戸煮（すし処 みや古分店）

ほうじ茶と酒で煮るタコの煮もの。煮こごりになった煮汁とともに供する。同店ではタコの握りにもこの江戸煮を使う。

作り方
①マダコを煮る（120頁参照）。
②①からタコを取り出して厚めの輪切りにし、煮こごりになった煮汁とともに器に盛る。むら芽と大根の茎（夏はみょうが）を添える。

❖ 平目のえんがわと鱈白子の煮もの（銀座 寿司幸本店）

エンガワと白子の甘辛い煮もの。煮汁は調味料を継ぎ足しながら使い続けているもので、魚ごとに味を調整して煮ている。

作り方

①ヒラメのエンガワを、皮、ヒレ、骨を付けたまま切り出す。タラの白子はきれいに水洗いする。

②白身魚の煮もの専用に使い続けている煮汁(酒、みりん、醤油を調合したもの)を沸かし、調味料を適宜継ぎ足して味をととのえる。①のエンガワと白子を入れ、ほどよい柔らかさを残して煮上げる。

③②を煮汁とともに器に盛り、おろし生姜と木の芽を添える。

❖ 鯛白子とかぎ蕨（蔵六鮨 三七味）

4～5月が旬のマダイの白子の含め煮。白醤油ベースの八方地でさっと煮て白色を生かす。野菜八方で炊いたわらびとともに。

作り方

①タイの白子を掃除してひと口大に切り、10秒間湯煎にかけて、冷水にとる。水分をふき取り、沸かした白醤油八方*に入れる。再沸騰したら火を止め、冷ましながら味を含ませる。

②わらびを灰汁と銅板でアク抜きし（解説省略）、水洗いする。沸かした野菜八方*に入れ、再沸騰したら火を止めて、冷ましながら味を含ませる。

③器に①の白子を盛り、煮汁を少量張る。②のわらびを適宜の長さに切って添え、柚子皮のせん切りをのせる。

***白醤油八方**　一番だしを白醤油、みりん、ざらめ糖で調味したもの
***野菜八方**　一番だしを淡口醤油、みりんで調味したもの

❖煮あん肝（鮨 はま田）

下ゆでせず、最初に小さく切って時間をかけて流水にさらしたアンコウの肝を、煮汁の中で強火で一気に煮詰め、しっとりと仕上げた。

作り方

①アンコウの肝をひと口大に切り、流水に20分間さらして血液などを抜く。

②煮切り酒に水、砂糖、醤油を加えて沸かし、①の肝を入れて強火で20分間煮る。火を止めて煮汁に漬けたまま冷まして味を含ませる。

③②の肝の漬け汁をきり、2等分して器に盛る。

あん肝の煮つけ（鮨 なかむら）

アンコウの肝はポン酢だけでなく、甘辛味とのコンビネーションも秀逸。醤油や砂糖などの煮汁で煮詰め、味をしっかり含ませた。

作り方

①アンコウの肝（北海道余市産）を掃除し、約1cm角、長さ5cmに切り分ける。

②みりん、酒、醤油、水、砂糖を鍋に合わせて沸騰させ、①を入れて煮汁がほぼなくなるまで煮詰める。

③②のアンコウの肝をひと口大に切り分け、煮汁をからませて器に盛り、おろしたわさびを添える。

あん肝の甘辛煮（すし家 一柳）

アンコウの肝は均一に火が入り、味がよくしみ込むようにひと口大に切って調理。生姜と白ねぎを煮汁に入れて生臭みを抑えた。

作り方

①アンコウの肝の薄皮や筋を取り除き、ひと口大に切る。塩をまぶして20分間おく。

②沸騰した湯に①を入れ、アクを取り除きながら再沸騰するまでゆでて、水分をきる。

③かつおだし（解説省略）、みりん、醤油、砂糖、生姜、赤唐辛子、白ねぎを合わせて煮立て、②のアンコウを入れて中火で20分間煮る。煮汁に漬けたまま、常温に冷ましながら味を含ませる。常温で器に盛る。

煮穴子（㐂寿司）

「㐂寿司」の名物の一つである煮アナゴはとろける柔らかさが身上。握り用はそのまま、酒肴用はあぶって香ばしさを出す。

作り方

①アナゴの内臓と中骨を除き、一枚に開いて塩をまぶし、もみ洗いする。皮面を布巾（またはヘチマ、タワシ）でしごいてぬめりを取り、再度、水洗いする。
②水、酒、醤油、砂糖を鍋に合わせて煮立て、①のアナゴを入れて静かに煮る。
③②のアナゴにほんのり火が通ったら火を止め、そのまま冷ましながら味を含ませる。アナゴの粗熱がとれたらザルに上げる。
④提供時に③のアナゴを切り分けて両面をあぶり、食べやすい大きさに切る。
⑤④を笹を敷いた器に盛り、煮ツメ（解説省略）をたらし、すりおろしたわさびを添える。

秋刀魚の有馬煮（鮨処 喜楽）

実山椒入りの醤油煮。サンマはこの他、肝を煎りつけて酒、醤油でのばしたたれをぬって天火焼きにする「ワタのつけ焼き」も好評。

作り方

①サンマの頭と尾ビレを落とし、内臓を抜く。水洗いして6等分の筒切りにする。
②①のサンマに塩をふって30分間おき、熱湯で洗って汚れを取る。
③②のサンマを鍋に入れ、同割の水と酒をひたひたよりやや多めに入れて火にかける。沸騰したら三温糖と醤油を入れて煮詰め、再度醤油を加えて煮る。煮詰まってきたら、有馬山椒*、みりん、たまり醤油を加えて、煮汁がほぼなくなるまで煮詰める。
④③の粗熱をとり、器に盛る。

*有馬山椒　実山椒を醤油で煮つけたもの

自家製オイルサーディン（すし家 一柳）

手作りの小イワシのオイル煮。塩漬け後、甘酢に漬けてからサラダ油で3時間以上煮ており、骨まで柔らかく、風味豊かでコクがある。

作り方

①小イワシを水洗いして水分をふき取り、頭、ウロコ、ヒレ、内臓のすべてを付けたまま塩をまぶして2時間おく。塩を洗い流し、甘酢（米酢、砂糖、赤唐辛子、昆布を合わせたもの）に1時間漬ける。
②①を取り出して水分をふき取り、かぶる量のサラダ油とともに鍋に入れて、弱火で3〜4時間煮る。
③②を油ごと容器に入れ、常温に冷まして冷蔵庫で保管する。供する際は常温にもどすか、軽く温めて器に盛る。

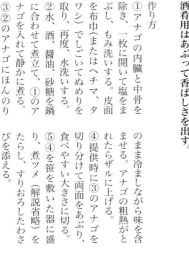

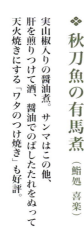

❖ 煮蛤 （㐂寿司）

身が大きく育ち、旨みがピークになる春の3ヵ月間に限って供する煮ハマグリ。提供前に内側にわさびをしのばせる。

作り方

①ハマグリのむき身を数個並べて水管に金串を通す。流水をかけながらボウルにためた水でザブザブと洗い、砂などを落とす。

②①のハマグリを沸騰した湯に入れ、約1分半ゆでる。ゆですぎて硬くならないよう、ワタに火が入るギリギリの時間で上げる。

③②のハマグリをザルに上げて冷ます。ゆで汁はアクを除いて酒、醤油、砂糖を加え、8割ほどに煮詰める。冷ましてからハマグリを漬け、1日おいて味を含ませる。

④提供時に③の漬け汁からハマグリを取り出し、側面から包丁を入れて一枚開きにする。ワタを除き、すりおろしたわさびを内側にぬって閉じる。

⑤④を笹を敷いた器に盛り、煮ツメ（解説省略）をたらす。

❖ 冷製のとこぶしと生蓴菜 （鮓 きずな）

柔らかく酒煮にしたトコブシを、煮汁とともに煮こごりにし、生のじゅん菜を添えたさわやかな初夏の一品。

作り方

①トコブシ（兵庫県淡路産）をタワシでこすって水洗いし、殻をはずす。

②煮切り酒と水を合わせたもので、①のトコブシを1時間半〜2時間かけて酒煮にする。ゆで汁が煮詰まってほぼなくなるくらいまで煮る。

③②からトコブシを取り出して冷ます。残ったゆで汁にかつおだし（解説省略）、酒、みりん、淡口醤油を加えて煮立てる。火からおろし、水でもどしたゼラチンを加えて溶かし、鍋底に氷水を当てて冷ます。

④取りおいた③のトコブシをひと口大に切って容器に入れ、③のゼリー液を流して冷蔵庫で冷やし固める。

⑤生じゅん菜は水洗いしてザルに上げ、余分な水気をきる。

⑥④を器に盛り、⑤を添える。

子持ち槍烏賊 （鎌倉 以ず美）

春のわずかな時季にしか味わえない子持ちヤリイカを煮つけで。卵巣が温まる程度の浅い火入れが、柔らかに仕上げるポイントだ。

作り方

①子持ちヤリイカの脚と頭、内臓、墨袋、軟骨を抜き取り、頭から眼とクチバシを除く。この料理では、卵巣入りの胴部と、脚、頭を使う。いずれもきれいに水洗いして水分をふき取る。

②鍋に醤油、みりん、酒、ざらめ糖を入れて煮立て、①のイカを入れる。卵巣が温まり、軽く固まる程度に2～3分間煮る。箸で胴部を挟んで硬さを判断する。

③②の胴部を適宜の幅の輪切りにし、笹を敷いた器に煮汁とともに盛る。今回は頭と脚を胴部に差し入れて盛ったが、卵巣の量が多い時は別盛りにする。

蛍烏賊と白魚の卵餡かけ （西麻布 鮨 真）

春先の旬の食材を3種取り揃えた同店定番の酒肴。木の芽の香りも添えて、存分に春を味わってもらう。

作り方

①ホタルイカ（浜ゆでしたもの）の眼とクチバシを取り除く。

②シラウオを薄い塩水で洗い、冷やした酒に2～3分間浸してザルに上げる（加熱した時にシラウオが曲がりにくい）。一番だし、酒、みりん、淡口醤油、塩を合わせて沸かし、シラウオを1～2分間ゆでて取り出す。ゆで汁を冷ました後、

③菜の花を塩ゆでし、水気を絞る。一番だし、酒、淡口醤油の地に漬ける。

④①、地から出した②、③を蒸し器で温め、器に盛る。

⑤一番だし、酒、みりん、淡口醤油、生姜の搾り汁、太白ごま油を合わせて温め、水溶き葛粉を加え混ぜてとろみをつける。溶いた全卵を流して固める。

⑥④に⑤をかけ、きざんだ

ゲソの墨煮 （継ぐ 鮨政）

コウイカの墨がたっぷり取れた時に作る墨煮。イカをさばいた当日、新鮮なうちにすぐに調理する。

作り方

①コウイカ（スミイカ）をさばき、脚と墨袋を使う。脚は数本ごとに切り分け、墨袋は漉してイカ墨を取り出す。

②かつおだし（解説省略）に酒、砂糖、醤油を加えて煮立て、①のイカ墨を加える。①の脚を入れ、火が通るまで煮る。

③②を器に盛り、白ねぎの小口切りを添える。

◆伏見唐辛子とじゃこの炊き合せ（おすもじ處　うを徳）

店主の小宮氏が京都で学んだおばんざいの一品。
調味に使う実山椒はチリメンジャコとまとめて炒り煮にして冷凍保管する。

作り方

①生の実山椒を、くり返しゆでこぼしてアクを除き、水分をきる（大量に仕込んで冷凍保存する）。
②①の一部を解凍し、チリメンジャコとともに醤油、淡口醤油、酒、みりんで水分がなくなるまで炒りつける（まとめて作り、冷凍保存する）。
③伏見唐辛子に縦に切り目を入れて種子を除く。
④③、解凍した②の一部を鍋に入れ、二番だし（解説省略）、淡口醤油、みりんで調味して水分がなくなるまで煮る。2〜3日おいて味をなじませる。
⑤④を器に盛る。

◆小いも煮（すし豊）

旨みの濃い煮アワビの煮汁を再利用した小いもの煮込み。
ひと晩味を含ませ、固まった煮こごりごと冷製で供する。

作り方

①小いもの皮をむき、やや硬めに塩ゆでして水気をきる。
②煮アワビを作った際の煮汁（醤油、酒、砂糖、水で調味したもの）を鍋に入れ、①の小いもを入れて約20分間煮る。粗熱をとり、冷蔵庫にひと晩おいて味を含ませる。
③②の小いもを煮こごりごと器に盛り、三つ葉の粗みじん切りをふる。

蒸し鮑（鮨 一新）

「より柔らかく、よりおいしく」をめざして「煮る→蒸す」の2段階で仕上げた蒸しアワビ。旨みのある煮汁とともに供する。

作り方
①クロアワビの殻をはずし、タワシでこすりながらきれいに水洗いする。
②鍋に酒、塩、昆布、水を入れ、①のアワビを入れて火にかける。沸いたら弱火にして8〜10時間煮る。途中で水分が足りなくなったら、そのつど湯を加える。
③蒸し器に②のアワビを入れて5時間蒸す。アワビが蒸し上がったら②の煮汁に入れて温め、供するまで漬けおく。
④③のアワビをひと口大に切り分け、煮汁とともに器に盛る。

❖蒸し鮑（鮨 まつもと）

通常は「香りや柔らかさ」を重視してマダカアワビで作るが、今回はクロアワビで。酒、塩、水に前回の煮汁を加えて蒸し煮込みにする。

作り方

①アワビ（マダカアワビまたはクロアワビ）は殻と肝をはずし、身をきれいに水洗いする。肝は取りおく。

②煮切り酒に水と塩を入れて沸かし、前回の仕込みで残ったアワビの煮汁を加える。

③バットに①のアワビを入れて②の煮汁をひたひたに注ぐ。蒸し器に入れ、約3時間蒸し煮込みにする。

④営業直前に③のアワビを煮汁から取り出し、煮汁を煮詰めてアワビにからませる（この煮汁を次回の仕込みに利用する）。

⑤取りおいた①の肝は軽くゆで、水気をきる。煮切り酒に醤油、水を加えて沸かし、火を止めて肝を入れ、20分間漬ける。肝を取り出して保管する。

⑥④のアワビと⑤の肝をそれぞれ適当な大きさに切り、器に盛っておろしたわさびを添える。

❖蒸し鮑（鮨 よし田）

昆布入りの酒に、殻ごとアワビを入れて約2時間蒸した。肝もともに調理し、小片に切って添える。アワビの身質によって殻をはずして調理することも。

作り方

①クロアワビを殻付きのまま水洗いする。

②バットに煮切り酒と利尻昆布を入れ、①のアワビを殻ごと置いてラップ紙をかぶせる。蒸し器に入れて約2時間蒸す。最初は強火にかけ、途中で火を弱めたり、殻をはずしたりと、アワビの質や状態によって加減しながら柔らかく蒸し上げる。

③②をバットごと取り出し、常温において粗熱をとりつつ味をしみ込ませる。

④③のアワビを肝とともに適宜の大きさに切り分けて器に盛る。

蒸し鮑 柚子胡椒風味 （匠 達広）

約8時間、蒸し煮込みにした柔らかなアワビ。器に煮汁をたっぷりと張り、柚子こしょうを添えて香りと辛みのアクセントをつけた。

①アワビ（千葉県産）を掃除して身と肝を取り出す。昆布だし（解説省略）と酒を沸かした鍋に入れ、鍋ごと蒸し器に入れて8時間、蒸し煮にする。煮汁に漬けたまま冷ます。
②①の煮汁の一部を淡口醤油と塩で調味して吸い地よりもやや濃いめの味に仕上げる。
③①のアワビを食べやすい大きさに切り分けて器に盛り、柚子こしょうを添える。②の煮汁を張る。

鮑と雲丹の煮凝りがけ （おすもじ處 うを徳）

柔らかく旨みの強いマダカアワビを酒蒸しにし、ムラサキウニ、アワビの煮こごり、白身魚の煮こごりを盛り合わせた冷やし鉢。

作り方
①殻付きのアワビ*を掃除した後、蒸し缶に入れてアワビが隠れるまで酒を注ぐ。利尻昆布と少量の淡口醤油を入れ、蒸し器に入れて2〜4時間蒸す。
②①の煮汁を鍋に移し、アワビは取りおく。煮汁を二番だしでのばして沸かし、もどしたゼラチンを入れて溶かす。漉して粗熱をとり、容器に移して冷蔵庫で冷やし固める。
③潮汁（256頁参照）の一部を冷蔵庫で冷やし固めて煮こごりにする。
④②のアワビをひと口大に切り分けて器に盛り、ムラサキウニをのせる。②と③の煮こごりをかける。

*アワビ 今回は千葉県大原産のマダカアワビを使用したが、通常はメガイアワビを使うことが多い

蛤の酒蒸し（銀座 寿司幸本店）

寒い冬場の1品目の酒肴として供する、温かく柔らかなゆでたてのハマグリ。幅3〜4㎝の身が味、触感ともに適している。

作り方

①酒を煮切り、ひとつまみの塩を加えてハマグリのむき身を入れる。浮いてくる泡を除きながら、身に穏やかに火を入れる。

②①のむき身を汁ごと器に盛り、柚子の皮の小片をのせる。

甘鯛酒蒸し（鮨 ます田）

ほぼ年間を通して供する、酒と昆布の調味であっさりと仕立てたアマダイの酒蒸し。薬味は醤油に軽く漬けたあさつき。

作り方

①アマダイはウロコを引き、皮付きのまま三枚におろす。身の面にごく軽く塩を当てて30分間ほどおき、しみ出してきた水分をふき取る。

②①を小さな切り身にし、少量の酒と昆布とともに器に入れる。蒸し器で約7分間蒸す。

③小口切りにしたあさつきに醤油をたらし、1分間ほど浸す。

④②のアマダイを器に盛り、蒸し汁をかけて③のあさつきをのせる。

くえの酒蒸し（鮨 わたなべ）

上品な旨みが人気の大型高級魚のクエを酒蒸しで。せりのお浸しをのせて、器ごと蒸し器で温めて熱々の状態で食べてもらう。

作り方

①クエを三枚におろし、皮付きでサクに切り、さらにひと口大に切る。

②容器に小さく切った昆布を敷いて①のクエをのせ、塩と酒をふる。強火にかけた蒸し器で3分間蒸す。

③せりを塩ゆでし、水分を絞って八方地(解説省略)に浸ける。

④提供時に、②のクエと③のせりを器に盛り、蒸し器で器ごとさっと温める。

❖あん肝（鮨 大河原）

旨みとなめらかさに秀でた北海道余市産のアンコウの肝を蒸したてで提供。3種の柑橘の果汁を使ったポン酢と生海苔ですすめる。

作り方

①アンコウの肝(北海道余市産)の血管などを取り除いて掃除する。水、酒、塩を合わせた中に1時間さらして血抜きする。水気をよくふき取り、キッチンペーパーで包んでしばらくおき、さらに血を抜く。

②①の肝をラップ紙などで包んで形を整え、提供直前に蒸し器で約20分間蒸す。

③ポン酢を作る。だいだい、レモン、すだちの果汁と醤油、みりん、昆布、かつお節を合わせて火にかけて沸かし、冷ましてから冷蔵庫で1週間ねかせ、漉す。

④②の肝を食べやすい大きさに切って器に盛り、③のポン酢をかけて生海苔を添える。

蒸しあん肝（鮨処 喜楽）

筒形に整えて蒸したアンコウの肝。調理当日は塩で供し、翌日は自家製ポン酢ともみじおろし、ねぎの定番の調味で。

作り方

①アンコウの肝の薄皮をむき、血管を取り除く。適宜の大きさにぶつ切りにして塩をふる。30分間おいて余分な水分を抜き、流水できれいに洗う。

②①の肝の水分をキッチンペーパーでふき取り、まとめてラップ紙で包んで円柱形に整える。蒸し器で30分間蒸す。

③②を取り出して粗熱をとり、冷蔵庫で保管する。

④提供直前にラップ紙をはずしてひと口大に切り分け、器に盛る。自家製ポン酢*をかけ、九条ねぎの小口切りともみじおろしを添える。

***自家製ポン酢** すだち果汁、醤油、たまり醤油、昆布、かつお節を合わせ、1週間ねかせて漉したもの

蒸し雲丹（すし処 小倉）

昆布と酒、醤油の旨みを含ませながら、しっとりと蒸したバフンウニ。昆布も小さく切って、ともに味わってもらう。

作り方

①バットに日高昆布を敷き、バフンウニをのせて酒をふり、しばらくおいてなじませる。

②①を蒸し器に入れて8分間蒸し、醤油をかけてさらに3分間蒸す。

③②のウニを器に盛り、敷いた昆布も小さく切り分けて添える。

蛍烏賊の醤油蒸し（鮓 きずな）

同店の定番の酒肴が「醤油蒸し」。写真はホタルイカで作る春の仕立てで、冬はタラの白子とまいたけなど、季節ごとに旬の素材を組み合わせる。

作り方

①筍（大阪府貝塚産）をぬか入りの湯で下ゆでする。皮をむいて、使用するまで八方だし（解説省略）に漬けておく。
②生わかめ（兵庫県淡路産）をさっと下ゆでする。
③①の筍と②のわかめを食べやすい大きさに切り、筍を漬けておいた八方だしとともに蒸し器で蒸す。
④浜ゆでのホタルイカ（富山産）を醤油だしの地*に入れ、蒸し器で蒸す。蒸し汁は取りおく。
⑤器に③の筍とわかめ、④のホタルイカを盛り合わせ、④の蒸し汁を注ぐ。木の芽を添える。

***醤油だしの地**　かつおだしをみりん、淡口醤油で調味したもの

このわたの茶碗蒸し（西麻布 鮨 真）

茶碗蒸しの地をシンプルに味わえるよう、具材は1種のみに絞る。冬場はコノワタを混ぜ、夏〜秋はイクラをのせて供する。

作り方

①溶いた全卵、一番だし（解説省略）、みりん、淡口醤油を合わせ、漉して茶碗蒸しの卵液を作る。
②器にコノワタ*（石川県能登産）を入れ、①の卵液を注ぐ。蒸し器で蒸して固める。
③一番だしにみりん、淡口醤油を加えて温め、水で溶いた葛粉を加え混ぜて餡を作る。
④②に③を薄く流す。

***コノワタ**　ナマコの腸の塩辛

バチコの茶碗蒸し（鮨 わたなべ）

バチコ（干しコノコ）の風味を引き出しただしがベースの茶碗蒸し。蒸し上がりにコノコの塩辛を添える。

作り方

①酒と水を合わせたものにバチコ*を半日ほど浸してもどす。

②①を漬け地ごと、強火の蒸し器で5分間ほど蒸してアルコール分をとばす。粗熱をとって昆布だし（解説省略）でのばし、漉してバチコのだしとする。

③全卵を溶いて②を混ぜ、淡口醤油とみりんで調味する。

④茶碗蒸し用の器に③の地を流し、蓋をする。強火の蒸し器で3分間、弱火に落として2分間蒸す。

⑤④にコノコの塩辛（解説省略）をのせる。

*バチコ　干しコノコ。コノコはナマコの卵巣

冷製茶碗蒸し（鮨 ます田）

蒸して冷やした卵地に冷たい葛餡をかけ、オクラ、やまいも、梅肉、わさびを盛り合わせた茶碗蒸し。夏向けにのど越しよく仕立てる。

作り方

①全卵、かつおだし（解説省略）、淡口醤油、塩を混ぜ合わせて漉し、卵地を作る。

②①を提供用の器に注ぎ、蒸し器で7～8分間蒸す。粗熱をとり、冷蔵庫で冷やす。

③葛餡を作る。かつおだしを温めてみりん、淡口醤油で調味し、水溶きの葛粉を加えてとろみをつける。粗熱をとって冷やす。

④②に③の葛餡をかけ、オクラ*、拍子木切りのやまいも、練り梅（解説省略）、おろしわさびを盛る。

*オクラ　熱湯でさっとゆでた後、冷水に落として水気をふき、輪切りにしたもの

明石のゆで蛸（木挽町 とも樹）

店主の小林氏は、明石のタコをゆでダコと煮ダコの二通りで提供。ゆでダコは、ゆでて塩を添えるシンプルなスタイルで香りを生かす。

作り方

①マダコ（兵庫県明石産）の内臓や眼、クチバシなどを除き、塩でもんでぬめりを取り、水洗いする。さばき、脚4本を使用する。

②前回仕込んだタコのゆで汁に酒と水を足して沸かし、①の脚を入れて6分間ゆでる。火を止めてそのまま3分間おく。

③②のタコをザルに上げて粗熱をとり、ゆで汁は漉して冷ましてから、次回用に冷蔵保管する（1シーズンの単位で使いまわす）。

④③のタコの脚を輪切りにして器に盛り、粗塩とおろしわさびを添える。

水蛸の塩ゆで（すし処 めくみ）

大型のミズダコを塩ゆでに。風味が逃げないよう1杯単位（2～6kg）で仕入れ、徹底的に叩いてから純水でゆでる。

作り方

①ミズダコを1杯単位で仕入れ、活け締めにして10～15分間ほどもみ洗いし、ぬめりを取る。きれいに水洗いする。

②①の胴部と脚を切り離し、脚の繊維を潰すようにすりこ木で徹底的に叩く。脚1本ごとに切り分ける。

③鍋の2/3ほどの高さまで純水を入れて沸かし、塩を加えて塩分濃度を0・05～0・1％にする。②の脚を2本入れてアルミ箔で落し蓋をし、湯がなくなるまで強火を保ちながらゆでる。冷ます。

④③の脚を使用する分だけ取り出して蒸し器で温め、ひと口大に切って器に盛る。

蛍烏賊の釜ゆで

（鎌倉　以ず美）

浜ゆでのホタルイカを直前にさっと塩ゆでし、温かい料理として提供。生姜とあさつき入りのつけ醤油で食べてもらう。

作り方

①ホタルイカ（浜ゆで）の眼、クチバシ、軟骨を抜き取る。
②①を温まる程度に軽く塩ゆでし、水気をきる。
③②を器に盛り、浜防風を飾る。別の器におろし生姜、小口切りのあさつきを入れ、醤油を注いで添える。

牡蠣と白子 生海苔の餡かけ

（すし処　小倉）

一番だしでさっと煮上げた真牡蠣とタラの白子。冬においしいふたつの食材を組み合わせ、体の温まる温製の一品に。

作り方

①真牡蠣は殻をはずしてむき身にし、水洗いする。掃除して適宜に切ったタラの白子とともに一番だし（解説省略）で火が通るまで煮る。

②①の真牡蠣と白子を取り出して器に盛る。煮汁に生海苔を入れてさっと火を通し、水溶きの葛粉をまわし入れてとろみをつけ、葛餡にする。

③②の真牡蠣と白子に葛餡をかけて、すりおろしたわさびを盛る。

白子（鮨 はま田）

ゆでたての熱々で供するシンプルなタラの白子。
調味はゆで汁に入れる酒と多めの塩のみで、ゆで上がりにすだち果汁をたらす。

作り方
①タラの白子をきれいに水洗いして、ひと口大に切る。
②水に酒と多めの塩を入れて沸かし、①の白子を入れる。1〜2分間ゆでて、しっかり火を入れる。
③②を湯をきって器に盛り、すだち果汁をかけて熱々を供する。

昆布だしで炊いた白子（鮨 なかむら）

さっと炊いてだしの旨みを含ませたタラの白子を、
冷まして鍋ごと氷水に浸ける。低温にすることで味が引き締まるという。

作り方
①タラの白子（北海道羅臼産）を掃除し、さっと湯通しする。水気をきり、食べやすい大きさに切り分ける。
②煮切り酒に水、塩、多めの昆布を入れて沸騰させ、①を入れる。再沸騰したら火を止め、そのまま冷まして味を含ませる。常温になったら鍋ごと氷水に浸け、人肌よりやや低い温度まで冷やす。
③②の白子をゆで汁をきって器に盛り、粗塩をふる（白子の味がかなり濃厚な場合は、塩をふらない）。

焼きもの　揚げもの

赤むつの焼きもの（鮨 福元）

アカムツ（ノドグロ）は脂ののりがよく、遠火で焼くと自身の豊富な脂で揚がったような状態に。ヒレも骨も香ばしく食べられる。

作り方
①アカムツを二枚におろし、それぞれを1人分の大きさに切り分ける（片身は骨とヒレを付けたまま調理する）。
②①を塩分濃度約10％の塩水に1時間漬けた後、水分をふき取ってザルなどに並べ、扇風機をあてながら7時間かけて乾かす。
③②を皮を下にし、天火で焼く。遠火で13分間焼いた後、裏返してさらに4分間焼く。
④③を器に盛る。

❖ のどぐろの燻製（鮨 わたなべ）

塩をして半日風干しにしたノドグロの切り身を、ブナのチップでさっと燻した。年間を通して供する同店の定番料理。

作り方

①ノドグロを三枚におろし、皮を付けたまま切り身にする。塩をふり、金串に通して半日間風干しにする。

②燻製用の鍋にブナのチップを入れ、網の上にキッチンペーパーを敷いて①の切り身をのせる。蓋をして火にかけ、1分間燻す。火を消し、さらに1分間おく。

③②から切り身を取り出し、提供直前に皮目をグリルで焼いてパリッとさせる。

④むかごの天地を切り落とし、強火にかけた蒸し器で1分30秒間蒸す。

⑤器に③の切り身を盛り、④のむかごを添えて、塩ときざんだピンクペッパーを散らす。

❖ のどぐろの塩焼き（すし処 めぐみ）

脂の多いノドグロは握りにはせず、塩焼きにして酒肴に。直前に塩をふって焼き、脂が流れないようひと口かふた口で食べてもらう。

作り方

①ノドグロを三枚におろす。皮付きの切り身にし、両面に塩をふって強火の天火で一気に焼く。

②①を皿に盛り、すだちを添える。

くえの炙り（鮨処 喜楽）

クエは皮のゼラチン質と皮下の脂に醍醐味があることから皮付きで調理。塊でレア加減に焼き、種子島産の塩とわさびで提供。

作り方

①おろしたクエの身を皮付きのまま、小片に切る。数人分を一緒に調理する場合は、人数分をまとめた大きさに切るとよい。

②①の身に金串を刺し、熱く熱した焼き網の上に置いたりかざしたりして、全面にまんべんなくじっくりと火を入れる。中心が温まるレア加減の火入れに仕上げる。

③②の身から金串を抜いて適宜の大きさに切り分け、器に盛る。すりおろしたわさび、塩、すだちを添える。

疣鯛の焼きもの（鮨 一新）

酒塩に漬けてから天日干しにしたエボダイの焼きもの。ノドグロ、タチウオ、サワラ、キンキなど旬の魚を順次入れ替えながら供する。

作り方

①エボダイ（標準和名イボダイ）を三枚におろし、腹骨や小骨をていねいに取り除く。酒塩に20分間漬ける。

②①の水気をふき取り、ザルに並べて天日で5～6時間干す。

③②を食べやすい大きさに切り分け、皮に飾り包丁を入れて天火で焼く。

④小片に切った笹の葉を敷いた器に③を盛り、すだちの半割を添えてもみじの葉を飾る。

さよりの笹焼き（西麻布 拓）

一枚開きのサヨリをくま笹の葉2枚で挟み、天火で蒸し焼きに。日本酒にもワインにも合う味で、開店当初からの品。

作り方

①サヨリの頭とヒレを落とし、一枚開きにして内臓を除く。軽く塩をふり、2～3分間おいて締めた後、水洗いする。水分をふき取る。

②①のサヨリを皮を下にしてくま笹の葉にのせ、身に塩をふってもう1枚のくま笹の葉をかぶせる。天火で身が白くなり中心に火が通るまで焼く。

③②を笹の葉にのせたまま器に盛り、すだちを添える。

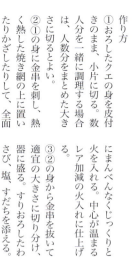

鰆の幽庵焼き（すし処　小倉）

脂が充分にのったサワラをしっとりと香ばしい幽庵焼きに。仕上げにもふり柚子をして香りを高める。

作り方

①サワラの切り身を幽庵地*に1日浸ける。
②①の水気をふき取り、金串を打って香ばしく焼く。
③②の金串をはずして笹を敷いた器に盛り、すりおろした柚子の皮をふる。脇に大根おろしを添えて醤油をたらす。

***幽庵地**　醤油、酒、みりん、切り分けた柚子を合わせたもの

鰆の炙り　玉ねぎ醤油（新宿　すし岩瀬）

約5日間熟成させたサワラの切り身をレアに焼いた。調味に使った玉ねぎ醤油は、脂ののった魚の焼きものや刺身に多用している。

作り方

①サワラをサクに取り、塩を薄くまぶして約5日間冷蔵庫に入れて熟成させる。
②①をひと口大に切り、焼き網で中が半生になるように焼く。
③玉ねぎ醤油を作る。すりおろした玉ねぎをヅケ醤油*に浸し、数時間おく。
④器に②のサワラを盛り、③の玉ねぎ醤油をかける。

***ヅケ醤油**　それぞれ煮切った醤油、酒、みりんを合わせたもの

鰤の焼きしゃぶ（鮨処 喜楽）

〝焼きしゃぶ〟はしゃぶしゃぶのように瞬間的にさっと焼いて火を入れることからの名。片面のみ2秒間だけ焼いて生の風味も残している。

作り方
①ブリの背身を、面を広くとってごく薄く切り分ける。
②焼き網を赤くなるまで熱し、①の身を広げて置いて片面のみを2秒間ほど焼く。すぐに器に盛り、自家製ポン酢、九条ねぎの小口切り、もみじおろしを添える。

縞鰺のカマ焼き（銀座 寿司幸本店）

弾力のある身の詰まったカマは酒肴にうってつけ。ただし、「カマも焼きすぎは禁物」。しっとり柔らかな触感を残している。

作り方
①シマアジのカマに塩をふり、網焼きする。表面を香ばしく焼きつつ、身がパサつかないように焼き上げる。
②①を器に盛ってレモン果汁をかける。脇に大根おろしを盛って煮切り醤油をたらし、小口切りにしたわけぎを添える。

カマトロの焼きねぎま（蔵六鮨 三七味）

大トロ並みに脂ののった大型クロマグロのカマと、焼きねぎを盛り合わせたねぎま。七味唐辛子を薬味に添える。

作り方

①マグロのカマを食べやすい大きさに切り、特製だれ*に10分間漬ける。串を刺してあぶり焼きにする。

②白ねぎを5cmの長さのぶつ切りにし、縦に2等分する。①と同じ特製だれを二度ぬりしながら天火で焼く。

③器に①と②を盛り合わせ、七味唐辛子を添える。

***特製だれ** 醤油、酒、みりんで作った専用のたれ

平目えんがわのホイル焼き（すし家 一栁）

ヒラメのエンガワをアルミ箔で包み焼きにすることで、甘みを引き出し、大葉の香りと焦げた醤油の香ばしさをからませた。

作り方

①ヒラメをおろしてエンガワを取りはずし、適宜の大きさに切る。

②アルミ箔を広げ、大葉、①のエンガワ、あさつきの小口切りを重ねて醤油をかける。アルミ箔で全体を四角に包み、強火にかけた焼き網の上で両面を焼き、火を入れる。

③②のアルミ箔をはずし、エンガワを薬味ごと器に盛る。すだちを切って添える。

❖穴子白焼きとキャヴィア（銀座　鮨青木）

アナゴの白焼きにキャヴィアの塩味と旨みを添えた。西洋食材も取り入れるのが青木流で、キャヴィアは他の料理にも利用する。

作り方
①アナゴは、背に包丁を入れて一枚開きにする。内臓と中骨を除き、頭を落とし、身には皮のすぐ近くに串を打つ。
②①に軽く塩をふり、両面を焼いて白焼きにする。
③②を切り分けて器に盛り、キャヴィアをのせておろしわさびを添える。

❖穴子の白焼き（新宿　すし岩瀬）

焼き網でレアにあぶったアナゴの白焼き。強火で脂を落とさずに焼くことで、口に入れた時の香りとエキスの広がりを狙っている。

作り方
①下処理をして一枚に開いたアナゴをひと口大に切り、焼き網で中が半生になるように焼く。
②すりおろしたわさびと、水気を絞った大根おろしを混ぜる。
③①のアナゴを2等分にして器に盛り、②を添える。両方に煮切り醤油をたらす。

鰻白焼き（鮨 ます田）

1・5kg以上の天然ものに限定して供するウナギの白焼き。肉厚で旨みが濃いが、締めた直後は身が硬いので3日間以上ねかせる。

作り方

①ウナギ＊は活け締めして背開きにしたものを仕入れる。紙で包んでビニール袋に入れ、冷蔵庫で3日〜1週間ほどねかせて身を柔らかくする。

②①の小骨をすべて抜き取る。

③②を適宜の大きさに切り、皮面のみを天火であぶって6割ほど火を入れる。火からはずして粗熱をとっておく。

④提供直前に③の両面を香ばしくあぶり、中心まで火を入れる。

⑤④を器に盛り、塩とおろしわさびを添える。

＊ウナギ　1・5kg以上の天然もの。今回は島根県宍道湖産を使用

鰻の白焼き（おすもじ處 うを徳）

主に天然ウナギで作る「うを徳」名物で、毎回1kg以上の大型を仕入れる。写真は木曽川産で、産地はそのつど変わる。

作り方

①天然ウナギ（1kg前後の大型のものに限定）を背開きにし、内臓、中骨、腹骨、頭を除き、きれいに水洗いする。

②①を3等分し、串を打ってセラミック製の焼き網で両面を強めにしっかりと焼く。身の面から焼きはじめ、裏返して皮目はとくにパリッと香ばしく焼く。

③②から串を抜き、ひと口大に切り分けて器に盛る。おろしわさびと海塩（フランス・ゲランド産）を添える。

鮎の塩焼き（鮨 よし田）

活けの天然アユの炭火焼き。最初は身をフワッと焼き上げて提供。はずした頭と中骨は香ばしく焼き直し、しっかり火を入れて提供する。

作り方

①たでの葉に塩少量を加えてすり鉢ですり、米酢でのばしてたで酢とする。
②活けのアユに踊り串を打ち、塩をふる。化粧塩はせず、ちょうどよい塩加減に調味する。
③②のアユを炭火で焼く。5〜6分間かけて両面を焼き、身にぎりぎり火が通った柔らかな焼き上がりにする。
④③から串を抜いて器に盛り、頭と中骨をはずして身に添える。①のたで酢を別の器に入れてともに供する。
⑤④のアユの身を食べてもらった後、頭と中骨を再度カリッとした触感になるまで焼き、供する。

鮎の一夜干し（鮨 大河原）

塩焼きとして食べることの多いアユを、酒の肴にふさわしく一夜干しに。軽くあぶって香ばしさを出して提供する。

作り方

①アユの頭と内臓を除き、三枚におろして腹骨などの小骨を除く。酒塩に約15分間漬けた後、半日間陰干しにする。
②①の両面を軽くあぶって器に盛り、適宜に切ったすだちを添える。

焼きもくず蟹（すし処 めくみ）

濃厚な甘みのあるミソと内子が美味な川ガニの一種、モクズガニ。「めくみ」では身を2つに割って、甲羅ごと天火で香ばしく焼く。

作り方

①モクズガニを殻ごと水洗いする。塩分濃度1%の純水を沸かして5秒間ほど下ゆでし、再び水洗いして、今度は塩分濃度3%の純水で約5分間、本ゆでする。

②①をザルに上げて粗熱をとる。なお、以上は香箱ガニの下処理（98頁）と同様の手順。

③②の脚と内側のフンドシを取り除く。胴部を甲羅からはずして左右二つに割る。切り口を上にし、内子やミソの入った甲羅とともに天火で5分間ほど焼いて香ばしさを出す。

④③を器に盛る。

生蝦蛄の炙り（匠 達広）

鮨ダネではゆでて使うことの多いシャコを、生から直接あぶって提供。レアに焼き、柔らかくねっとりとした食感を引き出した。

作り方

①活けのシャコ（石川県七尾産）の頭を落とし、殻をむく。1尾丸ごと網焼きしてレアに仕上げる。なおシャコの殻をむく際は、あらかじめ軽く冷凍させると、きれいにむきやすい。

②①を器に盛り、煮切り醤油をぬる。

❖平貝の磯辺焼き（㐂寿司）

タイラガイには七味唐辛子をふるのが「㐂寿司」流。創業地・薬研堀《やげんぼり》が七味唐辛子ゆかりの地だったことに由来するという。

作り方

①タイラガイ（タイラギ）の貝柱を薄くスライスする。

②①の貝柱の両面に醤油をぬり、七味唐辛子をふって両面を香ばしくあぶる。

③あぶった海苔で②を挟んで提供する。

❖みる貝の西京焼き（匠 達広）

甘口の白味噌にひと晩漬けたホンミルガイを、香ばしくあぶった西京焼き。他の貝やホタルイカ、白身魚の西京焼きも供する。

作り方

①ホンミルガイ（愛知県産）の殻をはずし、内臓やヒモを取り除く。水管とミル舌（水管の付け根部分）に切り分け、それぞれ皮をむく。水管は縦に切り目を入れて一枚に開き、ミル舌とともにきれいに洗う。

②①を西京味噌にひと晩漬けた後、味噌をふき取る（通常営業では密閉容器に入れて冷蔵庫で保管する）。

③②の水管に縦に細かく隠し包丁を入れて、②のミル舌とともに香ばしく網焼きする。器に盛り、すりおろしたわさびを添える。

❖さざえの壺焼き（鮨 よし田）

「柔らかく、上品なおいしさを追求した」壺焼き。サザエの身を最初にひと口大に切り、薄味の醤油味の煮汁でさっと炊いてある。

作り方

①殻付きのサザエから身と肝を取り出し、水洗いする。それぞれひと口大に切る。殻は取りおく。

②①の身と肝を湯にさっと通し、水気をきる。

③煮汁*を沸かし、②の身と肝を約1分間炊く。

④①で取りおいた殻を網焼き器にのせ、直火で温める。殻の中に③の身と肝、煮汁を入れて強火で沸かす。沸騰したらすぐに火からはずし、塩を敷いた器に殻ごと盛る。三つ葉を添える。

*煮汁　かつおだしを淡口醤油、みりん、酒、塩で調味したもの

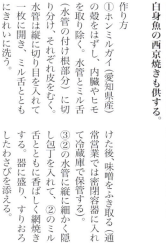

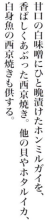

焼き白子（鮨 福元）

タラの白子は「焼き色がついたり、薄皮が硬くなったら台無し」と店主の福元氏。遠火でほんのり温める程度に火を入れる。

作り方
①タラの白子を掃除して水洗いし、水分をふき取る。ひと口大に切って塩をふり、天火で焼く。焦げ目がつかないように、遠火で焼いて中心まで温める。
②①を器に盛り、すだちを添える。

雲丹の笹焼き（鮨 一新）

笹の葉にのせてほんのり温まる程度に炭火であぶったエゾバフンウニ。笹焼きの調理は握り用の煮アナゴの仕上げにも用いる。

作り方
①笹の葉にエゾバフンウニを数片分盛り込み、笹の葉ごと炭火であぶって温める。
②①を笹の葉にのせたまま器に盛り、煮切り醤油を少量たらす。

鯨ヅケのステーキ

（鮨 ます田）

ぎりぎりの火入れで柔らかくジューシーに焼き上げたクジラの尾の身のステーキ。生姜醤油とともに、刺身で供することもある。

作り方

①クジラの尾の身をひと口大の薄切りにし、煮切り醤油に4分間ほど漬けてヅケにする。

②①の両面を天火で軽くあぶってミディアムに仕上げる。

③②を器に盛り、おろしわさびを添える。

焼き筍（鮨 まるふく）

ゆでた筍をあぶって焼きものに。魚介の合間に季節の野菜を盛り込み、魚介とは趣の異なる「旬の味わい」を楽しんでもらう。

作り方

①アク抜きしながらゆでた筍をひと口大に切る。

②①を香ばしく焼いて器に盛り、塩をふる。

野菜
加賀れんこん　椎茸　ばってんなす（西麻布 拓）

厚切りのれんこんと肉厚な椎茸は炭火焼き、生食可能な熊本産「ばってんなす」は生を薄切りにして煮切り醤油で調味した。

作り方

①加賀れんこん（石川県産）は厚さ約1cmの食べやすい大きさに切り、炭火で香ばしく焼く。仕上げに塩をふる。

②肉厚の椎茸（新潟県魚沼産）は軸をはずし、笠の両面を炭火で香ばしく焼く。焼き上がりに煮切り醤油とすだち果汁をかける。

③ばってんなす*は、生のまま縦に薄切りにし、煮切り醤油をぬる。

*ばってんなす　熊本県宇城（うき）特産の小ナス。糖度が高くみずみずしい

赤シャリのおこげ（西麻布 拓）

赤酢100％で調味した握り用のすし飯を乾燥させ、サクサクの軽い触感に揚げた中華おこげ風の揚げもの。

作り方

①2種類の赤酢（粕酢）、塩、砂糖で調味したすし飯をバットに薄くのばし、室温に2〜3日間おいて乾燥させる。

②①を適宜の大きさに割り、180℃のサラダ油で両面をカリッと揚げる（十数秒間で揚がる）。

③②を器に盛ってこしょうをふり、塩を添える。

❖鮎の骨や皮のから揚げ（すし豊）

天然アユの身を刺身にした後に残るアラや皮に、片栗粉をまぶしてカリッと揚げた。塩で供する。

作り方

①アユをさばいた時に出るアラ（頭、カマ、中骨、腹骨、胸ビレ）と皮の水分をふき取り、片栗粉をまぶす。170℃前後のサラダ油でカリッと揚げる。

②紙を敷いた器に盛って塩をふり、たでの葉を添える。

❖骨煎餅 皮と肝の炙り（鎌倉 以ず美）

アナゴとサヨリの骨せんべい（左）と、サヨリの皮、アナゴの肝の塩焼き（右）は同店で定番の酒肴。皮は各種白身魚のものも利用。

作り方

骨煎餅

①アナゴとサヨリをおろした際に出る中骨（頭部も付けておく）を水洗いし、血合いなどの汚れを除く。水に1時間ほどさらして血や臭みを抜く。

②①の頭部に金串を刺し、室内に吊るして3日間、陰干しにする。その後、頭を除いて食べやすい大きさに切る。

③②を低温のサラダ油で時間をかけて素揚げにし、カリッと仕上げる。

④③の油をきり、熱いうちに塩をふる。紙を敷いた器に盛る。

皮と肝の炙り

①サヨリの皮を竹串にらせん状に巻き付ける。塩をふってあぶり焼きにする。

②アナゴの肝臓と胃袋を掃除して、軽く塩ゆでする。水気をふき取り、竹串を刺して塩をふり、あぶり焼きにする。

③①と②を器に盛る。

鰈のから揚げ（鮨 よし田）

メイタガレイの全部位がベストの状態に仕上がるよう、頭、中骨、エンガワ、皮、身の順に時間差をつけ、毎回新しい油で揚げている。

作り方

①メイタガレイをきれいに水洗いした後、内臓を除き、頭を落として五枚におろす。身は皮を引き、中骨の側面に付いているエンガワを切り取る。内臓以外をすべて取りおき、ひと口大に切って片栗粉をまぶす。

②油（油の種類は問わないが、新しいものを使用）を約160℃に熱し、火の通りにくい部位から（頭、中骨、エンガワ、皮、身の順）時間差をつけて油に入れ、後半は温度を上げるなど調節しながら、すべて同時にカリッと揚げる。

③②の油をきって器に盛り、岩塩を添える。

煮鮑かりんと揚げ（鮨 くりや川）

煮アワビに片栗粉をまぶして揚げものに。甘みをきかせてこげ茶色にサクッと揚げた状態を「かりんとう」に見立てて命名した。

作り方

①殻付きのエゾアワビをタワシで水洗いし、水からゆでこぼしてぬめりやアクを取り除く。

②①を鍋に入れ、水と酒を注いで火にかける。沸騰したら弱火にして1時間30分ほどゆでて柔らかくする。砂糖を加え、さらに30分間ほど煮て味を含ませる。仕上げに醤油を加えて味をととのえ、火からはずし、煮汁に漬けたまま冷ます。

③②の殻をはずし、身に片栗粉をまぶして180℃のサラダ油で揚げる。

④③をひと口大に切って器に盛り、粗塩と切り分けたへべす*を添える。

* **へべす**（平兵衛酢） 宮崎県日向特産の柑橘。すっきりとしてクセのない酸味を持つ

盛合せ

❖八寸（すし処 みや古分店）

季節ごとに素材を変えながら1年を通して供する前菜の盛合せ。写真はアワビ、ウニ、コハダ、サイマキエビの魚介に、風呂吹き大根や紅白なますを盛り込んだ1月の八寸。

作り方

半熟うずら卵と才巻海老

①うずらの卵を熱湯に1分50秒間漬けて半熟に火を入れ、冷水にとる。冷めたら殻をむく。

②かつおだし（解説省略）、醤油、みりんをめんつゆ程度の濃さの配合で合わせ、一度沸騰させてから冷ます。

③①の卵を②の漬け地に丸1日漬ける。

④サイマキエビの背ワタを抜き、酒を加えた湯でゆでた後、頭と殻をむく。

⑤③のうずらの卵と④のエビに飾り串を通して器に盛り、大根の茎（細く裂いて水に放ったもの）を飾る。

風呂吹き大根

①三浦大根を輪切りにして皮をむき、下ゆでする。

②白身魚のアラのだし（解説省略）とかつおだしを同割で合わせて羅臼昆布を入れ、塩と淡口醤油、みりんで調味して①の大根を約30分間炊く。

③柚子味噌を作る。白味噌に卵黄と砂糖を加えて火にかけてつやよく練り、最後に柚子果汁を加え混ぜる。

④②の大根をひと口大に切って盛り、③の柚子味噌をたらす。

紅白なます

①三浦大根と京にんじんをせん切りにし、塩水にしばらく浸してしんなりとさせる。水分をしっかり絞る。

②米酢、砂糖、水を合わせた甘酢に①の野菜を浸して味を含ませる。

③②の水気をきって器に盛り、木の芽を天に盛る。

煮鮑

①エゾアワビをきれいに水洗いし、殻をはずす。

②鍋に酒、水、多めの羅臼昆布を入れて沸かし、①のアワビを沈めて柔らかく煮る。煮汁に浸したまま粗熱をとる。

③②のアワビを取り出し、波切りでひと口大に切って盛る。

煮凝り

①白身魚のアラのだしを塩と淡口醤油で吸い地よりやや薄く味をつける。容器に流して冷蔵庫で冷やし固める。

②グラスに①の煮こごりを盛り、バフンウニ（季節によって種類を変える）をのせてむら芽を飾る。

小肌の砧巻き

①三浦大根をかつらむきにし、塩水に浸してしんなりとさせる。水気をふき、米酢、砂糖、水を合わせた甘酢に浸して味を含ませる。

②①の大根の水気をふき取り、酢締めにしたコハダ（解説省略）と大葉をのせて巻く。ひと口大に切り分けて器に盛り、紅葉を飾る。

❖油目新子の南蛮漬け 明石蛸のぶつ切り 蒸し鮑 （鮓 きずな）

アブラメ新子は「明石の春の味覚」と言われるアイナメの幼魚で、南蛮漬けに仕立てる。シンプルにゆでたタコと、蒸して酒煮にしたアワビとともに提供。

作り方

油目新子の南蛮漬け

①アブラメ（アイナメ）の新子（体長7～8㎝の幼魚。兵庫県明石産）を水洗いして、水分をよくふき取る。丸ごと片栗粉をまぶし、160℃のサラダ油で揚げる。

②①をバットに並べ、玉ねぎとにんじんの細切りを散らす。

③米酢、淡口醤油、砂糖、小口切りの赤唐辛子を鍋に入れて沸かし、②にかけて1日ねかせて味を含ませる。

明石蛸のぶつ切り

1杯1・2～1・5kgのマダコ（明石産）を、丸ごと塩もみしてぬめりを取る。水洗いした後、沸騰湯に入れ、蓋をして25分間ゆでる。取り出して冷ます。

蒸し鮑

①殻付きのマダカアワビ（徳島県鳴門産）をタワシで水洗いした後、殻を湯引きする。

②①のアワビを殻ごと蒸し器で2時間蒸す。

③②の殻をはずし、煮切り酒と水で酒煮にする。煮汁が飴色になり、鍋底にわずかに残る程度まで1時間～1時間半ほど煮る。

④③にかつお節と昆布のだし（解説省略）と、塩、みりん、淡口醤油を加えてからめ、そのまま冷ます。

⑤④のアワビから肝をはずし、白粒味噌をみりんでのばした味噌床に丸1日漬ける。

仕上げ

皿の右側に油目新子の南蛮漬けを盛り、中央に大葉を敷いて、ひと口大に切った明石蛸のぶつ切りを盛る。蒸し鮑の身と肝を切り分け、左側に盛る。

鮑の刺身肝のせ 鮑のえんぺらのこのわた和え（鮨 なかむら）

アワビの身、肝、エンペラ（ひも）を組み合わせたアワビづくしの盛合せ。身は刺身とし、裏漉しした肝をアクセントに添える。一方、エンペラはゆでてコノワタ和えに。

作り方

①エゾアワビ（三陸産）を掃除して殻をはずし、身、肝、エンペラ（ひも）に分ける。
②①の身を幅1・5㎝の棒状に切り、上下の面に斜めに細かく切り目を入れる。切り目は身の中ほどまで深く入れる。
③①の肝は沸騰した湯に入れてゆで、中心まで火を通す。水気をきり、裏漉しして醤油でのばす。
④①のエンペラはさっとゆで、水分をふき取ってひと口大に切る。コノワタ（ナマコの腸の塩辛。解説省略）で和える。
⑤②の身を2つに切って皿に盛り、③の肝とおろしわさびをのせる。④のエンペラを隣に盛り、すりおろした柚子皮をふる。

水蛸の桜煮と鳥貝の二点盛り（鮨 渥美）

北海道産ミズダコの桜煮は、開店直後から供している名物。トリガイは火入れの段階の違うものを握りと酒肴で適宜使い分ける。写真は半生のもの。

作り方

①1本単位で仕入れたミズダコ（北海道産）の脚を、塩をまぶさずに10分間ほどもんでぬめりを取る。水洗いして水分をふき取る。
②水、砂糖、醤油を合わせて煮立て、①のミズダコを入れて煮る。アクを丹念に取り、砂糖、醤油で味をととのえながら、約1時間煮込む。火からはずして粗熱をとる。
③トリガイは掃除して半生にゆでる（138頁参照）。
④②のミズダコを輪切りにし、③のトリガイとともに器に盛る。生わかめ、薄切りにしたみょうが、おろしわさびを添える。

汁もの

蛤のお吸いもの（鮨 なかむら）

**コースの初めに供する吸いもの。
ハマグリの風味が凝縮した吸い地に、
白身魚のすり身でつないだハマグリのむき身を合わせた。**

作り方

①鍋に煮切り酒と水、昆布を入れて沸騰させ、ハマグリのむき身をゆでる。ハマグリの味が完全に出るまでしっかりとゆでて風味の濃い汁を作る。

②①を漉し、汁を取りおく。むき身は細かくきざんで白身魚のすり身と塩を加え混ぜ、小さな丸にとって椀種とする。

③②のゆで汁と椀種を一緒に温め、器に盛る。

蛤の吸いもの（鮨 まるふく）

**地ハマグリを水で煮出し、塩で味つけした吸いもの。
お客が身を食べたら汁にすし飯を小さく握って入れ、
雑炊風にしてすすめる。**

作り方

①ハマグリ（殻付き）を水に入れて沸かし、殻が開いたら漉して殻付きの身と汁に分ける。汁は塩で味をととのえる。身と汁を別々に保管する。

②提供直前に①のハマグリと汁を合わせて温め、器に盛って供する。最初は身のみを食べるようすすめる。

③②の残った汁に、ピンポン玉大に丸めた常温のすし飯と小口切りのあさつきを入れて供する。崩しながら汁とともに食べるようすすめる。

❖蛤の吸いもの
（鮨　はま田）

ハマグリを下ゆでした時に出るエキスをくり返し使って濃度を高め、吸いものに。調味料は加えず、素材そのものの味を表現する。

作り方
①鮨ダネの煮ハマグリの調理に使ったゆで汁（124頁参照）を漉し、冷蔵庫で保管する。
②2回目の煮ハマグリの仕込みは、①に酒少量と水を足してハマグリのむき身がひたひたになる量にし、同様にゆでて漉す。計4〜5回くり返して使う。
③②を温めて器に盛る。

すっぽんの丸吸い（鮨 わたなべ）

時間をかけてエキスを抽出したスッポンの吸いもの。12～1月に、食事の途中のおしのぎ、あるいは締めの汁ものとして供する。

作り方

①スッポンをさばいて甲羅や頭、内臓などを除き、湯引きして薄皮を除く。きれいに水洗いして適宜の大きさに切り分ける。

②同割の水と酒に元昆布（だし用昆布の根元）を入れて沸かし、①のスッポンを入れる。沸いたらとろ火にして、水面が踊らないように数時間静かにゆでて、透明のスープを作る。

③九条ねぎの白い部分をひと口大に切り分け、焼く。青い部分は小口切りにして水にさらし、水分をきる。

④②のスッポンのスープから人数分を取り分けて小鍋に入れ、温めて塩、淡口醤油、みりんで味をととのえる。生姜の搾り汁少量も入れる。スッポンのエンペラをひと口大に切って入れ、温めてネギとともに盛る。

虎魚の丸仕立て（すし処 みや古分店）

葛粉を打ち、酒と塩入りの湯でふっくらと仕上げたオコゼの丸仕立て。別にかつおだしベースの吸い地を用意し、合わせる。

作り方

①オコゼを三枚におろし、腹骨や小骨を除いて皮付きのまま食べやすい大きさに切る。葛粉をまぶし、酒、水、塩を沸かした中でゆでて、引き上げる。

②かつおだし（解説省略）を温めて塩と淡口醤油で調味し、水溶き葛粉を加えて軽くとろみをつける。

③椀に①のオコゼを盛り、②の吸い地を張る。生姜の搾り汁を落とし、白髪ねぎと木の芽を添える。

潮汁（おすもじ處 うを徳）

時季の白身魚のアラを使って、食事の締めに供する潮汁。写真はホシガレイで、他にマコガレイ、スズキ、タイなどで作る。

作り方

①白身魚（今回はホシガレイ）のアラをひと口大に切り分ける。塩水で洗い、血や汚れを取り除く。沸騰した湯で下ゆでした後、冷水にとってさらに汚れをきれいに洗い流す。ザルに上げて水気をきる。

②①を鍋に入れ、水を張る。利尻昆布、酒、淡口醤油、塩で調味し、しばらく煮出す。アクをていねいにすくい取る。

③②から利尻昆布を除き、アラと汁を器に盛って柚子の皮を添える。

❖白子のだし割り（新宿　すし岩瀬）

裏漉ししたタラの白子を濃いめの吸い地でのばし、白子の甘みやねっとりした触感に、かつおだしの旨みを加えた吸いもの。

作り方
①掃除したタラの白子を裏漉しする。
②かつおだし（解説省略）、淡口醤油、酒、塩を合わせて濃いめの吸い地を作る。
③提供する直前に①の白子と②の吸い地を鍋に合わせ、熱々にして器に注ぐ。

❖ねぎま汁（寿司處　金兵衛）

トロの小角切りとせん切りのねぎで仕立てたねぎま汁。冬はホンマグロ、夏はインドマグロと旬のものを使い分けて一年中提供。

作り方
①マグロ（中トロまたは大トロ）を小角切りにし、塩をふって10分間ほどおいて生臭みのある水分を抜く。
②①を沸騰した湯に入れ、表面が白くなったらすぐにすくい取る。流水に20～30分間さらしてアク抜きする。
③②の水分をきって鍋に入れ、水を張って火にかける。沸騰直前まで温め、浮いてきたアクを除いて、醤油、塩、ごく少量のみりんで味をつけ、再び沸騰直前まで温める。火からはずして冷ましながらマグロのだしを引き出す。
④提供時にねぎ（緑と白の両部分）のせん切りを椀に盛り、③の汁を温めてマグロとともに注ぐ。

❖ 海藻の味噌汁（すし豊）

5種類の海藻入り味噌汁。かつおだしに同量のハマグリのゆで汁を合わせて旨みを補い、海藻の磯臭さを抑えた。

作り方

①かつおだし（解説省略）と煮ハマグリを作った際のハマグリのゆで汁（解説省略）を同割で鍋に合わせ、温める。生わかめと生あおさ、さいの目に切った絹ごし豆腐を入れて温め、米味噌を溶き入れる。

②熱いうちに①を椀に盛り、それぞれ生の新海苔、もずく、ぎばさ*を入れる。

*ぎばさ　海藻の一種で、和名はアカモク。粘りがあり、湯に通すと茶褐色が鮮やかな緑色に変わる

❖ 鯛こく椀（鮨 くりや川）

マダイの頭と骨を3日間煮出し、味噌仕立てに。コクの強い汁とほろりと崩れる骨が醍醐味だ。味噌は京都産の甘口2種を使用。

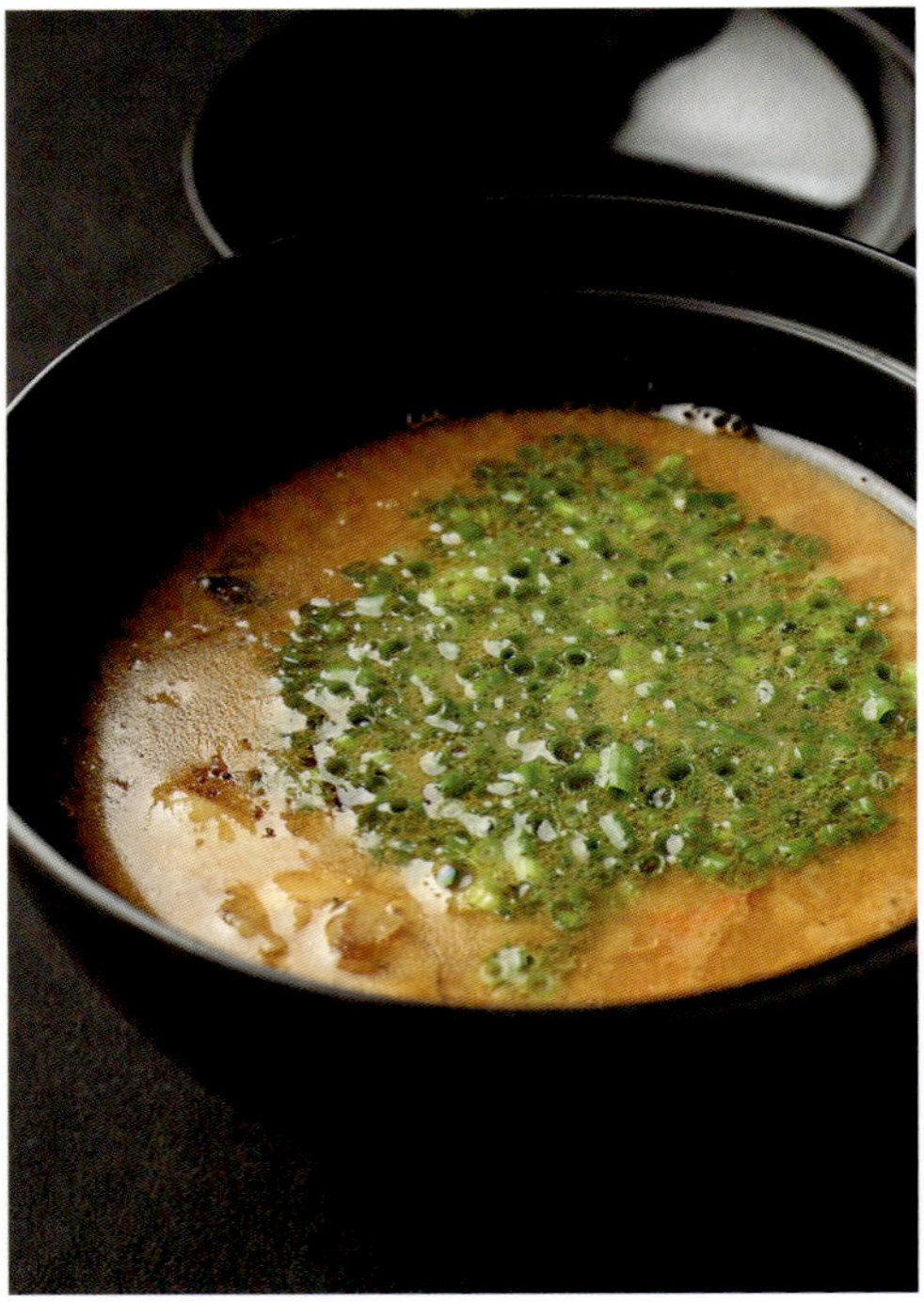

作り方

①掃除したタイの頭と骨をひと口大に切り、水、酒、梅干しを入れた鍋に入れる。強火にかけて沸騰したら弱火にし、ていねいにアクをすくいながら約8時間煮る。

②①を翌日、翌々日も同様に煮続ける。骨が簡単につぶれるくらい柔らかくなれば、でき上がり（途中で水分が少なくなれば随時水を足す）。

③②の鍋に西京味噌と京桜味噌*を溶き、梅干しを取り出す。

④③の汁を骨ごと器に注ぎ、あさつきの小口切りを盛って粉山椒をふる。

***京桜味噌**　米味噌と豆味噌の原料を混ぜて醸造し、数ヵ月間ねかせた甘口味噌

❖ 賀茂茄子の揚げ浸し（おすもじ處 うを徳）

京都から取り寄せる肉厚の賀茂なすを
果肉にしっかりした歯ごたえを残すように揚げて、揚げ浸しに。

①賀茂なすの天地を切り落とし、横に2等分する。油がよくしみ込むように、金串数本を束ねて果肉と皮面の両方から何ヵ所も刺し、穴を空ける。

②①を170℃の綿実油で揚げる。あまり柔らかくせず、果肉の歯ごたえを残す程度に火を入れる。

③②の油をきり、ひと口大に切り分けて温めた八方地*に浸ける。

④一番だし（解説省略）を温めて淡口醤油で調味し、薄切りの松茸を入れてさっと火を通す。水溶きの葛粉をまわし入れてとろみをつける。

⑤③のなすの水分をきって器に盛り、④をかける。

*八方地 一番だしを淡口醤油、塩、みりんで調味したもの

❖ 焼き茄子のすり流し（鮨 くりや川）

焼いたなすの果肉をピュレにし、調味した冷製すり流し。
なすは強火で一気に焼いて、水分を逃さず旨みと香ばしい香りを生かす。

作り方

①なすの先端に菜箸で穴を一つあけ、加熱した際の蒸気の逃げ道を作る。強火の直火にあてて皮全体が黒く焦げるまで焼きながら、中まで火を通す。氷水に入れて粗熱をとる。

②①のなすの皮をむいて、ヘタを取り、果肉をミキサーにかけてピュレにする。

③②に淡口醤油と煮切りみりんを加えて味をととのえ、冷蔵庫でよく冷やす。器に注ぐ。

ごはんもの

鮑の肝ご飯（鮨 渥美）

煮アワビの肝をすし飯に混ぜた肝ご飯。アワビの薄切りを添えたり、ウニやイクラも加えて「海宝ちらし」の名で供することもある。

作り方

①クロアワビ（三陸産）の殻をはずして水洗いし、酒と塩を加えた水で2時間ほど煮る。

②①のアワビから肝をはずし、細かくきざんで適量をすし飯に混ぜ、煮切り醤油で調味してよく混ぜる。

③①のアワビの身は薄切りにする。

④器に②の飯を盛り、③のアワビの身をのせておろしわさびを添える。

鯖の千鳥（すし処 みや古分店）

「鰤の千枚博多押し」（52頁参照）の変化形で、締めサバとすし飯を千枚漬けで巻いたもの。小ぶりに仕立て、おしのぎとして供する。

作り方

①千枚漬け1枚に締めサバ（解説省略）の薄切り2枚とすし飯をのせ、炒りごまをふって巻き、飾り串を通す（写真では中身が見えるように2等分した）。

②酒に梅干しを入れて火にかけ、半量まで煮詰めてから再度酒を入れて元の量に戻す。羅臼昆布も加えて、再び半量まで煮詰める（煎り酒の液体分は他の料理に使用し、梅干しのみを利用する）。

③①の巻きものを器に盛り、②の梅干しを添える。柚子皮のせん切りと木の芽を添える。

❖ 毛蟹の甲羅詰めと蟹ごはん（木挽町　とも樹）

蒸してほぐした毛ガニ1杯分の肉を、甲羅に詰める品は「とも樹」の名物。蟹ごはんはそのアレンジで、カニ肉にすし飯などを混ぜ、細巻き風に海苔で巻いたもの。

作り方

毛蟹の甲羅詰め

①活けの毛ガニを水洗いし、丸ごと蒸し器で25分間蒸す。

②①のカニをさばき、胴と脚の肉とミソをすべて取り出す。肉とミソをバランスよく和えて甲羅にすべて詰め、冷蔵庫に入れて落ちつかせる。

蟹ごはん

①甲羅詰めにしたカニ肉の一部を器に入れてほぐし、すし飯、白ごま、小口切りのあさつき、軸を除いた花穂じそ、醤油を合わせ、軽く混ぜる。

②①を海苔で巻く。

仕上げ

①毛蟹の甲羅詰めを殻ごと数等分し、器に盛る。すだちの果肉と花穂じそ、粗塩を添える。

②蟹ごはんを①の隣に盛る。

③三杯酢を別容器に注ぎ、花穂じそを浮かべて添える。

❖ 香箱蟹の小丼（新宿　すし岩瀬）

香箱ガニを丸ごと使った冬の一品。調味の土台はカニミソの旨みで、味を補う程度に少量の煮切り醤油を加える。

作り方

①香箱ガニ（ズワイガニのメス）を約20分間蒸す。殻をはずし、カニ肉とミソ、内子、外子を和える。ごく少量の煮切り醤油で調味する。

②供する直前に①を蒸し器で温め、すし飯を少量敷いた器に盛る。

❖小鯵の棒寿司（鮨 大河原）

ひと口サイズの棒寿司を酒肴として供し、コースの流れに変化をつける。魚の種類や、生か酢締めかなどの仕込みはそのつど変わる。

作り方

①小アジの頭と内臓を除き、三枚におろす。皮を引いて腹骨などの小骨を除き、背身の側を観音開きのように開いて厚みを揃える。皮目に縦に切り目を入れる。

②①を裏返して大葉を置き、すし飯をのせて棒寿司に整える。

③②を食べやすい大きさに切り分けて器に盛り、煮切り醤油をぬって炒った白ごまをふる。すりおろしたわさびを添える。

❖桜海老の手巻き（匠 達広）

握りの合い間に供するひと口サイズの手巻きずし。海苔の香りとパリッとした触感を楽しめるよう、お客自身の手で巻いてもらう。

作り方

①生のサクラエビ（静岡県駿河湾産）を鍋で乾煎りし、最後に少量の醤油をふり入れて香りづけする。わさび醤油にさっと通す。

②器に小さく切り分けた海苔を敷き、すし飯少量を置いて①のサクラエビを盛る。天に少量のすりおろしたわさびを添える。

❖唐津産赤雲丹 奈良漬けを添えて（木挽町 とも樹）

すし飯に甘みの濃いアカウニをのせ、奈良漬けの薄切りを添えた。奈良漬けの甘じょっぱい風味がアカウニの甘みを引き立てる。

作り方

①白うりの奈良漬けを薄切りにする。斜めに包丁を入れてやや幅広に、厚みはごく薄くする。②すし飯を少量握って器に置き、アカウニ（佐賀県唐津産）を覆うように盛る。①の奈良漬けを2枚のせ、おろしわさびを天に盛る。奈良漬けは味が濃いので、アカウニの量に対して少量に抑える。

❖雲丹飯のおこげ（鮨 大河原）

すし飯で作る香ばしいおこげ。ウニ、小柱、毛ガニなど数種類の魚介を混ぜて薄くのばし、醤油をたらして焼き上げる。

作り方

①すし飯にウニ、小柱、ほぐした毛ガニの脚肉、生海苔を混ぜる。②アワビの殻に①を薄く貼り付け、網にのせて焼く。下面が焼けてきたら醤油をふた回しほどかけ、天火で上面を焼く。仕上げに炒った白ごまをふり、すりおろしたわさびを添える。

35軒の人と店

油井隆一（㐂寿司）

江戸前の握りの開祖「與兵衛ずし」の流れを汲み、その技を継承する。昨今使われることの少ないタネや、仕込み、仕立て方などの随所に伝統を残している。マカジキや煮イカ、イカの印籠の他にも、おぼろの握り、ゆで卵の握り「ひよっこ」、コハダとクルマエビを縞模様に握る「手綱巻」が健在。旬への意識も強く、素材の風味がピークとなる短い期間だけに限定したタネが多いところにも伝統を守る老舗の気概がうかがえる。

ゆい りゅういち
1942年東京都生まれ。大学卒業後、東京會舘(東京・大手町)で3年間フランス料理を学ぶ。その後、実家の「㐂寿司」に入店して一から鮨の修業を積む。'75年に3代目主人となる。

住所／東京都中央区日本橋人形町2-7-13　電話／03-3666-1682

*油井隆一氏は2018年5月に逝去されました。現在は、長男の一浩氏が四代目として店を継いでいます。

安田豊次（すし豊）

やすだ とよつぐ　1948年東京都生まれ。江戸前鮨の老舗「新富寿し」(東京・銀座)で修業を開始。6年間学んだ後、22歳で大阪市に移住。市内の鮨店に3年間勤め、'74年に独立する。

「大阪に惚れたのは白身魚やエビの種類が驚くほど豊かだったから」と安田氏。仕入れ先は、小規模だが大阪湾内を中心とする良質な地ものが揃う大阪木津卸売市場で、東京仕込みの生粋の「江戸前」の技法で調理する。営業上のタネの適量は20種以内というが、「出したいものばかりでついつい25種類近くに増えてしまいます」(安田氏)。天然アユの姿寿司や、ヒラマサの酢締めを赤かぶや自家栽培の天王寺かぶと合わせた蕪寿司は定番。

住所／大阪市阿倍野区王子町2-17-29　電話／06-6623-5417

岡島三七（蔵六鮨 三七味《みなみ》）

おかじま さんしち　1951年長野県生まれ。東京・恵比寿の「割烹入船」で日本料理を学んだ後、同じ経営元の「入船寿司」で7年間修業。'80年の「蔵六鮨」開業時に入店し、'84年に主人となる。

献立はおまかせが多いが、「お好みも大歓迎」と岡島氏。「昔のお客は好きなものだけを好きなだけ食べた。そんな"わがまま"が鮨店の醍醐味」と語る。炭酸水、醤油、ざらめ糖、酒で歯応えを残すように煮た「大膳煮タコ」は岡島氏好みのもの。また中トロのヅケは霜降りして1時間地に漬け、一晩ねかせた伝統の仕込み。10月〜翌1月は青森県大間産、それ以外は「味がよく質の安定した」アイルランド産クロマグロを使う。

住所／東京都港区南麻布4-2-48 TTCビル2階　電話／03-6721-7255

杉山 衞（銀座 寿司幸本店）

「鮨屋は、お客さまとのやりとりの中で味つけや調理法、大きさ、硬さとあらゆることに臨機応変に対応して、お客さまごとの世界を作っていけるところに醍醐味がある」と杉山氏。創業以来130余年の、その積み重ねが寿司幸本店の仕事の厚みになっている。原点を追求した伝統の技が貫かれている一方、時代の感覚を取り入れた柔軟性もあり、ふたつがほどよく混ざり合う。おぼろの仕事は前者、ワインを使ったヅケは後者の好例だ。

すぎやま まもる
1953年東京生まれ。大学卒業後、実家である「銀座 寿司幸本店」に入店し、鮨の修業をはじめる。同店は1885年創業の老舗で、1991年に38歳で4代目を継ぐ。

住所／東京都中央区銀座6-3-8　電話／03-3571-1968

神代三喜男（鎌倉 以ず美）

江戸前の仕事を多く踏襲する中で、魚介の味と香りをより引き出すための試行錯誤を続けている神代氏は、新しいタネの導入にも積極的だ。春の筍は味のアクセントと季節感の演出として採り入れたもので、ゆでて醤油味でつけ焼きにして握る。また、柚子果汁と米酢で締めた稚アユの姿握りや、稀少なケイジ（サケの若魚）も季節の定番。仕入れは「魚種が豊かで質の高い築地」（神代氏）に通い、'18年には東京・銀座にも出店した。

かみしろ みきお
1957年千葉県生まれ。10年勤めた「いずみ」（東京・目黒）の暖簾分けで'87年に独立。2018年3月、東京・銀座に「鎌倉 以ず美 ginza」を開業。

鎌倉 以ず美　住所／神奈川県鎌倉市長谷2-17-18　電話／0467-22-3737
鎌倉 以ず美 ginza　住所／東京都中央区銀座4-12-1 銀座12ビル8階　電話／03-6874-8740
*月曜～金曜は銀座、隔週土曜は鎌倉での営業が基本。詳しくは問合せを。

福元敏雄（鮨 福元）

福元氏が心がけているのは「酒とともに楽しめる鮨」。やや小ぶりに握ってひと口で食べやすくし、すし飯も酒に合う味つけを考えたという。コクがあって酸味のマイルドな赤酢（粕酢）を2種類合わせ、藻塩、砂糖で調味した飯で、米粒の立ったやや硬めの触感が特徴。おまかせコースは酒肴6〜7品と握り10〜11貫。煮穴子は常に煮ツメと塩の2種類を提供する。また、卓上にはその日の全鮨ダネの産地を書いたボードを置いており、好評だ。

ふくもと としお
1959年鹿児島県生まれ。東京と神奈川・横浜の鮨店で修業後、東京・下北沢の「すし処澤」の店長に就く。その後オーナーとなり、2000年に現在地へ移転し、「鮨 福元」と改名。

住所／東京都世田谷区代沢5-17-6 はなぶビル地下1階　電話／03-5481-9537

橋本孝志（鮨 一新）

マグロのトロ以外はほぼすべてのタネに仕事をするのが「鮨 一新」の握り。酢締め、昆布締め、ヅケ、煮もの、塩ゆで、酒蒸しなどだ。ヅケは短時間の漬け込みはせず、醤油ベースの地に一晩漬ける伝統の技法のみ。また、皮付きで供するのが一般的なキスも「皮の硬さが気になる」と、むきにくい皮を必ずむくなど仕事は細やかだ。飯にも一家言を持ち、大正〜昭和期の圧力鍋風蒸しかまど（熱源は炭）でふっくらと炊き上げている。

はしもと たかし
1961年東京都生まれ。15歳から料理の道に入り、都内の日本料理店を経て鮨店3軒で修業する。'90年、29歳で地元の浅草にて独立開業する。

住所／東京都台東区浅草4-11-3　電話／03-5603-1108

太田龍人（鮨処 喜楽）

おまかせコースの握りは12貫。「バランスよくタネの変化を楽しんでいただくことをいちばんに考えている」と太田氏。また、店の顔となるような評判の握りを作るより、「トータルでおいしいと思ってもらえるオールラウンドプレイヤーをめざしたい」とも語る。3代目を継いで以降、米酢と赤酢の使い分けや米の炊き方なども再考し、今も試行錯誤を重ねる日々。趣味の一つである釣りはヒラマサが中心で、釣果を献立に載せることも多い。

おおた たつひと
1962年東京都生まれ。高校卒業後、ホテルの営業マンを経て、21歳で実家の鮨店に入る。2代目の父親の下で修業を積み、'99年に36歳で3代目を継ぐ。

住所／東京都世田谷区経堂1-12-12　電話／03-3429-1344

青木利勝（銀座 鮨青木）

握りの名人としてならした先代の仕事を引き継ぎつつ、時代に合わせた味覚を取り入れて、自身の鮨を確立してきた青木氏。写真で紹介した烏賊の印籠や、〝唐子〟（中国風の髪型の子供）の形に似せた才巻海老の唐子付けは、今や一部の老舗でしか作られなくなった伝統の握りで、鮨青木でも守り続けている。一方、大ぶりの牡蠣を酒煮にした握りは青木氏の発案。また、関西が本場のハモも、握りや棒寿司に仕立てており、好評だ。

あおき としかつ
1964年埼玉県生まれ。大学卒業後、「与志乃」（東京・京橋）で2年間修業し、父親の営む「鮨青木」（同・麹町）に入店。'92年に銀座へ移転し、翌年29歳で跡を継ぐ。2007年に西麻布にも出店。

住所／東京都中央区銀座6-7-4　銀座タカハシビル2階　電話／03-3289-1044

野口佳之（すし処 みや古分店）

10品近い酒肴・料理と握り8貫で構成するおまかせコースが基本。料理の種類も多いが、握りのタネも季節ごとに豊富な魚種を利用する。ブリは紹介した博多押しを定番とするが、もっとも脂の多い腹の底部の「砂ずり」は、通常の握りにすることもある。また、鮨ダネとしてはめずらしい高級魚のヒゲダラも冬にはおなじみのタネだ。「塩や酢で締めるタネの仕込みは、酢飯の味を基準にして加減を考える」のが「みや古分店流」という。

のぐちよしゆき
1964年東京都生まれ。高校卒業後、「てら岡」（福岡・博多）で2年間日本料理と鮨を学ぶ。'87年に実家の鮨店の3代目を継ぎ、日本料理店「御料理いまむら」（東京・銀座）の先代にも師事する。

住所／東京都北区赤羽西1-4-16　電話／03-3901-5065

大河原良友（鮨 大河原）

おまかせコースは、酒肴、握り、汁ものを合わせて約20品。魚介は酒肴用と握り用に使い分けているが、お客の要望によって臨機応変に対応する。昨今は魚を熟成させる店が増えているが、大河原氏は「鮮度のよさを大事にした握り」をモットーとする。また、火を入れるタネは加熱後に冷蔵すると味が落ちるからと、営業時間の直前に一気に仕上げて常温で保管。当日中に使いきることを基本姿勢にしている。

おおがわらよしとも
1966年大阪市生まれ。東京の割烹店で日本料理を5年半学び、26歳で鮨の世界へ。10軒以上の鮨店で修業後、「椿」（東京・銀座）など3軒の鮨店で板長を務め、2009年に独立。

住所／東京都中央区銀座6-4-8 曽根ビル2階　電話／03-6228-5260

小宮健一（おすもじ處 うを徳）

典型的な江戸前の鮨を供していた先代の仕事に、独自の仕込みや提供法を加えて新たな「うを徳」のスタイルを築いている小宮氏。本文で紹介した昆布締めや藁焼きはともに小宮氏の代ではじめた仕事である。また、一般にシバエビで作る玉子焼きは「甘みと旨みの強さに惹かれて」（小宮氏）、クルマエビで仕込み、ウニは軍艦巻きではなく酢飯とともに海苔巻きにして一体感を強めるなど、「おいしく食べてもらう工夫」を試みている。

こみやけんいち
1968年東京都生まれ。大学時代にフランス料理店の厨房で3年間働き、卒業後は「割烹やました」（京都・木屋町三条）で2年強、日本料理を学ぶ。'92年に実家の鮨店に入店し、2008年に3代目を継ぐ。

住所／東京都墨田区東向島4-24-26　電話／03-3613-1793

西　達広（匠 達広）

酒肴8種に握り12貫、巻きもの1種のおまかせコースが「匠達広」の基本の献立。修業先の「すし匠」の流儀にならい、途中で酒肴と握りを交互に供したり、赤酢（粕酢）と米酢でそれぞれすし飯を仕込み、タネの風味に合わせて握り分ける。鮨ダネを生のまま握るのはウニなど一部の素材のみ。ほとんどが塩締め、酢締め、柑橘の果汁を用いた香り締め、昆布締め、熟成やヅケ、そしてゆでる、煮るなど、ひと手間が加えられている。

にしたつひろ
1968年石川県生まれ。金沢の日本料理店で修業後、鮨職人を志し東京へ。数店を経て独立前の5年間を「すし匠」（東京・四谷）で学ぶ。2009年に開業し、'12年8月に現在地へ。

住所／東京都新宿区新宿1-11-7　電話／03-5925-8225

伊佐山　豊（鮨　まるふく）

いさやま ゆたか　1969年東京都生まれ。19歳から都内の鮨店5軒で修業を重ね、2011年10月に独立開業。屋号は、かつて都内の他の立地で営んでいた実家の鮨店の名を継承したもの。

握りに使うタネは「江戸前の仕事」をモットーに、アカガイやトリガイなどの貝類を除いてほとんどの素材にひと手間を加える。写真の握りは一例で、マグロは中トロをサクで煮切り醤油に7時間漬けたヅケ。また、コハダは年配の職人から教わったというめずらしい技法で、開いた後に30分間ほど水にさらして脂をほどよく抜き、酢締めにしてさらに酢昆布で3～4日締めたもの。手間を加えた鮨ダネが、顧客から厚い支持を受けている。

住所／東京都杉並区西荻南3-17-4　電話／03-3334-6029

中村将宜（鮨　なかむら）

なかむら まさのり　1969年長野県生まれ。調理師学校卒業後、東京と大阪の日本料理店で9年間修業。その後、都内の鮨店で2年間鮨を学ぶ。2000年に東京・六本木で独立し、'02年に現在地へ移転。

5～10種の豊富な酒肴と13貫前後の握りを1コースとしたおまかせが主体。鮨ダネはイカなどの硬い食材に限らず、たいていのものに細かな切り目を入れて柔らかく、旨みを感じやすく仕立てているのが特徴だ。すし飯は小さな釜で少量ずつ時間差をつけて炊き、米酢と少量の赤酢（粕酢）で調味する。中村氏は独立後も本などで鮨の技術を研究し、数種ある握りの手法の原形といわれる、工程数のやや多い「本手返し」を取り入れている。

住所／東京都港区六本木7-17-16 米久ビル1階　電話／03-3746-0856

渥美 慎（鮨 渥美）

あつみ しん
1970年神奈川県生まれ。15歳から横浜市内の鮨店2軒で修業を開始。20歳で「奈可田」（東京・銀座）に移り、8年間にわたって技術を磨く。'99年に地元に戻り、独立。

「鮨 渥美」では、市内の横浜中央卸市場から魚介を仕入れる。全国の魚介も豊富に揃うえ、「小柴のシャコやクルマエビ、松輪のサバ、佐島のタコ、平塚沖の地魚など、ブランド品を含む地元産が充実しているところが魅力」という。渥美氏は若い頃から進取の気性に富み、伝統の魚介以外にも新顔の魚を次々と握りのタネに取り入れてきた。写真のニシンの他、キンメダイやコチ、イサキもよく使うという。

住所／神奈川県横浜市港南区日野南6-29-7　電話／045-847-4144

佐藤卓也（西麻布 拓）

さとう たくや
1970年東京都生まれ。「銀座 久兵衛」（東京・銀座）などで修業し、2005年に独立。現在はもっぱら米国・ハワイの「すし匠」のつけ場に立ち、日本不在時は店長の石阪健二氏がのれんを守る。

食事の流れは、酒肴からはじまり、途中で酒肴と握りが交互に出て握りに移行していく。一時期、酒肴ばかりを注文するお客が増え、「鮨屋の基本は握り」と、このスタイルに。お客の好みに沿って順番、間隔、握りの大きさなどを加減する。すし飯は2種類を用意し、赤酢のすし飯はヅケや酢締め、昆布締めのタネに。一方、米酢主体（米酢と赤酢が5対1）はマグロの赤身、白身魚、シラウオなど魚種や仕込みに合わせて使い分ける。

住所／東京都港区西麻布2-11-5 カパルア西麻布1階　電話／03-5774-4372

鈴木真太郎（西麻布 鮨 真）

すずき しんたろう
1971年東京生まれ。高校時代に3年間アルバイトをした「小かん鮨」（東京・東松原）に11年間勤める。その後2店の鮨店を経て、2003年に西麻布で開業。'11年に現在地へ移転。

5皿前後の酒肴（一部は数品ずつを盛り合わせる）と、握り11〜12貫のおまかせが中心だが、握りのみのおまかせも受ける。江戸前伝統の鮨ダネを大事にしながら、それ以外にも握りに合うと思う魚介があれば積極的に取り入れるのが鈴木氏の姿勢。カマス、アマダイ、ハタ類などはその一例だ。魚はほとんどを塩で締め、脱水シートで包むなどして、魚の個性や個体差、部位に合わせて水分を調節し、旨みを最大限に引き出している。

住所／東京都港区西麻布4-18-20 西麻布CO-HOUSE1階　電話／03-5485-0031

吉田紀彦（鮨 よし田）

よしだ のりひこ
1971年京都府生まれ。割烹「ます多」（京都・河原町）で7年間日本料理を学んだ後、京都を中心に複数の鮨店で修業。2009年に京都・北大路で独立し、'14年11月に現在地に移転。

伝統的な江戸前を基本に、夏は「京の味」の代表であるハモやアユもタネに加える。ハモは調理法を自在に変え、写真の「落とし」の握りと「つけ焼き」の棒寿司のほか、「生」や、両面をあぶった「焼き霜」で握ることも。棒寿司は関西の伝統であるだけに、欠かさず仕込んでコースの最後に供し、季節に応じてハモまたはサバで作る。すし飯は、棒寿司用は米酢で作る関西風の甘めの味だが、握り用は赤酢のみで甘さを抑えている。

住所／京都市東山区祇園町南側570-179　電話／080-4239-4455

植田和利（寿司處 金兵衛）

うえだ かずとし
1972年東京都生まれ。大学卒業後に実家の鮨店に入店し、同時期に2代目を引き継いだ父親の下で修業する。2013年4月に40歳で3代目を継ぐ。

昭和に活躍した祖父の技術を父親を通して学び、自身の基本としている3代目の植田氏。そのうえで、食材の漬け込みの時間を加減したり、調味料や食材の種類を変えたりと現代の素材や味覚の傾向に合わせたアレンジを試み、「平成の江戸前鮨」を追求する。また、基本の包丁さばき――魚介をどうおろすか、いかに早く作業し、いかに骨に身を残さないか――などにも磨きをかけることで「味のブラッシュアップを心がけている」と語る。

住所／東京都港区新橋1-10-2 植田ビル1階　電話／03-3571-1832

山口尚亨（すし処めくみ）

青森のマグロや北海道のウニ、九州のアナゴなどを除くタネの大半を、能登を中心とする北陸の魚介でまかなう。早朝に能登半島・七尾漁港と金沢中央卸売市場をまわり、最上品を活けで仕入れている。活け締めの技術はもちろん、店に運ぶ際の水の管理、締めた後の温度や湿度の管理などに万全を期して品質と鮮度を保つのが山口氏の流儀。すし飯は「デンプンの流出が少なく、粒が立つ」という羽釜で湯炊きにし、赤酢のみで調味する。

やまぐちたかよし
1972年石川県生まれ。22歳から東京・銀座の老舗鮨店「ほかけ」など都内の鮨店4軒で約8年間修業。2002年に郷里に戻り、独立開業する。

住所／石川県野々市市市下林4-48　電話／076-246-7781

一柳和弥（すし家 一柳）

いちやなぎ かずや
1973年千葉県生まれ。高校卒業後、東京・銀座の鮨店で12年間修業。数軒の鮨店を経て、'09年よりホテル西洋銀座内「すし屋真魚」で板長を務め、'13年6月に独立。

握りの決め手は「味つけだけでなく、タネの切りつけの形とサイズ、さらにすし飯の量が整っていること」と一柳氏。タネはどのような形状に、どれくらいの大きさに切るかという包丁使いがポイントで、見た目に美しく、食べて旨みを感じやすい切り方をめざしているという。また、握りはしっかりと噛むことで味わいが広がる料理。噛むには「高さが必要」ということから、すし飯の長さを短くし、高さを作って握ることが大事と説く。

住所／東京都中央区銀座1-5-14 銀座コスミオンビル1階　電話／03-3562-7890

岩瀬健治（新宿 すし岩瀬）

「新宿 すし岩瀬」のおまかせコースの握りは20貫前後。酒肴とともに鮨ダネの種類を豊富に揃えており、どのタネも「ひと仕事をすることで確実においしさを引き出す」（岩瀬氏）ことを心がけている。下の写真にある酢牡蠣は、そんな岩瀬氏の創意が発揮された鮨ダネのひとつ。ねっとりした濃厚な味が特徴の北海道・仙鳳趾《せんぽうし》産の大粒真牡蠣を湯引き後、甘酢で5分間ほど締めたものだ。好評を得て、1年を通して提供している。

いわせ けんじ
1973年神奈川県生まれ。3年間の会社勤めの後、「すし秀」（東京・四ツ谷）、「すし匠 まさ」（同・広尾）、「すし昴」（同・青山）で学び、2012年9月に独立。'17年に現在地に移転。

住所／東京都新宿区西新宿3-4-1 福地ビル1階　電話／03-6279-0149

小倉一秋（すし処 小倉）

「独立して仕込みを一人でやるようになり、改めて気づいたコツもあれば試行錯誤したことも多かった」と小倉氏。酢締めの塩梅や、すし飯の炊き方と調味は特に熟慮したという。握りではサバに白板昆布、カスゴに千枚漬けを組み合わせるなど、師匠から継いだ独特の提供法を自店でも定着させた。また、日によってタコの醤油煮と桜煮を作り分けたり、玉子焼きはだし巻きとすり身入りの2種を常備したりと顧客の多様な好みに対応する。

おぐら かずあき
1973年千葉県生まれ。調理師学校卒業後、「羽生」（東京・自由が丘）で17年間修業。2008年に同じ私鉄沿線の学芸大学前で開業し、夫婦2人で営む。

住所／東京都目黒区鷹番3-12-5　RHビル1階　電話／03-3719-5800

渡邉匡康（鮨 わたなべ）

「同じ種類の魚介でも、産地や季節による風味の違いをいかにお客さまに伝え、楽しんでもらうか」を心がけているという渡邉氏。仲買人や同業の職人との情報交換を密にし、自身の目と舌でも確かめ、それぞれの鮨ダネのよさを引き出すような仕込みを心がけている。ミニ丼風のウニは産地の違いを同時に楽しませる趣向で、同店の顔となっている品。西日本各地のアカウニと北海道のエゾバフンウニから4〜6種類を盛り合わせる。

わたなべ まさやす
1973年東京都生まれ。「岡崎つる家」（京都・岡崎）で2年間、日本料理を学んだ後、オーストラリアの日本料理店勤務を経て25歳から都内の鮨店で11年間修業。板長を経験後、2014年に独立開業する。

住所／東京都新宿区荒木町7 三番館1階　電話／03-5315-4238

石川太一（鮨 太一）

「鮨 太一」の握りには、江戸前鮨の伝統を引き継いだものが多い。下写真のマグロ本ヅケは、赤身をサクで湯引きにして表面を固め、煮切り醤油に半日間漬けたもので、夏場のマグロに利用する。また、煮イカも今では稀少な鮨ダネで、ダルマイカ（ケンサキイカの子）や麦イカ（スルメイカの地方名）を醤油やみりんで柔らかく煮て握る。イカの白さを損なわないよう、淡口醤油を控えめに使うのがコツという。

いしかわ たいち
１９７４年東京都生まれ。実家は鮨店を営む。都内の鮨店数店で修業を積んだ後、「逸喜優」（東京・碑文谷）などの板長を経て、２００８年独立。

住所／東京都中央区銀座6-4-13　浅黄ビル２階　電話／03-3573-7222

小林智樹（木挽町 とも樹）

タネの仕込みは調味料の配合や使い分け、タイミングなどを少しずつ変えては試作をくり返し、理想の味の追求に余念のない小林氏。築地市場を中心に仕入れるが、地方の稀少な素材も直接取り寄せ、バリエーションを増やしている。おまかせコースでは突き出しの後、マグロなど江戸前を代表するその日のおすすめのタネ3貫を握り、以降は数品ずつ酒肴と交互に供するのが基本。あとは酒の進み方に合わせて臨機応変に対応する。

こばやし ともき
１９７４年東京都生まれ。大学卒業後、「さゝ木」などで約10年間修業を積む。２００７年に歌舞伎座にほど近い銀座・木挽町で独立。

住所／東京都中央区銀座4-12-2　電話／03-5550-3401

周嘉谷正吾（継ぐ 鮨政）

ふらっと立ち寄って握りを数貫つまんで帰る——そんな利用法も歓迎という「継ぐ 鮨政」。おまかせコースもあるが、注文の多くはおこのみ鮨だ。同店の握りの特徴の一つはすし酢にある。赤酢（粕酢）を半量に煮詰め、塩と砂糖で調味してねかせて、飯と合わせる直前に米酢を混ぜる。赤酢は酸味がとびやすく夜遅くの時間まで持たないからと、赤酢を凝縮して旨みのエッセンスを作り、酸味の持続する米酢を補う方法を考案した。

すがや しょうご
1974年東京都生まれ。大学卒業後、都内の2軒の鮨店での修業を経て「和心」（西麻布）で5年間、二番手を務める。「徳山鮓」（滋賀・長浜）で1年間鮒寿司の技を学び、2008年独立。

住所／東京都新宿区荒木町8 カインドステージ四谷三丁目 1階　電話／03-3358-0934

松本大典（鮨 まつもと）

「場所はどこでも、自分の学んだ江戸前の鮨をお出しするのが私の仕事」と松本氏。関西でポピュラーなアマダイと琵琶湖産の稀少なビワマスは京都の土地柄を生かして取り入れた鮨ダネだが、他は東京時代と変わらない。魚の仕込みで酢や塩を強めにきかせたり、すし飯を赤酢で作ったりといった技法も江戸前鮨の伝統を貫く。「京都の鮨文化は東京とは異なりますが、インパクトの強い江戸前の鮨も、抵抗なく受け入れられています」。

まつもと だいすけ
1974年神奈川県生まれ。18歳から実家の鮨店で働き、24歳で東京の鮨店へ。翌年から「新ばし しみづ」（東京・新橋）で5年間修業し、2006年4月に京都で独立。

住所／京都市東山区祇園町南側570-123　電話／075-531-2031

岩 央泰（銀座 いわ）

「握りは、タネとすし飯のボリュームのバランス、握る手の圧力の加減にもっとも気をつかいます」と語る岩氏。すし飯は赤酢（粕酢）100％でやや硬めに、を心がける。注文はほぼ酒肴と握りからなるコースだが、鮨ダネの種類や順番、わさびのきかせ方など、お客の好みを細やかに聞き入れることがモットー。また、締めの巻きものも、複数のお客への提供のタイミングが揃えば少量ずつ数種類を盛り合わせる。

いわ ひさよし
1975年東京都生まれ。調理師学校卒業後、都内の鮨店「久兵衛」「鮨かねさか」で修業。2008年より「鮨いわ」（銀座）で板長を務め、'12年9月に「銀座 いわ」を開業。'16年に現在地に移転。

住所／東京都中央区銀座8-4-4 三浦ビル　電話／03-3572-0955

近藤剛史（鮓 きずな）

鮨ダネはマグロなどを除いて、明石や淡路を中心とする瀬戸内一帯の魚介が多い。タイを筆頭に各種白身魚や青魚、イカ・タコ、アワビなど多彩だ。関西の握りは刺身と同様、歯ごたえのある活かった鮨ダネで握ることが多いというが、近藤氏は適度に熟成させて旨みを高め、すし飯と一体となる柔らかさを引きだす。なお、すし飯はここ数年で甘めの関西風から、赤酢をブレンドした江戸前風のものへと変化した。

こんどう たけし
1975年大阪府生まれ。大学卒業後に鮨の修業をはじめる。「ひでずし」（大阪・都島）で4年間、「明石 菊水」（兵庫・明石）で5年半学び、2008年に大阪で独立する。

住所／大阪市都島区都島南通2-4-9　藤美ハイツ1階　電話／06-6922-5533

浜田　剛（鮨　はま田）

鮨職人を志して以来、江戸前の握りを極めることをめざしてきたという浜田氏。「1貫でも多く握りを食べてもらいたい」と、酒肴の種類を絞って握りに力を注ぐ。すし飯は赤酢（粕酢）を強めにきかせ、それに応じてタネも塩や酢でしっかりと締めたり、煮汁の甘みをきかせたりと、「一貫一貫にメリハリのある味」（浜田氏）を心がける。すし飯の量、力の加減もタネに応じて変えるという基本も徹底している。

はまだ つよし
1975年三重県生まれ。17歳から4年間、地元の鮨店「はましん」で修業。江戸前の鮨を学ぶために「銀座 鮨青木」（東京・銀座）で9年間研鑽し、2005年に独立。

住所／神奈川県横浜市中区太田町2-21-2 新関内ビル1階　電話／045-211-2187

厨川浩一（鮨　くりや川）

「鮨くりや川」のおまかせコースは、握り一貫からはじまる。その後は酒肴が続き、再び握りへ。最初の一貫は「空腹のお客さまにひとまずお腹を落ち着かせてもらうため」（厨川氏）という。開業当初は時季の魚介で季節感を感じてもらったが、現在はインパクトが強くお客の支持の高いマグロの中トロに。また酒肴の合間にも、日本料理の「おしのぎ」の位置づけで少量のすし飯を使った料理を一品入れている。

くりやがわ こういち
1977年静岡県生まれ。高校卒業後、神奈川県の鮨店と東京の日本料理店で計10年間修業する。2005年より都内西麻布の鮨店で6年間板長を務め、'11年12月に独立。

住所／東京都渋谷区恵比寿4-23-10 ヒルサイドレジデンス地下1階　電話／03-3446-3332

佐藤博之（はっこく）

すし飯は2種類の赤酢を合わせてコクと香りを際立たせたもの。「マグロの味に負けないインパクトの強い風味をめざした」（佐藤氏）といい、他のタネはすし飯に合わせて味を調節する。一品目はマグロの頭に近い「突先」の手巻きではじめるのが決まり。アナゴは酒と水のみで煮る「爽煮」を竹炭塩と煮ツメで供する他、温冷の温度差をつけた2種のウニを盛る軍艦巻き、上面をカラメル化させた玉子焼きなど個性的な仕立てが多い。

さとう ひろゆき
1978年東京都生まれ。レストランでサービスを経験後、「鮨秋月」（東京・神泉）で修業する。「尾崎幸隆」（同・麻布十番）で日本料理を学んだ後、2013年に「鮨とかみ」料理長に。'18年2月に「はっこく」を開業。

住所／東京都中央区銀座6-7-6 ラペビル3階　電話／03-6280-6555

増田 励（鮨 ます田）

ますだ れい
1980年福岡県生まれ。地元の鮨店「天寿し」や日本料理店などで鮨と料理の基本を学ぶ。2004年から「すきばやし次郎」（東京・銀座）で9年間修業後、'14年に独立開業する。

「鮨 ます田」で扱う鮨ダネの種類は多く、伝統のタネから新顔のものまで「鮨に合うと思えば積極的にとり入れる」という。米酢で調合するすし飯は酸味を強めにきかせており、すし飯とのバランスでタネを仕込み、またタネの「適正温度」にも心を砕く。本文で紹介したキンメダイは常温より高めだが、ハマグリは常温、コハダは常温と冷蔵の中間、アジやイワシに至っては切りつけ後、冷凍庫で1〜2分間冷やすなど設定は細かい。

住所／東京都港区南青山3-14-27 IJK南青山れい1階　電話／03-6438-9179

鮨の仕事の基本用語

赤酢《あかず》（酒粕酢《さけかすず》、粕酢《かすず》）
酒粕を原料に醸造した酢で、米酢よりも色が赤みを帯びていることから「赤酢」の通称で呼ばれる。本書でも赤酢で表記。旨みがあり、香りや酸味がまろやかなところが特徴。米酢よりは歴史が浅く、江戸時代後期に製造がはじまり、江戸前の握りとともに一気に普及した。その後、米酢が復活して赤酢は影を潜めたが、昨今は江戸前の原点回帰から赤酢を使う店が増えている。酒粕１００％の製品のほか、米酢、醸造用アルコール、果実酢などを配合した色の薄い製品もある。自店で数種類の赤酢をブレンドしたり、米酢と混ぜたりして使う店も多い。

赤身《あかみ》
狭義では、マグロの背骨周辺にある脂分の少ない鮮やかな赤色の身。昭和初期まではマグロといえば赤身を指し、トロよりも尊ばれていた。広義では、マグロ、カツオ、カジキなどの身の赤い魚。

あぶり
すしダネの表面を炭、藁、ガス火などで軽く焼いたもの。一般に脂の多いタネをあぶることで脂分をほどよく落としてさっぱりとさせ、同時にカリッとした触感と香ばしさを加える目的で行う。脂分の多い大トロが好まれるようになったことや、霜降りの牛肉がタネに取り入れられたことからはじまった新しい技法。アナゴ、皮付きや脂の豊富な白身魚、ホッキガイなどをあぶりにする店も多い。

活《い》け締《じ》め
新鮮な魚を生きているうちに瞬時に締めたのち（中骨を断ち切って血管と脊髄を切断する、あるいは手鉤などで脳を破壊する）、血を抜く処理法。死後硬直が遅くなり、鮮度を長時間保つことができるだけでなく、旨みも増してくる。魚によっては連続して、脊髄にワイヤーなどを通して組織を壊す「神経抜き（神経締め）」の工程を行うこともある。神経抜きにより、より効果が高まる。このあと、エラや内臓、血の塊をきれいに除いた状態で、あるいは三枚におろして適宜の時間ねかせて使う。

煎《い》り酒《ざけ》
梅干しの風味を移した酒で、おもに刺身のつけ醤油代わりに使われる。酒に梅干しを入れて弱火で煮詰め、漉したもので、人によってはかつお節や淡口醤油などで調味することもある。

印籠《いんろう》
材料の芯や内臓を抜いて詰めものをした料理。すしではイカにすし飯や具を詰めたものが代表的。本来は印や印肉、薬を入れる携帯用容器のことで、その姿形に似ていることからの名。

江戸前《えどまえ》
もとは江戸の前面にある海、江戸湾（東京湾）を指した。そこから発展して、江戸湾で獲れる魚介、さらにその魚介をタネにして作る握りずし、天ぷら、ウナギなどの料理も意味するようになった。いまでは、魚介の産地にかかわらず、伝統的な調理法や提供法にのっとったすしを江戸前と称するようになっている。

えんがわ
すしダネでは、ヒラメのえんがわを指す。ヒレの根元の肉で、脂ののりがよくプリッとした触感が好まれるが、とれる量が少ないため、希少で高価。すしダネ以外では、カレイのえんがわ、アワビのえんがわもある。

おぼろ
すしでは海老や白身魚（タイ、ヒラメなど）で作るおぼろと、卵で作る黄身酢おぼろ（酢おぼろ）の2種を指す。ともに調味料で味をつけ、炒り煮にして細かい粒のそぼろ状にしたもの。
◇おぼろ
伝統的なおぼろはシバエビや白身魚で作るが、クルマエビを使う店もある。ゆでてすりつぶし、酒や砂糖で調味して炒り煮にして細かくする。おぼろをタネにして握ったり、エビ、キス、サヨリ、玉子焼きなどにおぼろを少量添えて握ったりするのが伝統的な手法。細巻き、太巻き、ちらしずしにも利用される。

◇黄身酢おぼろ(酢おぼろ)
酢を加えた卵液(卵黄、または全卵)をごく細かなそぼろ状に炒り上げたもので、酢のほんのりした酸味が特徴。カスゴやクルマエビを酢おぼろに漬けたり、まぶしたりして握る。

ガリ
生姜の甘酢漬け。生姜を塊のまま、あるいは薄切りにして甘酢に漬け込む。生魚の多いすしを食べる際の、毒消しと口直しとして添えられるようになった。すし店の符丁(隠語)のひとつ。

生酢《きず》
薄めたり、調味・加熱をしたりしていない、そのままの酢。

切《き》りつけ
サク(→サクの項)に切り整えた魚の切り身から、すしダネや刺身用に薄く切ること。

軍艦巻《ぐんかんま》き
昭和時代に、握りずしのバリエーションとして考案されたもの。握ったすし飯の周囲を海苔でぐるりと巻き、上にタネをのせるスタイルで、軍艦をイメージさせる形から命名された。イクラ、ウニ、シラウオ、小柱など、タネが小さかったり柔らかかったりして形が崩れやすいものに使われる手法。

昆布締《こぶじ》め
白身魚の切り身を昆布で挟む、または片面にあててねかせ、昆布の旨みを魚に移しつつ、魚の水分を昆布に吸わせて身を締める技法。握り一貫分の小さい切り身で締めたり、三枚や五枚おろし、あるいはサクに取った切り身で締めたりと方法は多様。また、昆布の種類、昆布の下処理、締める時間も店や魚種によりさまざま。

サク
下処理をして上身にした魚から皮、小骨、血合いなどを取り除き、刺身やすしダネがすぐに切れる大きさに切り整えたもの。この作業を「サク取り」「サクに取る」と言う。

桜煮《さくらに》
タコの調理法のひとつ。すし店で多く取り入れられているのは、酒、砂糖、醤油などで調味して柔らかく煮たもので、タコの皮が美しい赤色に上がることから桜煮と呼ばれる。現在ではタコの脚をまるごと、長時間煮る調理法が一般的だが、江戸料理の文献に残る桜煮は、脚を小口から薄切りにして醤油味でさっと煮たもの。輪切りが縮んだ形を桜の花びらに見立てたことからの名。

締《し》める
魚に塩をふる、酢に漬ける、昆布をあてるなどして、魚から余分な水分を抜き、身を引き締め、旨みを引き出すこと。
→昆布締めの項
→酢締めの項

出世魚《しゅっせうお》
稚魚から成魚まで、成長の段階ごとに異なる名称で呼ばれ、それぞれの段階で珍重されている魚。
例/見出しは標準和名(成魚名)

コノシロ
シンコ→コハダ→ナカズミ/ナガツミ→コノシロ

ブリ
ワカシ→イナダ/ハマチ→ワラサ→ブリ
ツバス→ハマチ→メジロ→ブリ

スズキ
セイゴ→フッコ→スズキ
また、出世魚とは言わないが、成長によって呼び名を変えている魚もある。

クロマグロ(ホンマグロ)
コメジ→メジ/ヨコワ→チュウボウ/マグロ→クロマグロ/ホンマグロ/オオマグロ

アナゴ
ノレソレ→アナゴ

サワラ
サゴシ(サゴチ)→ナギ→サワラ

チダイ
カスゴ→チダイ

白焼《しらや》き
材料を調味料で味つけせずに、そのまま素焼きして火を通したもの。

酢洗《すあら》い
材料を酢にさっとくぐらせるか、ふりかけるなどして酢の風味を軽くつけること。すしの場合は、魚介の酢締めの調理で使われることが多く、塩で締めたタネを水洗いした後、酢洗いして新たに酢に漬ける。魚介の臭みや汚れを酢で洗い流しておくことで、酢締めの酢が濁らず風味よく仕上げることができる。酢洗いには生酢、水で薄めた酢、前回の酢締めで使った酢など、使う材料は店によりさまざま。

姿寿司《すがたずし》
魚を一尾の姿のままますしに仕立てたもの。頭付きで開いた身から内臓と骨を除き、酢締めにして内側にすし飯を詰める。エボダイ、アジ、小ダイ、アユ、サバ、サンマなどが代表的。

すし酢《ず》
すし飯(酢飯)用の合わせ酢。江戸前ずしでは酢と塩が基本だったが、近年は砂糖を加えるのが一般的になっている。砂糖が加わることで甘みが加わるほか、つやが出て、味にまるみも出る。

酢締《すじ》め
おもに光りもののタネに使う仕込み法。塩をふって余分な水分を抜いてから、酢に漬けて生臭みを取りつつ、魚の旨みを引き出す。締めサバがよく知られているが、すしダネの代表的なコハダも酢で締めるのが基本。使う酢の種類は米酢、赤酢(粕酢)、醸造酢など、店によりさまざま。

立《た》て塩《じお》
海水と同じくらいの塩分濃度(3％)にした塩水。材料に塩味をつけたり、塩抜きしたりする時に使う。

タネ
料理の材料。すしでは魚介や玉子焼き、おぼろ、干ぴょう煮などの材料。逆さ読みの「ネタ」は、本来はすし職人が使う符丁(隠語)。

ヅケ
「醤油漬け」の意で、マグロの赤身を煮切り醤油(→煮切りの項)に漬けたもの。現代ではトロや白身魚をヅケにする例もある。そもそもは冷蔵設備のなかった江戸時代、マグロを腐らせずに保管する方法として考えられたため、大きな塊でヅケにしたが、現在はタネの大きさに切ったものをごく短時間漬ける方法も行われている。

漬《つ》け込《こ》み
ハマグリやシャコなどに行われる調理法で、下ゆでしたあと、醤油、みりん、砂糖などで調味して常温に下げた煮汁に漬け込み、時間をかけて味を含ませること。伝統的な江戸前ずしの技法のひとつ。

波切《なみぎ》り
アワビやタコのように、身が硬く弾力性のあるものを薄切りにする時の切り方。包丁をねかせてうねらせながらそぎ切りにし、切り口に波模様をつける。「さざ波切り」ともいう。

煮切《にき》り
握りのつけ醤油で、正確には「煮切り醤油」。基本は醤油と酒、あるいはみりんを合わせて沸かし、アルコール分をとばしたもの。近年では、だしを加えている店もある。握ったあとのタネの表面に刷毛でひとぬりして供するほか、ヅケの漬け汁などタネの調味液や、刺身に添える醤油としても使う。

握《にぎ》りずし
江戸前ずしの代表的なもので、小さくまとめたすし飯の上にタネをのせてふたつが一体となるように握ったもの。誕生した初期のころはおにぎりほどの大きさだったが、現代ではひと口で食べられる大きさになり、近年はさらに小型化が進んでいる。

煮《に》ツメ
アナゴをはじめ、ハマグリ、シャコ、タコ、煮アワビ、煮イカなど、煮もの系のタネにぬるたれ。「煮詰めたもの」の意で、略して「ツメ」ともいう。通常よく使われるのはアナゴの煮汁で、調味料で味をととのえ、トロりとした濃度がつくまで煮詰めて使う。1種類の煮ツメをいろいろなタネに使い回すのが一般的だが、素材ごとに作り分けている店もある。

ネタ

料理の材料である「種(タネ)」の逆さ読み。すしの業界で使われる符丁(隠語)のひとつだが、一般にも広まっている。

箱寿司《はこずし》

大阪発祥の押し寿司で、木製の型にタネとすし飯を詰め、型抜きして直方体に仕上げたすし。白身魚、青魚、エビ、アナゴなどさまざまなタネが使われる。サバで作ったものは「バッテラ」と呼ばれる。

光《ひか》りもの

青魚や皮が光沢を帯びた小魚。皮付きで酢締めにしたり、昆布で締めたりする。コハダ、シンコ、アジ、サバ、サヨリ、カスゴ、キスなどを指す。仕込みがむずかしく、調理の腕を要することから、「光りものを食べれば店のレベルがわかる」と言われてきた。

ひもきゅう

アカガイのヒモときゅうりを芯にした海苔巻き。同様に、穴きゅう(アナゴときゅうり)、海老きゅう（エビときゅうり)もある。

棒寿司《ぼうずし》

酢締めなどにしたたねをすし飯にのせ、巻き簾や布巾などで巻いて棒状に整えたすし。サバずしが代表的だが、アナゴ、ハモ、白身魚などいろいろなタネで作られる。

巻《ま》きもの

巻き簾を使って巻いた海苔巻き。江戸前ずしでは海苔とすし飯で1種類のタネ(干ぴょう、おぼろ、きゅうり、マグロなど)を巻いた「細巻き」を指すが、大阪ずしや各地方の郷土ずしには数種類のタネを組み合わせたいろいろな「太巻き」がある。

丸付《まるづ》け

コハダやシンコの握り方で、一尾を丸ごとタネにしたもの。大きめのコハダを半身にして握ったものは「片身付け」という。一方、身の小さいシンコは枚数を増やして握るため、その数に合わせて「一枚半付け」「二枚付け」「三枚付け」……などと呼ぶ。

蒸《む》し鮑《あわび》

本来は蒸し器で蒸すか、蒸し煮込みにして柔らかく火を通したアワビのことだが、すし店では煮込んで柔らかくしたものも「蒸し鮑」と呼ぶ習慣がある。後者は、正確には「煮鮑」。

焼《や》き霜《しも》

皮付きでおろした魚の処理法で、皮目を強火であぶって焼き目をつけ、さっと冷水にとること。香ばしさをつけて生臭みを消し、さらに旨みを引き出したり、皮を柔らかくしたりするために行う。

湯霜《ゆしも》／湯引《ゆび》き

おろした魚介の身に熱湯をさっとかけたり、身を熱湯にくぐらせたりして、表面を固めること。白く霜降り状になるので「霜降り」ともいう。生臭さやぬめり、余分な脂を取ったり、皮を柔らかくしたりするのが目的。身に火が入りすぎないよう布巾をかけた上から熱湯をかけ、直後に冷水に浸けることが多い。冷水の代わりに冷凍庫で瞬間的に冷やす店もある。皮目が美しい魚、皮に旨みのある魚の皮を生かす手法として行う時は、「皮霜」ということもある。

藁焼《わらや》き

燃やした藁で魚をあぶり、軽い燻香をつけながら表面をうっすらと焼き固める調理法。余分な脂が落ち、さっぱりと食べられる効用もある。カツオの土佐造りがもっとも代表的だが、本書ではメジマグロ、サワラ、締めサバの例を紹介。

貝

その他の魚介

海藻・野菜など

素材別索引

本書に登場する主要な素材をまとめた。 数字はページ数、上は上段、中は中段、下は下段を示す。

魚

海老・蝦蛄・蟹

烏賊・蛸

鮨職人の魚仕事

鮨ダネの仕込みから、つまみのアイデアまで

初版発行　2018年9月20日
５版発行　2024年9月10日

編者©　　柴田書店

発行者　　丸山兼一
発行所　　株式会社柴田書店
〒113-8477
東京都文京区湯島3-26-9 イヤサカビル

電話　営業部　　03-5816-8282（注文・問合せ）
書籍編集部　03-5816-8260
https://www.shibatashoten.co.jp

印刷・製本　大日本印刷株式会社

ISBN978-4-388-06294-2